汪 堂 家 文 集

著 述 卷

本书由上海文化出版基金会图书出版专项基金资助出版

Life and Ethics
生命的关怀
——汪堂家伦理学文集

汪堂家 著

復旦大學出版社

《汪堂家文集》编纂组(按姓名拼音为序)

郝春鹏　　黄　韬　　李之喆
孙　宁　　石永泽　　吴　猛
王卓娅　　叶　子　　张奇峰
曾誉铭

《生命的关怀——汪堂家伦理学文集》编校组

吴　猛　　王卓娅

《汪堂家文集》编者前言

汪堂家先生是我国当代著名哲学学者，在近现代欧陆哲学、美国实用主义哲学、生命-医学伦理学等领域卓有建树。同时，先生还是一位卓越的学术翻译家，移译了包括德里达的《论文字学》、利科的《活的隐喻》在内的大量学术作品。此外，先生还是一位优秀的哲学教育家，通过在大学的授课和言传身教影响了众多青年学子的思想和人生道路。

1962年5月21日，先生出生于安徽省太湖县。先生早年毕业于安徽大学，后就读于复旦大学并获得哲学博士学位，生前担任复旦大学哲学学院教授、西方哲学史教研室主任，并兼任复旦大学杜威研究中心副主任和《杜威全集》中文版编辑委员会常务副主编。先生因病于2014年4月23日去世，享年52岁。

先生一生笔耕不辍，虽天不假年，却在身后为世人留下总计约400万字的著述和译作，这些作品记录着一位当代中国学者苦心孤诣的思考历程。为缅怀先生对当代学术与思想所作的贡献，全面呈现先生一生的工作和成就，我们谨编纂《汪堂家文集》，作为对先生的纪念。

从内容上说，《汪堂家文集》（以下简称《文集》）包括两部分，一部分是先生的著述，另一部分是先生的译作。无论是著述部分还是译作部分，都既包括先生生前发表过的作品，也包括先生的遗著中相对完整者。

先生生前发表的著述包括著作和文章。著作中有独著和合著，文章也有一部分已汇成文集出版。先生的独著有《死与思》（完成于20世纪80年代的遗著）、《自我的觉悟——论笛卡尔与胡塞尔的自我学说》(1995年)和《汪堂家讲德里达》(2008年),合著有《心灵的秩序》(1997年)、《人生哲学》(2005年)、《17世纪形而上学》(2006年);先生的文集有两部:论文集《哲学的追问——哲学概念清淤录之一》(2012年)和散文集《思路心语——生活世界的哲思》(2011年)。我们将尽可能完整地收录先生的这些著述和文章,不过一些作品的呈现方式会有所变化,读者会见到一些在先生生前未曾出现过的书名,原因在于:其一,有不少著述需要从不同地方(合著或期刊)汇集到一起;其二,先生的著述中有不少是未曾发表过的遗稿;其三,先生临终前有过比较明确的系统整理自己著述的想法,并设计好了相应的书名。我们根据先生的遗愿确定了相应作品的书名。具体说来:《文集》将全文发表《死与思》;我们还将《自我的觉悟——论笛卡尔与胡塞尔的自我学说》与先生的多篇"应用现象学"研究论文合为一册,名为《现象学的展开——〈自我的觉悟〉及其他》;同时,《文集》将先生关于伦理学的著述汇作《生命的关怀——汪堂家伦理学文集》;另外,《文集》将先生的学术随笔和其他散文、时评等收入《心造的世界——汪堂家散论集》。除此之外,《文集》将没有收入上述各书的文章以及比较完整的遗稿一起收入《哲学思问录》一书。

先生留下的翻译作品共约180万字。除了他最有影响力的译作《论文字学》(1999年)和《活的隐喻》(2004年)之外,先生还翻译了《乱世奇文——辜鸿铭化外文录》(2002年)、《无赖》(合译,2010年)、《承认的过程》(合译,2011年)、《杜威全集》中期15卷(合译,2012年)等。《文集》将以最大努力呈现先生的这些工作。除此之外,我们将先生的译文遗作汇为《汪堂家遗译集》,其中特别收入先生早年译的福柯《知识考古学》(残篇)。

《文集》的主要编纂工作是汪堂家先生的学生们勠力同心完成的。这部《文集》寄托了我们的期盼:愿先生的生命在他留下的文字中延续。尽管我们在整理先生的文稿过程中尽了最大努力,然囿于识见,相信仍会有不少错讹之处.敬祈诸位师友斧正。

《文集》的出版,若非得到众多师长、同仁和朋友的鼎力襄助,是不可能实现的。在此我们要特别感谢上海三联书店总编辑黄韬先生,正是他的倾力帮助,使本《文集》得以顺利出版。同时我们还要感谢孙向晨先生、袁新先生、邵强进先生、林晖先生、孙晶女士、陈军先生、金光耀先生、汪行福先生、张双利女士、丁耘先生、赵荔红女士、杨书澜女士、杨宗元女士和师母廖英女士的热情支持。本文集的出版,得到了复旦大学哲学学院和复旦大学亚洲研究中心的支持,特此鸣谢。最后,特别要说明的是,由于所涉作品版权等原因,本《文集》的出版采取了多家出版社联合出版的形式,在此我们谨向参与《文集》出版的各家出版社致谢!感谢上海三联书店牵头组织了本《文集》的出版,并感谢复旦大学出版社、上海译文出版社、中国人民大学出版社、上海人民出版社和北京大学出版社在《文集》的整个出版过程中给予的大力支持和帮助。还有其他帮助过我们的朋友和机构,恕不一一,谨致谢忱。

《汪堂家文集》编纂组
2018年4月

目录

第一部分　中文论文

一、《心灵的秩序》之"道德情感篇"　　　　　　　　3

二、器官移植　　　　　　　　　　　　　　　　　　66

三、荣辱之辨与赏罚体系的合理重建　　　　　　　　93

四、《人生哲学》前言　　　　　　　　　　　　　　105

五、文化的人生　　　　　　　　　　　　　　　　　114

六、创价的人生　　　　　　　　　　　　　　　　　170

七、道德自我、道德情境与道德判断——试析杜威道德哲学
　　的一个侧面　　　　　　　　　　　　　　　　217

八、代际伦理的两个维度　　　　　　　　　　　　　229

九、男女之别与男女之同——超越男权主义与女权主义之争　234

第二部分　英文论文

1. The Physician-Patient Relationship and Individualization of Treatment from The View of Traditional Chinese Medical

Practice	259
2. Excellence through Honor in Management: Towards a Confucian Business Ethics	275
3. Ritual: Meaning and Recognition	298
编后记	326

第一部分　中文论文

一、《心灵的秩序》之"道德情感篇"①

> 无论什么——我们的言词,甚至我们的行为,都不能像我们的情感那样清晰、确切地反映我们自己和我们对待世界的态度。在我们的情感中可看到的并非个别的思想和个别决定的特点,而是我们心灵及其结构的全部内容的特点。
>
> ——乌申斯基

人们常说人是理性的社会存在物,但是,我们也不应当忘记,人是富于情感的社会存在物。情感是人的现实生活的重要组成部分并对人的心灵生活和外在行为发生重大影响。用现象学的语言讲,情感始终具有意向特征,即人的情感总是指向某个外在对象,这些对象是过去了的东西,也可以是现实的东西,甚至可以是语言文字或艺术形象所表达的东西。由于人不断受到外部环境的刺激并在接受这种刺激时对现实事物与现象做出一定反应,人逐渐形成了对那些事物或现象的相对稳定的情绪态度。我们通常所说的情感指的就是这种情绪态度,它包括喜、怒、哀、乐、爱、憎等。

情感作为一种复杂的心理现象受到许多因素的影响,它的微妙机理尚待心理学家去进一步探索。对情感本身进行一般心理学的描述并不是本书的任务。本书只想揭示人的高级情感——道德感的

---

① 本文系《心灵的秩序——道德哲学理论与实践》(陈根法主编,上海:复旦大学出版社,1998年)的一部分。

某些特征及其与美感的内在关联。如果我们的论述给人一种道德心理学的印象,那确然是因为我们对道德问题始终抱有这样的认识:道德情感的稳定化既能反映一定的个人品格和独特气质,也能透露社会群体的某些共同心理素质。它的存在方式和强弱差异既取决于人的生活态度和道德观念,也取决于人的生活经验和认知能力。

不管道德生活如何复杂,也不管人的道德水准达到何种高度,人的道德行为和道德实践始终与情感联系在一起并且受情感的深刻影响。当情感发展为突然迸发的激情时,源于道德意志的自制力常常受到严峻的考验;当情感淡化为平静无波的心境时,面临重大危机时能否做出合理的道德选择取决于我们的道德情感能否激起我们的道德勇气。因此,关注情感在道德哲学的领域里绝不是可有可无的事情,而是道德哲学的真正起点。情感不是逻辑,但它反映了生活的逻辑。在道德情感中,道德哲学的逻辑起点符合道德实践的逻辑起点。情感不仅推动道德实践,而且丰富了这种实践。鉴于此,离开情感去谈论道德实践就无异于缘木求鱼,离开陶情冶性去谈论道德教育无异于扼杀道德教育的生命。许多道德教育之所以缺乏实效并最终归于失败,原因就在于此。事实正如乌申斯基在《人是教育的对象》中所说:"无论什么——我们的言词、思想,甚至我们的行为,都不能像我们的情感那样清晰、确切地反映我们自己和我们对待世界的态度。在我们的情感中可看到的并非个别的思想和个别决定的特点,而是我们的心灵及其结构的全部内容的特点。"①

基于上述理解,我们感到有必要从情感的角度去深化对道德的认识,这种认识不仅会使我们领悟价值的冲突如何体现在情感的冲突之中,而且会使我们重新找到道德教育的入口,并为敦化风俗、畅和人伦关系找到新的立足点。

---

① 转引自雅可布松:《情感心理学》,王玉琴、李春生等译,哈尔滨:黑龙江人民出版社,1988年,第27页。

（一）道德情感

　　道德情感又称道德感，它是人的高级情感之一。如果我们可以把情感分为自然情感与社会情感，那么，道德情感就属于最能反映人的社会化特征的情感。人的自然情感常常是与生俱来的，在这方面人与动物有着许多共通之处，也正是这种共通之处反映了人与动物在进化进程中的连续性。社会情感则是人的社会化的产物，尽管它以自然情感为基础，但它可以强化或淡化乃至抑制自然情感，并把自然情感引向复杂的社会行为。可以肯定地说，社会情感的充分发展是个人社会化的重要标志。

　　然而，道德情感又是一种有别于美感、理智感等社会情感的独特高级情感。当一个人因为自己过去的盗窃行为而感到羞耻，当一个人对别人破坏公共秩序而义愤填膺，当一个人历经千辛万苦完成了一件利国利民的大事并因此而感到无比自豪，当一个人不顾自己的安危而决心保护国家财产，他们的情感体验始终与个人的道德观念、与社会对个人的道德要求联系在一起，也与个人对社会道德规范的认识和感受联系在一起，并有可能触发某种诉诸具体行为的道德动机。即便这种行为因表现过火（如某个人因小偷盗窃财物而出于义愤将他打伤）而偏离了他所信奉的一些道德准则，他心中的道德情感却是真实的、"自然的"，并且只有理性的识见才能帮助他认识自己行为的不适当性。从自然意义上讲，一种情感需要另一种情感来克服，但是，当一种情感上升为道德情感时，其中已经包含某种评价内容，也就是说包含某种认识过程，只不过这种认识有时因情感过于强烈而丧失了明晰性。

　　因此，道德情感或道德感与其他高级情感的根本区别在于，道德情感是人们依据一定的道德观念或道德准则，依据社会的道德要求对自身的行为和身外的各种事件进行评价时所产生的情感体验。个人和集体的行为，形形色色的社会事件或文化现象，个人与个人之间，个人与家庭之间,个人与集体、国家之间的各种关系,乃至大自然的壮丽山河,都可能成为道德情感的意向对象,这些对象对不同道德主体在某种道德标准映照下所显示的意义即是道德情感的意向内容。但是,道德情感的性质并不取决于它所指向的对象。在现实生活中,我们每每可以发现同一种事件或行为在奉行不同的道德准则的人心中可以激起不同甚至相反的情感。因此,根据道德情感的意向对象对道德情感进行分类是站不住脚的。

那么,在人的千差万别的情感中,究竟是什么东西使一些情感上升为道德情感呢?譬如,人们在面对祖国的锦绣河山时都可能产生一种难以形容的美感,但有人的情感仅限于美感,有人的情感则能上升为一种道德情感——爱国情感。很显然,决定人的情感的不是锦绣河山本身,而是个人的心灵与锦绣河山之间的意向关系。在此,我们不妨设想建立一门道德情感现象学来说明道德情感的实质,至少我们可以采用现象学的方法对道德情感本身进行意向分析。尽管我们相信情感本身是不可分析的,因为被分析了的情感已经不是情感,但是,这种分析仍然有助于我们把握它的不同表现方式。所以,我们不妨进行一些尝试。

如上所述,道德情感是人们根据某种道德观念或道德准则对某种行为进行评价时产生的情感。在此,起决定作用的是人们奉行什么样的道德准则,抱有什么样的道德观念以及如何应用哪些道德准则。如果说同一对象因不同的观察方式而显示不同的情景和内容,那么,同一情感对象在不同的意向方式下会显现不同的意义。在道德情感中,对象如何显现其意义显然取决于道德主体对道德准则的实际运用过程。但是,我们必须注意以下两点。

首先,道德准则一旦脱离了它的实际运用就变成了完全外在于人的空洞的东西,因而规则将不成其为规则。道德情感与其他情感的一个重要区别在于,其他情感不需要道德准则的激发,而道德情感则是道德主体将社会的外在道德要求化为个人的内在要求或自觉意识的结果。仅仅当社会对人的道德要求随着教育过程和人的自觉学习而潜存于人的意识深处并最终变成个人对自身的要求时，道德情感才有可能产生。而且，在某个具体的情境中，由于人要面对各种欲望或意念的冲突，如果他不能使社会道德要求成为压倒一切的要求，他的情感就无法上升为道德感。而一旦情感上升为道德感，道德准则已经内化为个人内心的无声命令，引导个人对自己或身外的事件与现象进行道德评价，并进而推动个人采取某种道德行为。

其次，道德情感总是表现为某种道德动机。虽然行为动机并不等于行为的后果，但谈论道德绝不能只看行为的后果。一种行为可能出于不同的动机，要看这种行为是否具有道德意义，要看行为与动机的内在关联，还要看这种行为是否出于道德情感。当一个人做错了事而心安理得时，当一个人对身边的不正义现象麻木不仁时，他是不可能产生道德情感的，其行为自然也不具有道德价值。有些行为可能在表面上符合道德，甚至有某种正面效应，但其行为如果不出于道德自觉，而仅仅出于利己的动机，这些行为也不能被视为道德行为。譬如，一个人不是出于义务感而去照顾自己年迈的父母，而仅仅是因为害怕法律的惩罚才这么做，他的行为显然不具有道德意义。道德问题的复杂性恰恰在于它不是简单的认识问题，有些人很可能对道德准则了如指掌，并深知遵守道德准则对于自身和社会的意义，但他们因缺乏道德感而迟迟不能采取合乎道德的行为。由此可见，"美德即知识"的论断有很大的片面性。

道德的复杂性在于情感，道德的生命力也在于情感。道德情感是道德生活的生气灌注的灵魂。不管道德标准和道德要求如何崇高，也不管它们如何得到了人们的深刻认识与理解，只要它们不能为人心所体验，它们就不能成为道德行为的动力。道德情感的作用不仅在于把社会的道德需要变成个人的内心需要，从而把人心凝聚于公共行为准则之下，而且在于它能把内心的理念外化为道德实践，从这种意义上讲，道德情感是道德生活的酵母。它的双向调节既丰富了人们的内心生活，给人带来心灵的最高满足，也能使人在感到软弱无力时增添信心与力量，在受到物欲的侵扰时驱散潜在的不良动机，在世风迷乱时坚持自己的道德理想。在现实生活中，我们常可发现，道德情感可以使人为了实现自己的理想而放弃安逸的生活，为了捍卫正义原则而牺牲自己的生命，为了履行义务而选择了艰难的人生道路。尽管道德情感可能是短暂的，但它有时足以改变人的生活方式，甚至改变一个群体或国家的面貌，比如，一个领导者出于正义感而动员全国的力量发动一场反侵略的战争。由于人与人、人与世界处于复杂的关系之中，一个人要承担多种社会角色，这一点决定了道德情感的多样性。一般来说，与个人生活越贴近、越具体，道德情感就越鲜明。作为家庭的一员，他对家庭有一种道德感；作为集体的一员，他对国家有一种道德感；作为人类的一员，他对人类有一种道德感。历史文化传统、政治经济状况、社会教育方式、个人的生活经历都可能影响人们对道德标准的选择，并进而影响道德情感的性质。在现实中，我们常常能体会到正义感、义务感、责任感、荣辱感、自尊感这样一些人类社会最普遍、最基本的道德情感。它们作为许多情感的复杂综合，集中反映了个人的生活经验和生活态度，也反映了一个社会的道德风尚的健康程度和社会道德体系对个人的影响。

从广义上说，道德情感有积极与消极之分。积极的道德情感是符合某种道德要求的情感，如上面所说的正义感、责任感、义务感，等等。消极的道德情感与前者相比，它显得不那么稳固和持久，并且更像人的某种自然倾向，随着生活经历的丰富而渐渐减弱。由于消极的道德情感缺乏道德根据，它在现实生活中比较容易克服，但有时也会驱使人干出危害他人的事情来，因此，在研究人的道德心理时有必要予以特别关注。在通常情况下，不同的道德情感的特有感觉和行为表现是相同的，把不同道德情感相互区别开来的并不是它们的心理反应，而是与之相互联系的道德原则。比如，一个人在感到羞耻和负罪时，心跳可能加速，脸可能发烧，讲话可能语无伦次，仅据心理、生理反应是不能将它们区别开来的。而且，我们还应注意一个事实，不同的道德情感可能源于同一种行为，根据行为表现来解释情感特征不可避免地会遇到困难。

比如说，一个欺骗别人的人既有负罪感又有羞耻感。他感到负罪是因为他损害了与他人的信任关系，并且信任关系愈深，负罪感越强；他之所以感到羞耻，是因为他采取了不公正和阴谋手段来实现自己的目的，以致在自己和他人的眼中，他成了懦弱和不值得信任的人。罗尔斯认为，这些解释诉诸不同的道德原则，因而区别着相应的情感，但这两种解释常常都适用；可以补充的是，一个人怀有一种道德情感的必要条件是他的每一点解释都要真实，其充分条件是他承认这些解释①。

道德情感像人的其他情感一样是人的内心体验，但这种体验是后天发展起来的，它服务于人的各种社会性需要。因此，人的道德情感需要在他的社会化过程中予以培养。培养道德情感的工作首先是我们通常所说的德育的任务。由于道德情感的发展与人的认知能力和道德判断力的发展联系在一起，与人的行为模式的完善联系在一起，我们必须根据人在成长过程中的不同年龄特征，在遵循道德情感发展规律的基础上对人进行综合的训练。外在的灌输自然是必不可少的，但这种灌输必须顺乎人的天性，出于人的灵性，发扬人的善心。德育必须从儿童抓起，从幼儿的集体游戏到成人的集体生活首先要服务于一个基本目标，即了解集体生活的意义，遵守集体生活的规则，体验他人的情感，尊重他人的劳动。关于道德感的培养工作，许多德育心理学著作都做过详细阐述，本书仅就美感与道德感关系补充几点看法。

首先，我们应当承认美感与道德感虽然同为人类特有的高级情感，但它们之间仍然存在巨大差别。在现实中，我们不难发现，美感与道德感虽然都有超功利性，但前者显得尤为突出，而道德感在某些情况下仍然与功利性相关。道德感基本上是一种内心感受与体验，是内在的精神活动。因此，它带来的不是感官满足。相反，美感在相当大的程度上首先是感官的愉悦，并基于这种愉悦而产生心灵的满足，乃至狂醉。美感是一种直感，道德感则包含反思的因素在内；美感是一

---

① 罗尔斯：《正义论》，何怀宏、何包钢、廖申白译，北京：中国社会科学出版社，1988年，第469页。

种快感,道德感则不仅包括快感,而且包括负罪、内疚、痛苦、愤怒等负面感受。

其次,美感与道德感又有相通之处,这种相通之处决定了美感的培养与道德感的培养的相互促进。我们把"美"与"德"联系起来合称"美德"本身就说明了美感与道德感之间的内在关联。康德说过,"美是道德的象征对于自然美具有一个直接的兴趣,时时是一个良善灵魂的标志"①。由于美感的强弱受审美能力和审美趣味的影响,而审美趣味的高雅可以冲淡人的占有冲动,把低级的感官刺激化为高尚的内心享受,因此,培养人的美感可以培养人浩然博大的胸怀,防止人受蝇头小利的诱惑,这一点恰恰是道德存在的必要条件。蔡元培之所以说"纯粹之美育,所以陶养吾人之感情,使有高尚纯洁之习惯",原因就在这里。

一方面,审美正像黑格尔所说的那样,"带有令人解放的性质"②,发展个人之自由;另一方面,审美可以使人合理地占有闲暇,防止人沉溺于有害身心乃至为祸社会的不健康消遣中去,从这种意义上说,审美可以帮助人从粗俗的娱乐中超脱出来。事实也表明,人的不正当欲望可以通过审美来疏理和转化,反之,这种欲望会带来民众审美趣味的堕落,而审美趣味的堕落不仅是一个民族缺乏想象力的重要标志,而且是一个民族道德堕落的直接后果。美感的培养不仅美化人生,使人热爱生命,而且培养一个民族的想象力,使人保持对外在世界的敏感,防止人走向麻木不仁。如果人变得麻木不仁,就会缺乏起码的同情心,以致对他人的冷暖与苦难无动于衷,对世风的衰微不闻不问,甚至出现见死不救的现象。

因此,美感的培养对于道德感的意义在于,它不仅将人导向健康的心灵生活,培养我们的想象力与灵感,而且激发我们的创造活力,陶冶我们的善良心性,从而为塑造一个和谐的社会奠定基础。

---

① 康德:《判断力批判》上,宗白华译,北京:商务印书馆,1964年,第143页。
② 黑格尔:《美学》第一卷,朱光潜译,北京:商务印书馆,1979年,第180页。

（二）道德情感与道德判断

　　道德判断既包括事实陈述的成分也包括判断者的主观评价，这种评价自然离不开个人的情感、情绪、感觉和愿望，并有可能影响他人产生类似的情感、情绪和行为。当一个人对别人说"张三是伪君子"时，他既是对他所看到或听到的张三的行为进行陈述，又是对张三的人品进行主观评价，也包括他希望别人应对张三重新认识，并对张三予以提防。毫无疑问，"张三是伪君子"这一道德判断中的事实陈述部分有可能是虚假的，因为他看到的张三有可能不是真实的张三，或者他听到的也许是别人散布的谣言，等等。因此，他做出的道德判断同样有一个真假问题，并且这种真假有赖于别人的检验。事情很简单，当你说张三是伪君子时，别人如果有头脑，至少会追问一下为什么，并根据你的陈述和他本人对张三的了解做出自己的判断。如果别人得知你的陈述完全与事实不符，他至少不会完全同意你的道德判断。在现实生活中，之所以存在冤枉好人这样的问题，正是因为人们的道德判断有与事实不一致的时候。这一点表明，人的情感可以影响人的道德判断，并且道德判断在一定程度上成了道德情感的表达。但这并不意味着我们可以像某些情感主义者那样将道德判断与事实判断完全对立，认为道德判断丝毫没有事实成分，而只是个人主观倾向的随意显露。如果真是这样，社会上根本就没有是非可言，任何人可以在任何场合对任何社会成员妄加评论，法律上也就不会存在侵犯名誉权之类的问题。道德判断最终仍然要以事实为依据，尽管你对事实的解释和看法可能受个人主观好恶的影响，但你终归不能抹杀事实——事实终归还是事实。国人常说"路遥知马力，日久见人心"和"身正不怕影子歪"，讲的就是这个道理。它们表明，事实与时间将会为一个人的行为的正当性辩护，人的人品不会因别人的某些主观任意的道德判断而受到根本影响。

　　必须指出的是，尽管道德判断仍然有真假之分，并且其真假性可以通过事实验证或否证,但道德判断所涉及的事实毕竟不同于科学判断所涉及的事实。科学判断所涉及的事实是自然事实,这种事实不受判断者的主观意志和情感的影响。自然事实的存在和表现有自身特有的方式,而不取决于个人的外在安排,也不必通过人的行为和意识来体现自身的内容,更不必由一个社会共同体的基本信念来确定,换言之,是自然事实决定人的活动方式和存在方式,而不是人的活动方式和存在方式决定事实的存在与否。因此,科学判断并不是改变和影响自然事实的性质和进程,更不是规范和指导这种进程,而只是做出尽可能客观的描述。从这种意义上讲,科学判断是一种理智的活动,它不应该也不可能受个人情感的左右。所以,道德情感在科学中没有用武之地。

与此不同的是,道德判断虽是道德认识的一种成果,因而亦包含理智的活动在内,但它也受到人的道德情感的强烈影响,因为道德判断既是对一个人的行为的客观描述,又是对其行为的主观评价。一方面,当你判断一种行为(如向慈善机构捐款)是善良的行为时,你已经事先确认了这种行为是真实的,而不是虚构,如果一个人根本就没有表现这种行为(捐款),你的道德判断就失去了任何价值和意义。另一方面,当你判断一种行为是善良的行为时,你心中已有一个何为善良的道德标准,并把这种标准与上述行为相对照,从而确认该行为符合善良行为的标准。

然而,道德情感与道德判断的联系,不在于形成这种判断的过程,而在于判断者对道德标准的主观选择以及对其适用范围的界定,在于道德判断所使用的语词、所包含着的情感意义。由于道德判断涉及的对象是社会事实,而社会事实是由人的一连串的行为所构成,并且隐含着一些短时间内难以窥测的个人动机。因此,不仅道德判断的内容与对象掺杂着一定的情感倾向,从而使我们对这种判断的理解有了任意性,而且道德判断的语境每每为情感所渲染,因而使相当多的人只根据当下的情景去选择道德语言。如果我们像美国学者斯蒂文森那样考察一下道德语言的性质,就会发现道德判断具有表达判断者的感情和引起听众或者读者相应的感情的能力和倾向,这种能力和倾向就构成了道德语言区别于科学语言的独特意义。

譬如,当你说一个人的捐款行为是一种善良行为时,你不仅在对他的捐款行为进行客观描述,而且在对这种行为进行赞赏。如果你在一群学生面前做出这种判断,你的判断本身就获得了示范意义,你的本意也许就是希望这些学生以这种行为做楷模。道德判断与科学判断的一个重要区别就在于,科学判断并不具有规范人的行为的作用,道德判断则具有这种作用;科学判断描述事实而不评价事实,道德判断则既要描述事实又要评价事实;科学判断并不改变或影响判断的对象,道德判断则可以改变和影响判断的对象——在你当着捐款人的面说其行为是了不起的善举时,你的道德判断实际上是对其行为的一种激励,这种激励有可能促使他进一步捐款。鉴于道德语言具有情感意义,奥格登和理查兹指出:"'是善的'这个短语没有可以比较的符号功能,它仅仅是一个情感记号,其功能在于表达我们对此的态度,也许还可以激起他人的同样态度,或者促使他们以某种方式行动。……在我们看来,所谓不可定义的'善',不过是一个纯情记号而已。人们所说的任何善之定义都无法涵盖的'其他东西',就是这个词的情绪感染力。"[①]

也许我们不能同意奥格登和理查兹关于道德判断只有纯情感意义而与事实无关的极端情感主义论断,但我们并不因此接受杜威等人的自然主义立场,即将道德命题归结为经验科学命题,将道德概念和科学概念等量齐观,将自然性质与道德价值混为一谈,从而否认道德判断乃至整个伦理学的独立地位。自然主义否认道德判断与科学判断的区别,否认道德判断的情感意义,主张把价值还原为事实或用事实去代替价值,其结果将导致人们用对待物的态度去对待人,用物性去掩盖人性,用自然倾向去解释是非曲直,用改变事物性质的方式去改变人的信念和态度。

---

① 参见查尔斯·L.斯蒂文森:《伦理学与语言》,姚新中等译,北京:中国社会科学出版社,1991年,第1页。

实质上,情感主义和自然主义在道德判断问题上各执一端,前者把道德判断问题归结为情感问题,从而使道德判断丧失了普遍意义,后者将道德判断问题还原为事实判断问题,从而使行为的善恶问题变得毫无意义。道德判断既有事实因素又有情感因素,我们承认两者的地位和作用,人的道德生活才可能是健全的。事实因素保证了道德判断不是随心所欲的虚构,保证了道德信念的崇高和道德准则的尊严,保证了一个群体、一个阶级、一个民族、一个国家乃至整个人类具有某种共同的行为准则,没有这些行为准则,人与人之间的相互沟通、交流、理解与合作根本就无法进行。比如,偷盗、强奸、杀人、撒谎在所有国家都要遭到人们的道德谴责,只要确认一个人的确有偷盗、强奸、杀人和撒谎行为,对这些行为的道德判断就具有普遍的价值,个别人不能凭自己的主观好恶来改变这一道德判断的合理性。然而,如果道德判断只是描述一个事实,这种道德判断就不能引起人们的共鸣,就不能触动人心,洗刷精神,荡涤邪念,催人向善。道德之所以有劝导和示范作用,正是因为它在陈述事实时也表达了一种情感和愿望,表达了判断者的态度和信念,否则,它就是一个冷冰冰的、无法激起他人情感的语句。当你说一个正人君子是卑鄙小人时,他之所以会做出愤怒的反应,正是因为这个判断所使用的语词表达了某种情感,如果他们不表达情感,而只是像"气候变暖会使海平面上升"那样陈述一个事实,那么,别人就没有必要做出愤怒的反应。道德判断的价值恰恰在于它有感化人心并由此规范行为的作用,它的存在的必要性与合理性根植于人既是理性的存在物,又是感情的存在物这一众所周知的事实。作为富有感情的存在物,人需要有感情色彩的语言进行相互沟通,道德判断的语言所具有的情感特征既是判断者的情感需要,又是能激发他人的情感需要。当我们做出某个道德判断时,我们常常是带着某种感情色彩(如赞成或反对)去描述一个事实,并考虑到人们对这一事实有可能采取的立场和态度。假如我们对一群孩子说某个撒谎的人如何不好,我们所下的判断并非毫无感情地描述一件事情,而是劝说、建议和教导孩子们不要以此为榜样,同时也是对撒谎这种错误行为的纠正。因此,道德判断在我们的日常生活中总是表现为:我们要么以赞许或肯定的态度向别人评价一种自己认为正确的行为,要么以批评或反对的态度去揭示一种行为的不当和错误,从而起到警示作用。为此,我们需要考虑如下两种情形。

其一,如果他人对我们的判断表示认同,并在其他场合针对同样的情况做出同样的判断,那么我们的道德判断至少反映了我们两人的共同信念和共同准则,反映了既定的标准对我们的道德判断的影响,同时也相互证实和支持了对方的立场。

其二,如果他人对我们的判断表示反对和轻蔑,那就表示他人与我们之间存在着道德信念和道德价值的冲突,这种冲突有可能演变成一场殃及其他生活观念和行为模式的持久冲突。比如,有人断定实施安乐死是人道的,而另一些人断定实施安乐死是不人道的,如果这两种对立的判断出现在家庭成员之间,他们带来的就不仅仅是一场道德争论,而且会带来他们在行为选择方面的冲突。假定兄妹俩对母亲提出的安乐死的要求采取完全对立的态度,他们就会做出完全不同的道德判断,会借这种判断强化各自的意图而抑制对方的行为倾向。在此,下判断者总是将判断本身作为自己行为的根据和理由。

与科学判断不同的是,道德判断的使用要受到具体道德情境的影响,首先表现在,构成道德判断的语词往往要在特定的语境中才能获得自身的意义,而语境总是与人的感情联系在一起。下面以"这样做是错误的"为例,说明语境对道德判断的意义的影响。

(1)如果我当着当事人的面说"这样做是错误的",它显然包含两层意思:第一层意思是描述性的,它表明我对当事人的行为的态度,即"我不赞成你这样做";第二层意思是规劝性的,意味着"希望你以后别这样做",其目的是为了加强说话者的语气,以改变或约束当事人的行为。

(2)如果我跟第三者而不是跟当事人说"这样做是错误的",这一判断所包含的意思就不尽相同。我们对该判断进行语言分析后,可以得到两个陈述,一个是"我不赞成他这样做",另一个是"希望你也不要赞成"或"你不要向他学习"。在这里,第一个陈述仍然具有描述性,表明说话者的态度,第二个陈述虽然具有规劝性,但规劝的对象已经不属于第一种语境中的规劝对象,因此,其意义也便发生微妙的变化。

由上可知,同一种道德判断在两种不同的语境中既有相同的一面,又有意义不同的一面;意义相同的一面表现在判断的描述功于后者难以通过道德语言本身直接表现出来,人们每每忽视道德判断的使用情境对道德判断的意义的影响。尽管在日常生活中我们天天在使用道德判断,但这种使用往往是非批判性和非反思性的,以致我们造成了他人的误解仍不自觉。

从这里,我们可以发现道德争论的根源,因为道德争论必须通过一定的道德判断表现出来,道德判断的最终目的并不仅仅是表述判断者自身的看法,它还潜在地提供一种行为规范,要求听者接受这一判断,而不会感到这种判断是毫无根据的。为此,判断者需要为自己的判断准备相关的理由,如果对方接受这一理由,他最终就会接受你的判断从而达到态度上的一致。虽然做出相反的道德判断的人可能面对你的一大堆理由自行其是,而不犯逻辑和经验的错误,但事实正如《伦理学与语言》的作者斯蒂文森所说的那样,"道德判断不仅要求信念一致,而且要求态度一致"[①]。这里所说的态度一致可能是基于事实的原因,也可能是基于情感的因素。但在道德实践中,情感因素有时可以左右一个人的道德选择,也就是说,决定一个人是否赞成他人的道德判断。当张三是李四的仇敌时,你说"张三是个好人"必然遭到李四在情感上的抵制,要使李四同意你的道德判断必须依赖两种力量:一是触及内心的情感并且这种情感足以改变李四对张三的敌意(比如,指出张三曾在暗中对李四提供过可贵的帮助);二是一系列很能说明问题的具体理由。我们需要明确的是,后一种力量多少具有逻辑强制的性质,而情感是不愿接受征服和逻辑强制的,换个黑格尔式的说法就是,理智中自有情感不可说明的因素。因此,化解李四对张三的

[①] 查尔斯·L. 斯蒂文森:《伦理学与语言》,姚新中等译,北京:中国社会科学出版社,1991年,第 38 页。

敌意的逻辑理由仍需要通过情感的影响才能发挥应有的作用。这就是为什么我们做别人的思想工作既离不开苦口婆心的劝说,又离不开情绪和人格的感染力。用明白易懂的话说,就是要晓之以理,动之以情,只有这样才能改变一个人的道德态度,也只有这样才能唤起并加深一个人的道德意识。那种以为只凭理智的说明和解释就足以抑制某种不道德行为或激发一个人的道德意识的想法不免显得幼稚。众所周知的事实是,人的行为总是体现出理智与情感的双重特征,而在道德领域里,道德情感每每是道德行为的动力与诱因,无视情感要用情感来影响的事实,只会把人引入机械决定论的窠臼。

现在,我们必须追问的是,既然道德判断的意义要受到语境的影响,并且受影响的部分不是道德判断中的描述意义,而是其中的情感意义,那么这种情感意义如何产生,如何发挥作用呢？道德判断中的情感意义与道德本身是什么关系呢？道德判断的描述意义与情感意义的相关度又如何呢？为了回答这些问题,我们有必要进一步了解道德语词的特殊性。

道德语词是构成道德判断的基本要素,它们的意义虽然因语境的不同而表现出多样性,但决不是个人感情的一时冲动的产物,因此,借口道德语词的意义多样性而把它们的日常使用看成随心所欲的,是站不住脚的。因为即使像"善恶""正义"这样一些抽象的道德术语亦有自身的适用范围,在特定的文化环境,在特定的场合中,它们的含义是相对稳定的,起码,人们会使用相同的语词来表达类似的情感。按照斯蒂文森的区分,道德语词中的情感意义有三种：第一种是独立的情感意义,它不起描述的作用,不管人们是否注意其描述意义,它都会出现；第二种是依赖的情感意义,它是在描述的意义上产生的并随描述意义的变化而变化,如果描述意义消失,它也会跟着消失；第三种是半依赖的情感意义,大多数道德术语都属此类,其基本特征是它的字面意思并不是说话人所要表达的直接意思,字面意思仅仅是使人联想的一种手段。当你看到王五驾车撞人后逃跑时,你可能会说这个人简直是狼心狗肺。这里的"狼心狗肺"并不是指真正的狼心狗肺,而是指使人们联想到王五的恶劣行径的情感表达方式。在现实生活中,道德语词的情感一般是用感叹词、褒义词、贬义词、比喻词表现出来,道德判断通过这些词语显示人的态度、表达人的信念、引导人的行为,但不强制人们服从自身的要求。由于道德语词发挥作用的条件复杂,它们所产生的效果也会不尽相同。最为关键的是,要恰当地把握和运用这些语词的情感倾向,并力求道德情境语词的准确性。因此,一个好的道德家并不只是进行一番道德说教,他还须懂得利用刺激-反应的原理,在最适当的场合选择最恰当的语词并将其攻心效果发挥得淋漓尽致。这也是一个道德判断对听众发挥强烈影响的先决条件。

我们不禁要问,构成道德判断的道德语词为什么具有使道德判断既能表达判断者的道德情感,又能改变听众的态度的情感意义呢?要回答这个问题需要从语词的使用者和接受者这两个方面来考虑。

从道德语词使用者的角度看,他之所以选择这个词而不是别的词,是因为他了解这个词在许多类似的情境中的使用并形成了相对固定的用法,当大家都不约而同地使用这个词来表达某种情感时,这个词所带的情感色彩只能随着使用次数的增加而日趋浓厚。由于语言习惯的强化作用,大家总是把它与特定的语句结合起来从而形成某种道德判断,这个判断可能体现在"主宾"式的语法结构中,也可能出现在省略了"主辞"的"宾辞"中,如"驾车撞人后逃跑的王五真是狼心狗肺",在对话场合可以省略为"真是狼心狗肺"。

从道德语词接受者的角度看,任何人生活的环境不单单是一种自然的环境,而且是一种社会的环境,这种环境既包含人与人之间的物质关系,又包含着人与人之间的情感关系、思想关系。在后一种关系中我们每个人都不可避免地要接受他人的评价,也不可避免地评价他人。然而,这些评价所用的语词从一开始就或多或少地带有感情色彩,即赞赏、轻蔑、喜欢、厌恶,等等,一般与"好的行为""坏的行为""缺德的事情"相关联,久而久之,我们便在心理上形成了一种习惯,以致一听到他人对自己的这类评价就表现出或高兴或愤怒或沮丧等情绪。能在别人的评价面前无动于衷者几乎没有,即便是十足的流氓恶棍也不是对所有的评价毫不动心。在舆论面前我行我素者绝非对与己相关的一切评价都漠不关心,只是他可以无视某些评价,而看重别的评价罢了。有些喜怒不形于色的人受舆论的影响更加深刻持久。中国人常说"人言可畏""舆论杀人",其原因就在于包含着道德情感的道德判断可以改变接受者的态度及人与人之间的交往关系,在一个重视舆论力量的社会里甚至可以使人身败名裂或好评如潮。

道德情感所包含的内容极为丰富,伦理学上具有根本性意义的道德情感,则大体无过于义务感、正义感、荣辱感和良心等方面。以下我们分别加以说明。

1. 义务感

义务概念是伦理学的基本概念,义务问题是伦理学的核心问题。英国著名直觉主义伦理学家罗斯(W. D. Ross)甚至认为,道德哲学家的首要任务就是列举和分析各种各样的义务。作为道德术语的"义务"在古代就开始存在,它与作为法律术语的"义务"相比,对人类生活有着更加广泛而持久的影响。随着人类社会不断由人治转向法治,义务的强制性正日益突出。然而,如果我们对道德义务与法律义务进行仔细的区分就会发现,法律义务是由社会共同体带来的一种外在的强制力,道德义务则是一种内在的强制力。它的权威源于我们自己。正如康德所说,我们给自己提供道德法则,而且只有因为我们给自己提供道德法则时,这些道德法则才能约束我们。当我们做出明确的承诺时,我们就约束自己履行某种行为。因此,道德义务是我们自觉的,并承诺道德法则对我们的约束。

在西文中,"义务"一词来源于希腊文 Deus(上帝),其本意是指"有约束力的责任"。在现代英语中 obligation 和 duty 都兼有义务和责任的意思,它们本身就表现了"义务"与责任的天然联系。在东西方的文字中,人们用各种各样的义务语言来表示那些义不容辞的责任,对这些责任的强烈意识便构成了我们的义务感。一份契约,一个誓言,一个承诺都是义务感的外在化。在日常生活中,最常见的义务语言往往包含"应当""有义务""要""必须"这类词汇。但这并不是说所有包含这类词汇的判断都是义务判断,也不是说没有这类词汇的判断就不是义务判断。所谓义务判断指"断定某个行为者(或者行为者的群体或阶级)具有一种责任或义务履行某种行为(或某类行为)的判断"。如果我们对道德判断进行仔细分析,就会发现义务判断与非义务判断的区分并不完全取决于该判断是否包含了"应当"这样的语言标志,而在于它是否表达了道德要求。"虽然我们通常把道德要求都看成是强加到我们身上的约束,但它们有时是为了我们的利益而审慎地自我给予的。"①以"小王应当把捡到的皮夹子还给别人"和"小王应当再长高一点"这两个陈述为例,前者是义务判断,后者则显然不是义务判断,而是一种评价判断,尽管它也包含"应当"。当然,从道德语言的角度看,义务有明显与隐含之分,包含"应当"的义务判断通常都表达了明显的义务。隐含的义务则表现在评价判断中,但一种评价判断是否表达了隐含的义务要视评价判断的使用语境而定。当你对一个逃避兵役的青年说"逃避兵役是完全错误的"时,你的评价判断也隐含着这样的意思:"你有义务参军保卫自己的国家。"所有的道德判断要么是评价判断,要么是义务判断,要么同时兼有这两种功能。在后一种情况下,义务隐含在评价之中,也就是说,评价本身直接起到了一种规范作用。但我们不能由此认为所有的评价判断都具有这种作用,比如"小王应当再长高一点"就是单纯的评价而不包含任何义务。亚里士多德和康德各执一端,前者将伦理学的视野限于评价判断,后者将所有的伦理学判断都看作义务判断,从而导致了一些伦理语言在使用方面的含糊与混乱,其根源在于他们均未对道德语言本身细加考查。

然而,对道德语言的分析并不是伦理学的主要任务,更不是唯一的任务。因此,对义务语言的分析只有落实到对义务内容的分析上来才能满足道德理论与道德实践的要求。况且,"义务"一词的演变本身就反映了义务内容的具体性和历史性。在不同的社会、不同的历史时

---

① 罗尔斯:《正义论》,何怀宏、何包钢、廖申白译,北京:中国社会科学出版社,1988年,第336页。

期、不同的民族和国家或社会共同体中,义务的种类是不同的,即使是同一种义务,其适用范围也不尽相同。但是,也存在一些人类共同履行的义务,如信守诺言、诚实、不伤害他人、感恩,等等。我们感兴趣的是,人的这种共同的义务感是如何起源的？义务的本性和根据是什么？义务与自然爱好之间、义务与义务之间、义务与权利之间、义务与后果之间会存在哪些冲突？这些冲突如何解决？

历史与现实都表明,"'义务'一词常常用于和理解为任何一种被要求的行为,无论这一被要求的行为是来自他人的权利,来自法律,来自权威,来自良心,等等。当'要求'的观念日益突出时,它似乎成了'义务'概念的唯一成分并且是本质的成分,而义务概念的其他构成观念——义务是应付给他人的某种东西——则日益被排除。因此,在此广泛而又派生性的用法中,'义务'一词日益用于我们觉得我们必须(无论出于什么理由)做的行为"[①]。但是,究竟是什么使我们从很早就觉得自己要承担某些义务呢？对这个问题至少有四种可能的回答。一部分人认为人的义务感出自神灵的意志；另一部分人认为人的义务感出自人的善良意志；也有部分人认为人的义务感出自行为的本性和内在价值；还有一部分人认为人的义务感是社会的结果。我们倾向于最后一种观点,因为它可以从个体的道德意识的发展和义务本身历史性中得到证明和解释。

从全体的道德意识的发展看,一个儿童并不天生就具有义务感,儿童的义务感是其自我意识发展到一定阶段的产物。刚刚生下来的婴儿处于软弱无助状态,但其反应仍受自然的左右,从根本上讲,他的行为是自我中心的,对其行为的外在约束只要给他带来不适就会遇到反抗,更不要指望他去进行自我约束了。儿童是从对外在约束的适应中,从他人的爱以及对这种爱的认识中渐渐学会自我约束的,义务感就以这种自我约束为条件。儿童所生活的群体以及他在该群体中与别人的交往关系促进了其义务感的形成。他在这种交往中首先获得

[①] 转引自汤姆·L.彼彻姆:《哲学的伦理学》,雷克勤等译,北京:中国社会科学出版社,1990年,第303页。

了相应的行为规则,这些规则一开始被用于调整"给予"和"获得"的相互关系,并且呈现出固定不变的特征。皮亚杰和柯尔伯格等人对儿童的心理研究表明,在早期阶段,儿童从教育和外在权威获得的道德准则对他们来说是绝对的。以"讲真话"为例,儿童在饥渴及不适时跟父母讲真话意味着他能从父母那里得到满足,于是他渐渐将"讲真话"作为一种规则运用到其他方面。儿童后来之所以学会了讲假话多半是由于他讲真话遭到过惩罚或变相的处罚(如受到责备,未得到自己想要的东西等)。我们说"童言无欺"并不是说儿童天生就把讲真话视为自己的道德义务,而是意味着他把自己与父母的交流中确立起来的道德规则推广到了其他社会关系。在他尚未获得国家观念时,他显然也不懂得自己对国家承担某种义务。因此,义务关系是交往关系中形成的,是个人社会化的结果与标志。

从人类道德意识的形成看,义务感是逐步确立和改变的,而不是预成的或天赋的。在《人类的由来》一书中,达尔文早就发现,人的义务感曾以萌芽的形式出现在某些高等动物中。达尔文举过这样的例子:一只抚养幼子的母犬,看到主人正要去打猎就犹豫了一会儿,最后还是溜到幼子那里去了。但当主人回来时,它做了种羞惭的表示,为自己先前表现的不忠而懊悔。达尔文认为,这就是义务感的最初表现,仅用本能是无法解释的,因为这显然是从群体习得的规则来反对天生的自然冲动与情感,虽然它一开始屈服于这种情感。实际上,人的义务感起源于人际协作的需要,起源于群体生活的需要,在社会的早期阶段,个人自保完全要靠群体自保来实现,而群体自保只有在互信、合作的基础上才有可能。正如共同体的存在是义务的基础一样,义务也是共同体的黏合剂,它把成员黏合在一起,使之成为有机的整体。

人的义务感多种多样,人的权利也是多种多样。一个社会只有保持义务与权利的基本一致,才能维持这个社会的有序运转,才能确保人与人之间的和谐共存关系。大量的人类学研究表明,一个群体的社会化程度越高,个人的义务感也越强,这是因为义务感是通过社会的习得而达到的,而个人在社会中的习得不仅是了解一套"游戏规则",他还必须将这套规则化为自己的内在信念和自觉要求。只有当人把道德规则不再视为外在的强加,而是出自自身本性的要求时,他才可能带着愉快的心情去履行自己的义务。如果你总是把义务视为外在负担,你就不可能有自由和幸福可言,因为在这种时候你的个人爱好和冲动往往与义务相冲突,一旦个人爱好压倒义务感,你就会设法逃避义务的限制,而逃避义务的限制有如罪犯"从逃遁中求解放",一俟停顿下来内心的不安就会升腾而起。在此,你挣脱了肉体的枷锁,又套上了精神的枷锁,正如逃犯之所以不会感到自由,是由于他终日惶恐不安之故。

道德义务则不是这种外在的限制,而是内心的自我规约,是出自灵魂深处的"应当"。当一个人不是对别人说"应当"而是对自己说"应当"时,他才能成为一个有道德责任感的人,人的道德自律首先就表现在能自己提出并愉快履行的"应当",而不需要客观的物质力量的强迫和约束,道德义务只需要责任感、道义感的驱动,而不像法律义务和政治义务那样是靠心外的异己力量的督促才见诸行动。道德义务是自我昭示、自我提醒、自我显明、自我约束和自我履行的,对他人、群体、社会、国家乃至人类的应尽责任,对于个人的自明性和自觉性是道德义务的突出特征。当某个人自愿地履行义务时我们才把他视为有道德的人,如果他不履行自己的义务,公众就会予以谴责。表面上,道德义务采取了一种超个人的形式,但这是个人向自己显示出来的对普遍意志的责任感,它不以武力和威胁让你敬畏和恐惧,而是让你内在地把它作为一种无上命令来执行;它不是像行政官员那样说"你要""你不要",而是在你的心中将"你要""你不要"变成"我应当""我不应当"。

道德义务与道德权利的关系,有时统一有时背离。只有当一个人把尽义务作为自己的权利来看待时,它们才可能达到直接的统一,这种统一是人的义务的最高形式。在传统的中国社会中,那种不求索取只求奉献的"孝道意识"(比如几个兄弟纯粹是从义务的角度争着供养父母)就体现了这种义务感,尽义务而求报答并不是出于自觉要求的道德义务意识。这在康德义务论的意义上甚至根本算不上尽义务,因而没有道德价值。康德认为,一种行为要有道德价值,一定要依义务而行,那种虽然合乎义务但不是出于义务心的行为不具有道德意义。而义务的行为之所以有道德价值,不是由于它所欲求的目的,而是由于决定这个行为的准则,因此,"义务是一种尊重法则而且必须照此而行的行为"。康德断言:"如果义务要成为有意义的概念,要成为对我们的行为有真正的立法权力,那么,它就必须只表现在绝对命令中,而不是表现在有条件的命令中。"①把获得道德权利视为履行道德义务的前提无疑是把义务看成了有条件的命令,如果父母只是出于养儿防老的目的来养育子女,这种父母的行为就不具有道德性。

中国不少人相信"好有好报,恶有恶报,不是不报,时候未到",尽管相信这种因果报应说的人本意是鼓励别人行善去恶,但仍未达到最高的道德境界,因为这是把行善与报答联系起来,而一个人行善之时想得到报答而又没有报答,他就有可能不去行善。在当今社会中,义务之所以成了一部分人的沉重负担,权利之所以成了一部分人徇私枉法、贪图厚利的工具,尽义务的人之所以得不到社会的公正报答,而少数不尽义务的人却享有荣华富贵,是因为我们的社会还不完善,而不意味着尽义务本身有什么错误。在任何时候,把道德义务作为我们的道德权利应当成为每个道德主体对自身的一种要求,应当成为人人追求的一种道德理想,尽管这种理想不是都能实现,但它会成为个人趋于道德、社会趋于合理的航标。"我为人人,人人为我"这句话之所以不可以颠倒为"人人为我,我为人人",正是因为道德主体只有首先要求自己奉献才有资格要求他人奉献。事实上,一个道德上合理的社会是"主观客观为他人,客观主观为自己",这就是说,道德权利不应成为我们履行道德义务的前提和动机,而只能成为他人或社会对履行义务者的一种奖赏,对接受奖赏者来说,奖赏本身可有可无,无奖赏亦安然自得,有奖赏也无愧于心。

然而,社会的平等也包含道德上的平等,人与人之间的道德关系

---

① 参见周辅成编:《西方伦理学名著选辑》下卷,北京:商务印书馆,1987年,第369页。

既要求我们对他人尽义务,又要求尊重他人尽义务的行为,比如,他人帮助过我,我就有感激他人的义务。"知恩图报","滴水之恩,涌泉相报"就是社会创造出来的义务平衡原则,这一原则保证了社会对尽义务者的合理补偿——尽管尽道德义务者不应主动要求得到这一补偿,但其他人有义务对他予以补偿。罗斯之所以把补偿、感恩列入道德义务的清单,其原因就在这里。如果我们对罗斯的理论加以进一步发展,就会发现一个道德上合理的社会,应当是"好人得到好报,恶人得到恶报"的社会,每一种义务都应有相应的补偿这种义务的义务。比如,行善的义务应有报恩的义务来补充,父慈的义务要有子孝的义务来补充。只有这样,才能确保义务系统的内部和谐。也只有这样,才能在最大限度内实现道德义务与道德权利的一致。

　　道德义务与道德权利的关系不同于法律义务与权利的关系。道德义务是主体对自身的自我要求和自我约束,但这种要求和约束不带有强制性质。对个人来说,我们尽道德义务并不是为了获得相应的道德权利,而是像康德所说的那样,要为义务而义务。在一个注重德性的社会中,道德权利是社会的一种合理"赠予"。比如,我尊重他人,也得到了他人的尊重,但得到他人的尊重不应成为我尊重他人的动机和出发点,虽然他人也有"对尊重我的人表示尊重的道德义务"。在此,我的道德权利只是他人回报我所尽的道德义务的一种客观结果。

　　但在法律领域,义务与权利总是互为条件和根据。法律义务具有强制性,它是对享有法律权利者的外在限制。在道德义务不起作用或不能调节人与人之间的关系的时候,法律义务就变得十分必要。在日常生活中,法律义务与道德义务往往是重叠的和交叉的,比如,抚养子女、赡养父母既是道德义务又是法律义务。如果在父母与子女的关系中道德义务遭到了蔑视,社会就只能让法律义务站出来说话。规定法律义务的必要性不仅在于弥补道德义务的脆弱性,而且在于将行为规则客观化、固定化。一旦人们将法律规定的行为规则化为自己的内在习惯而自觉地予以遵循,法律义务便在某种程度上变成了道德义务。照章纳税、遵守交通规则和其他公共秩序在一些法治社会中已经成了一种道德义务,尽管它们早已获得了法律义务的外观。推行法制并不是为了取代道德,而且也不可能取代道德,而是将人的行为准则安上了道德与法律的双重保险。当道德不再对某些人起作用时,法律就以其强制的力量来保证行为规则的普遍有效性。只要法律所规定的义务得到了长期有效的贯彻,并以通过教化的力量使履行义务的行为蔚然成风,法律义务就可以化为道德义务。这一点可以说明,在一些法制不完备的社会中那些要靠法律来强制管理的行为,在法制完备的社会中恰恰靠道德的力量来管理。比如,不乱闯红灯,不随地吐痰,买东西自觉排队等,在发达社会中已是一种自觉行为,正是这些行为保证了社会生活的有序化和办事的高效率。而在某些欠发达的社会中,很多人却在警察的监督目光下才遵守上述规则。

义务每每与自然爱好发生冲突。这种冲突一方面表现为有些人常想做他本不应当做的事情,另一方面表现为有些人不想做他应当做的事情。关于义务与自然爱好的冲突,康德曾经这样写道:"虽然人的理性告诉他,义务的命令是最值得尊敬,但在人心中,仍有一种反对这种义务命令的强烈情感。这是因为,人不但有理性,而且还有自然的爱好与要求,这些爱好与要求,如果全部得到满足,他就称之为幸福。这些自然的爱好,竭力声称它们表面上似乎合理的要求,应当受到尊重,但是,理性却断然拒绝对它们作任何让步,并对它们的要求表示轻蔑。这样,结果就不免产生一个矛盾:自然爱好反对这种严格的义务法则,怀疑这种法律的效力,至少怀疑它的纯粹性和严肃性,以至于,要义务的法则屈服于自然爱好的要求。"①

但是,这仅是事情的一个方面。另一方面,义务往往作为自然爱好的对立面而出现,至少是作为自然爱好的限制而出现。高度的义务感有时可以抑制和改变人的自然爱好,把它导向有利于社会群体和他人利益的方面。比如,一个喜欢早晨睡懒觉的父亲为了准时将自己的儿子送到托儿所,就不得不改掉睡懒觉的习惯。一开始,他必须在尽父亲的义务与睡懒觉的自然爱好之间进行思想斗争,他必须在两者之

---

① 参见周辅成编:《西方伦理学名著选辑》下卷,北京:商务印书馆,1987年,第359页。

间做出抉择。只有当他的义务感压倒他的自然爱好时,尽义务的动机才有可能化为现实。只有当人面临义务感与自然爱好的冲突时,义务的分量才足以显示出来,一个人的意志品质和道德品质才真正得到了检验。所谓"逆境见人心"讲的就是这个意思,就像一对只能同甘而不能共苦的夫妻算不得情深意笃的夫妻一样。如果一个人只是出于趋乐避苦的自然爱好做事,而从未面临究竟是服从自然爱好还是服从义务的选择,我们就无法确认其责任感的强弱,也无法衡量这个人在道德上的可靠性。康德甚至将义务感压倒自然爱好作为道德价值的充分必要条件。

义务感与自然爱好之间的冲突之所以在义务论中备受关注,是因为只有出于义务心而不是出于自然爱好的行为才有道德价值。例如,保存生命既是一种自然爱好也是一种义务,所以人们对生命抱着小心保存的态度并不具有道德意义。但是,如果有人由于灾难和绝望而对生活丧失了兴趣,他本来可以用死来解脱,可是只是由于义务感他才尽力维持自己的生命,那么,他的行为就具有真正的道德意义。同样,当一个富人发现别人遗失了内装十元钱的钱包,并带着不屑一顾的神情将它交给失主时,我们并不认为这个富人的行为有多高的道德价值。而一个穷人捡到内有一百元的钱包且未因自己急需而据为己有,而是出于义务感将它交给失主时,他的行为无疑具有道德意义。

义务感常在一些意志薄弱者中被自然爱好所征服,但这种征服一开始还是会遇到义务感的抵制,随着个人不断为满足自己的自然爱好寻找理由,例如,他在赌博时可能跟自己说,"只此一次,下不为例",其义务感的地盘渐渐被自然爱好所侵占。但义务感与自然爱好在许多情况下是一致的,有些行为既出于自然的情感又符合义务的要求,父母养育子女就属于这种情况。道德学家关心的恰恰是它们的不一致,因为道德的力量就显示在它们不一致的时候。义务感与自然爱好的不一致只是价值体系的反常现象,而不代表社会发展的本性。这就好比说,人本质上是有视力的,盲人只是人的反常情况,我们从不说一棵树、一块石头是盲的。同理,社会之所以要进行道德教育,培养人的内在责任感,只是因为少数人试图以自然爱好取代义务感。其实用自然爱好去取代义务感就像用义务感去统率自然爱好一样荒谬,前者导致纵欲主义,后者导致禁欲主义。合理的做法只能是以理制情,以义务感去统率自然爱好而不是去消灭自然爱好。如果一个人在工作时间去打网球,人们一般会说"工作时间不应当打网球",而不是说"任何时候都不允许打网球"。当义务感与自然爱好发生矛盾时,内心的斗争既可以以义务感的胜利而告终,也可以以自然爱好的胜利而告终,究竟哪一方面胜利要取决于义务感的强烈程度和权威性。义务感可以使人暂时摆脱自然爱好,而不是消灭这种爱好,一个人饿了就想吃东西,如果他只是凭自然爱好办事,他就会走进饭店不付钱就吃起来。义务感可以制止人的一时冲动,阻止人做有损于他人的事情,甚至会使人根本不去萌发某种损害他人利益的念头。在发生违反义务的行为之后,一旦人的义务感被重新唤醒并战胜自然爱好,他的内心就会后悔和自责。人是否有勇气承认和补救自己的过失,在相当大的程度上是由义务感的强弱决定的。因此,强化义务感是塑造健全人格,过好道德生活的需要。

以上我们讨论了义务感与自然爱好的冲突,我们还有必要探讨义务本身的冲突。这种冲突不仅表现为义务的不同层次的冲突,而且表现为不同种类的义务之间的冲突。总的说来,群体的社会化程度越高,个人的义务感也越强。一个人担当的社会角色越多,他与别人的关系就越广泛,他表现自然爱好、承担社会义务的可能性就越多。一个人在家庭中必须承担对家庭的义务,如果这个人是儿子,他就必须尽对父母的义务,如果他同时又是父亲,他还必须承担父亲的义务。家庭使人首先意识到义务的存在和必要,我们可以说,家庭是培养义务感的初级学校。

然而,如果一个人走出家庭进入社会,他既获得了满足合理的自然爱好的机会,也意味着他不仅要对其家庭承担义务,而且要对这个社会承担相应的义务,承担这种义务是维系社会整体的一种需要,因为社会整体的和谐是个人存在和发展的必要条件。从这种意义上讲,履行对社会整体的义务本质上与推进个人及广大民众的福利是一致的。一个人人都不愿承担对集体的义务的社会也必然是一个人人自危的社会,而一个人人各司其职、各守其位的社会,也必定是一个道德秩序井然的社会,是一个人们起码能在其中享有和平与安全的社会。但是,理论上的理想并不必然导致社会上的实践。在现实生活中我们始终要面对不同义务的冲突,比如家庭义务与集体义务的冲突,集体义务与国家义务的冲突。一个有家庭而又远离家庭的边防军人不能说没有家庭义务,但他在面临家庭义务与国家义务的冲突时以小义务去服从大义务,从而成就了军人之为军人的崇高品德。以小义务去服从大义务,以紧迫性较小的义务去服从紧迫性较大的义务是社会道德生活的普遍法则,也是在义务论的领域中进行道德评价的重要标准。人们在采取行动时通常是以这种方式来解决不同义务层次之间的冲突的。一个医生当然有给病人看病的义务。假定他面前有两个病人,一个需要抢救,一个只有点小病,医生治病的顺序无疑是先重后轻,先急后缓。事实正如罗斯所说,义务并非绝对,只要与更为紧迫的义务相冲突,紧迫性较小的义务就须让位。譬如,有人帮助过我,我有感激他的义务,但与此同时,我又有仁慈行善的义务,如果我以感恩之心帮助其他更为需要的人,便能更好地履行后一种义务。康德义务论的缺陷就是将义务概念空洞化、形式化,而未考虑义务的具体性和历史性,也未重视义务与义务的相互冲突并指明解决这种冲突的办法。道德生活的复杂性就在于同一种行为往往与几种义务相关联,如果我们的道德实践都像康德所说的那样僵化刻板,我们在面临义务的冲突时就会成为"布里丹的驴子"(出自拉封丹的寓言,大意是说,一头驴子又饿又渴,面对食料和水,不知是先吃好还是先喝好,结果因犹豫不定饥渴而死)。

  在对尽义务的行为进行道德评价时,我们还必须考虑另一种因素,即不愿尽义务与无法尽义务的区别。实际上,人们只是谴责那些不愿尽义务的人,而从不谴责那些愿尽义务但无法尽义务的人。比如,戍边的军人因军务紧急无法在妻子生育时回家照料,某个人因出了车祸而未能赴约谈判,等等,都不会招来道德上的指责,尽管他在此类情况下有义务将自己无法尽的某种义务设法通知别人。但是,如果他与外界的联系因客观条件的限制而完全中断,他将自己无法尽义务的消息通报别人这一义务又会自动取消。这并不是说,我们可以随便找个理由去拒绝承担某种义务。在日常生活中的确有不少人千方百计找理由不承担义务,但从道德的角度看,这种行为恰恰要受到谴责。而且,道德评判者会对你陈述的理由进行评估,如果你的理由充分可靠,他们就不会谴责,如果你陈述的理由似是而非或不够充分,他们就会追问你是否尽了自己的努力,这是因为我们把是否尽自己的努力看作是否愿意尽义务的表示,而无法尽义务只是客观条件问题,不是主观意愿问题。虽然客观条件有时可以通过主观努力来改变,从而使改变客观条件的行为成了履行义务的一部分,但是在某些情况下消除客观条件的限制非个人所能为或非一时一日之功。"应为"与"能为"的区分之所以成为道德评价的基本因素,原因就在这里。那些"知其不可为而为之"的行为并不能简单地用"愚蠢"或"糊涂"来评价,在伦理学的意义上,这是人的义务感的最高显示。与其说它表现了道德主体的不知进退般的固执,还不如说它是主体以有意的牺牲来获得内心的平衡与慰藉。悲剧人格和生活的悲剧意义就是在这种不计利害得失的义务感的驱使下形成的,它是以个人的短暂和渺小去反衬普遍义务的至高无上。

然而对"应为"与"能为"的区分还不足以帮助我们解决义务的冲突。在同时面对两种或多种只能择一而从的义务时,人们或多或少都要引进功利性原则。对义务大小和紧迫性程度的认识,会帮助人们进行道德选择。在义务与义务发生冲突时,义务的大小有时可以不言自明,但这一点并不是绝对的,以罗斯为代表的一些直觉主义者将所有义务的大小都看成不言自明的事情未免犯了以偏概全的错误。在下述情况下,即使是主张为义务而义务的极端义务论者也不能不对义务的多重选择进行一番权衡。譬如:一个病人患了晚期胃癌,疼痛难忍,他要求医生让他早点死去,而我们的社会素来把治病救人视为医生的义务。如果医生不顾病人的要求继续予以治疗,就意味着要延长病人的痛苦,这样做既不符合人道的要求,也有悖尊重人的自由自决的义务。如果医生满足病人的要求,不仅中止治疗,而且协助病人自杀,甚至给他打一针吗啡使他安乐死,那又有悖医学传统给人确定的尊重生命和治病救人的义务。面对这种左右为难的局面,不少人一开始常感到无所适从,但最后还是不得不在两种相互冲突的义务中做出自己的选择。我们不禁要问,是什么原因促使医生做出这种选择而不是做出另一种选择呢?当一个患有严重心脏病的孕妇即将生产,保护母亲与保护婴儿相互冲突时,人们为什么都是选择保护母亲而不是选择保护婴儿呢?这中间难道没有功利性的考虑吗?在不涉及义务的冲突时,在一种行为只与单一的义务相关时,康德的义务论尚有回旋的余地,一旦出现义务的冲突,康德的义务论就会陷入进退维谷的境地,除非他不对两种义务进行比较或干脆不采取任何行动去履行义务。这样做的结果必然是,当两个人同时需要你帮助并且你也有义务帮助他们,但你只能帮助其中一个人时,你如果不愿对尽义务的先后做出安排,你就只能采取一个人都不帮的办法。但一个人都不帮难道比帮助其中一个人更合理吗?

2. 正义感

正义问题是伦理学的首要问题,因为正义价值是最高的道德价值,就像真理是最高的科学价值一样。如果说只据个人情感办事而不按正义原则办事的社会是一个不道德的社会。那么,一个没有正义感的人,即使他孝悌有加、忠贞不二,即便他仁慈宽厚、忍辱负重,也算不上真正有道德的人。正是在这个意义上,亚里士多德在《尼各马可伦理学》中常将正义看作美德的全部,将具有正义感的人看作真正有道德的人,因为,正义是道德的脊梁。

正义是公平的尺度,也是公正的尺度,这个尺度根植于人的理性之中。然而,尺度之所以为尺度全在于它的客观性,在于它毫无例外地适用于所有对象,在于它不受个人主观好恶的影响,在于它是作为一种标准在起作用。在希腊神话中,正义女神给人的印象是手持天平,双眼被蒙住,这一意味深长的形象设计实际上揭示了正义的两个特征,即公平性和客观性。公平性一般是就权利与负担的合理分配而言的,如果人们在分配时遵循"同样情况同样对待"的原则,即实现亚里士多德所说的那种"比例上的平等",那么这种分配就是合理的,其行为就是正义的。这种在分配中表现出的正义即是通常所说的"分配正义"。"客观性"则要求我们对他人的行为及其价值的评估不带偏见和私心,并赏他人之该赏,罚他人之该罚。通过这种方式体现出来的正义常被称为补偿正义或赏罚正义,它的突出特点是公正。于是,从公正的角度去看问题成为"正义"一词的基本内涵之一。"应得的赏罚"(deserts)则在早期西方道德哲学中成了与"正义"最为切近的词汇。除强调分配的公平之外,我们之所以还要强调办事的公正,是因为人的道德行为多种多样,并不是所有道德行为都涉及权利与义务的公平分配。尽管正义原则的作用在大部分时候像休谟所说的那样,在于力图平衡相互冲突的利益,以及社会上不断发生的相互冲突的要求,但是,仅仅根据"正义的形式原则",即平等地对待平等的社会成员,并不足以合理调节相互冲突的利益分配,以及合理地满足相互冲突的要求。

抽象地说,所有的公民都该得到平等的政治权利,享有平等的工作机会,得到平等的法律待遇,但是,人与人之间存在着这样那样的差别,如生理、心理、经验、职位、才能等方面的差别,抹煞这些差别常常导致以表面上的平等来掩盖事实上的不平等。因此,对"平等"本身应该进行深入的理解,至少,我们不能把正义等同于形式上的平等。一部分伦理学家之所以要用"正义的现实原则"来补充"正义的形式原则",原因就在这里。按照"正义的现实原则",在分配基本的权利与义务方面,无论个人之间有何差别,都应受到平等的对待,在公平地分配特定的社会负担和社会利益时,则应当考虑他们的差别。

就个人而言,正义原则以及对这种原则的尊重可以起到以下两方面的作用。

从正面意义看,正义感是人格的脊梁。尽管每个人对何为正义、何为不义可能有不尽相同的看法,但他们至少在不同程度上承认要尽可能公平地分配各自的利益并合理地承担自己的义务和责任。这就要求个人限制自己的非分欲望以及由这种欲望带来的不正当行为。当自己因一时的私心获取了本该属于他人的东西时,正义感可以帮助他裁定自己行为的不正当并采取措施予以纠正。因此,正义感能促使个人进行自我监督,防止自己侵犯和践踏他人的利益和正当权利。简言之,防止我们去从事损人利己的事情。我们在道德生活中之所以强调正人先正己,正是因为对自身行为的检点和规约,构成了正义感的第一要素。没有这一点,群体之内的相互监督和个人之间的牢固合作就难以在彼此认同的和谐气氛中进行;没有这一点,人与人之间的信任、友谊与互爱就难以维系下去,至少不可能在彼此猜忌、不满乃至攻讦的情况下维持下去。

从负面意义看,正义感是我们维护他人正当权益并与一切有悖社会公理的行为作斗争的动力。在中外历史上,所有行侠仗义者之所以受到人们的称颂和赞扬,就是因为他们是匡扶正义的勇士。今天,那些不畏强暴,敢于与坏人坏事作斗争的行为之所以获得普遍的敬意和嘉奖,也是因为这些行为表现了社会对正义原则的维护以及对不义行为的蔑视,表现了正义在制止不义行为方面所展示的人格力量。从本质上讲,是否敢于制止不正义的行为是对一个人的品德的真正考验。一个人很可能生来胆小,但正义感可能驱使他克服胆怯,上前制止可能给自己或他人造成损害的不正义行为。一个人也不可能不考虑自身的利益,但在他人的正当利益和人身安全遭到第三者的侵犯时,即使他们彼此素不相识,他的正义感仍会促使他站出来主持公道,伸张正义,与受害者站在一起,为他鸣冤叫屈,捍卫他的正当权益,或合力制止不正义行为。这种在他人遭到不公正对待时为他人鸣不平,并不怀偏见地站出来制止不正义行为的感情冲动便是我们所说的义愤。这是衡量一个人是否具有公心的尺度之一,日常生活中的那种"路见不平,拔刀相助"的行为是出于义愤的结果,也是正义感的初级表现形式。尽管这一行为在法治社会中不一定在所有情况下都合理,但社会成员的基本正义感就是由此发展起来的。当一个社会尚未形成为成员主持公道的完善制度和机构时,个人就只能靠他人正义感的保护。如果社会成员普遍缺乏这种正义感,这个社会就会沦为"以强权为公理"的社会。其结果只能像卡莱尔曾经描述过的那样,是"广泛的苦难、叛乱和癫狂,是无套裤汉的疯狂暴动,是死灰复燃的暴政的冷酷无情,是千百万人沦为禽兽,是一批又一批人变得刁蛮任性——是罪恶之君通过法律来确定不义的可怕景象!"①

就社会而言,正义原则和正义感可以起到如下作用。

首先,正义原则和正义感可以帮助我们冷静地、理智地对待我们所面临的人和事物,克服我们的个人偏见、性别偏见、职业偏见、党派偏见、阶级偏见、民族偏见和种族偏见,并尽可能减少和消除因这些偏见而导致的各种歧视,如性别歧视、种族歧视等。歧视是社会公正的敌人,是不义的表征,而一切歧视几乎都源于人们的偏见。但偏见之所以为偏见,就在于人们不能给予对象以其应得的评价。其具体表现是,只看对象的缺点,不看对象的优点,并故意贬低对象的价值,这样做的结果自然是剥夺对象本该享有的权利和利益。当今世界存在的各种歧视无不是偏见造成的,它们的消除既有赖于受歧视者的不懈斗争,也有赖于原本进行歧视的一方中有人站出来捍卫正义、主持公道。如果没有人秉持正义,出于公心,这个社会要么陷于永无休止的厮杀,要么陷于一部分人对另一部分人的压迫状态。人们之所以普遍相信公理最终将制约强权,正是因为他们相信正义感可以使人恢复对他人价值的客观认识和普遍尊重,并唤起大家以实事求是的态度合理地对待他人的利益。纳粹法西斯主义的失败,南非种族隔离制度的消除都是人类正义感的胜利,这种胜利不仅使种族偏见成为历史的耻辱,而且使人类更加深刻地认识到维护正义原则的重要性。

其次,正义原则和正义感不仅使一部分社会成员自己不去干有损

---

① 转引自辜鸿铭:《中国札记》,汪堂家、廖英译,载《学术集林》卷二,上海:上海远东出版社,1994年。

于他人利益的事情,而且使他们团结起来有组织地遏制不正义行为的产生,从而有效地防止一部分人对另外一部分人的侵害。在大多数时候,社会成员之间的相安无事并不是靠武力来维持的,也不是靠彼此的恐惧来维持的,而是靠人们的正义感来维持的。否则我们就很难想象一群警察和军人不会用自己的武器去掠夺手无寸铁的百姓。一方面,群体生活增加了个人利益相互冲突的可能,从而增加了一部分人受到另一部分人侵害的可能;另一方面,群体生活增强了相互合作、共同制止不正义行为的力量,从而增强了人们的集体安全感。然而,集体安全感之所以可能,是因为构成这个集体的大部分成员在尊重正义原则方面达成了默契和一致,一旦这个集体中出现了蔑视正义原则、故意侵犯他人利益的不正义行为,其他成员就会联合起来充当仲裁者,或以集体的名义对侵犯者进行干预,甚至采取强制手段迫使作恶者停止作恶,并为已有的恶行付出代价。从这种意义上讲,个人是在一种集体的正义中得到保护。我们之所以常说"有理走遍天下,无理寸步难行",就是因为"理"字早已深入人心并受到广大民众的自觉维护。我们中国人一贯把评理、讲理、讨公道作为解决人际纠纷的重要手段,这恰恰说明了义理在调整人际关系中的重要性。反过来说,广大民众联合起来抵制不正义行为,既是为了维护正义原则,也是为了避免不正义行为给他们所依赖的社会整体造成危害。这种危害不仅表现在它可以破坏集体生活的秩序和安宁,危及人类的最高价值——生命的价值,而且表现在它给所有人都带来了不安全感,因为不正义行为一方面给受害者带来不应有的损失,另一方面使他人感到,如果这种行为得不到制止,就可能使侵犯者更加胆大妄为,以致每个人成为潜在的受害者。因此,维护正义原则,培养社会成员的正义感是保持社会生活的健全和稳定的先决条件。

最后,正义原则和正义感是实现社会基本权利和义务公平分配的重要保障。纵观人类进化的历史,我们可以断言,尽管在当今社会中正义原则和正义感尚未全面而稳定地体现在人与人之间、群体与群体之间、阶级与阶级之间、民族与民族之间、国家与国家之间、种族与种族之间的利益分配中，但是人类一直在不同程度地把趋于正义作为自己的理想，如今，这种理想已经成为尊重理性的人的实践。对正义的这一乐观态度，既是基于社会正在不断由人治过渡到法治的现实，也是基于人类正是在正义原则的鼓舞下由强权支配一切的野蛮状态过渡到承认公理的文明状态，并在这一过程中废除了奴隶制和封建制，更是基于人类一直没有放弃罗尔斯所描述的那种理想，即"某些法律和制度，不管它们如何有效率和有条理，只要它们不正义就必须加以改造或废除。每个人都拥有一种基于正义的不可侵犯性，这种不可侵犯性即使以社会整体利益之名也不能逾越。因此，正义否认为了一些人分享更大利益而剥夺另一些人的自由是正当的，不承认许多人享受的较大利益能绰绰有余地补偿强加于少数人的牺牲。所以，在一个正义的社会里，平等的公民自由是确定不移的，由正义所保障的权利决不受制于政治的交易或社会利益的权衡。允许我们默认一种有错误的理论的唯一前提是尚无一种较好的理论，同样，使我们忍受一种不正义只能是在需要用它来避免另一种更大的不正义的情况下才有可能。作为人类活动的首要价值，真理和正义是决不妥协的"①。

现在，让我们来看看正义原则在调节社会基本权利与义务的分配方面是如何起作用的。

"正义"在动物界并不存在，在野蛮人那里同样不存在。正义是人类最高社会化的产物，是促进社会自保、增进人际合作的需要。在一个只讲强力不讲道德的地方，"正义"是不起作用的。从对儿童成长的观察中我们不难发现，天真的儿童一开始只考虑自身的需要而不考虑自己的行为对他人的影响，以致从要求他人服从自己的意志发展到抢夺他人的玩具和食物，只是到后来，他经历了别人的愤怒和反抗，经历了别人的同样对待以及父母等人的教育之后，渐渐了解到限制自己的行为并尊重他人存在的重要性。同样，原始人在组成有效的社会之前也只是把他人作为手段，至少是没有认识到把他人也作为"自我"来对

---

① 罗尔斯：《正义论》，何怀宏、何包钢、廖申白译，北京：中国社会科学出版社，1988年，第1—2页。

待的必要性,到后来,人们从相互合作中看到了群体生活的好处,特别是彼此间的合力给他们带来的安全感与直接利益,他们逐步觉得有必要建立互助互惠的制度以推进他们的共同利益。但是,在如何分享集体努力的成果方面,在如何确定个人对集体和他人应尽的义务方面,人们一开始总是从各自的目的出发并且追求于己有利的东西或喜欢在总的利益中占有较大的份额,这样就不可避免要发生利益冲突。为了防止这种冲突危害集体生活的正常进行和相互合作的继续开展,人们就需要一些能得到大家普遍认同和接受的一套原则,这些原则是人们实现权利与均衡,调节个人利益的恰当分配的依据,并且使各怀私心的人心悦诚服。尽管有少数人可能对利益分配方式持有异议,但对这些原则的尊重仍使他们约束自己的进一步要求,哪怕这种要求在一定程度上是合理的。这里所说的基本原则就是正义原则。在思想和行为中对这种原则所表现出来的尊重,就是正义感。

正义感是正直者之为正直者的根本条件。当与自己没有利害关系的人遭到不公平的对待时能仗义执言,维护他人的正当利益;当与自己亲近的人侵犯他人利益时,能不徇私情予以制止和补救;当他人对自己进行百般利诱时,能不为所动甚至直指其非;当他人对自己强行不义时能挺身反抗,所有这些都是正直者的可贵品质和标志。光明磊落、铁面无私、刚正不阿、嫉恶如仇,历来是万民称颂的美德,它们是维护正义的人格力量,是道德秩序的卫士。孔子曾将"好义""质直"视为君子风范。"君子义以为上。"(《论语·阳货》)"义"者,"宜"也,"宜"即行为合理和正当。"好义"者、"质直"者,刚强果断,"直道而行"。孔子甚至说,"刚、毅、木、讷,近仁","人之生也直,罔之生也幸而免"(《论语·子路》)。

正义感给人以勇气和力量。正义感的力量并不出自得失的驱使,而是因为原则本身使人超拔于当下的个人得失,傲视一切直视正义的怯懦行为。当一个人将一切个人得失利害置之度外时,他的行动就变得勇敢起来,无所顾忌起来。例如,一个义正辞严地当面批评不公现象的人是不会在乎别人对自己的憎恨的,也不会在乎自己能从中得到多少好处,而仅仅是为了维护正义原则本身。相反,一个心术不正者总是把正义原则放在一边,而时时处处都试图以不正当的方式谋取私利。刁钻奸猾,巧言令色,不择手段地投机钻营就是这类人的特点。在集体生活中,心术不正者有如一部机器中出了毛病的螺丝,他可以使公共原则归于无效,也可以瓦解维系人心的合作精神并使集体成员相互争斗起来。因此,他比公开表现不义的人更能对集体生活造成破坏。正直者总是与心术不正者势不两立,前者本身即是原则的化身,后者在前者的面前总是畏畏缩缩。身正者能正人,能正人者亦能震人和镇人。好勇者不一定尚义,尚义者必定好勇,其秘密就在于尚义者最终能得公心,能唤起社会成员对不义者的公愤,正义原则是他的无形支持,追求这种原则的民众时时都是他的同道。因此,尚义者心中自有壮胆的力量,见义不为是无勇的表现,见义勇为则是志士仁人之必需。

正义原则要通过社会成员的正义感来体现,尤其要通过合乎正义的行为来体现。就像游戏规则只有通过游戏而存在并发挥作用一样,正义原则只有深入人心并规范人的行为才能显示自身的价值与意义。正义感的存在固然要以正义原则的存在为逻辑前提,但正义原则如果脱离了正义感就会变成空无内容的东西。正义感的根据不仅仅在于对正义原则的意识,因为意识到正义原则是一回事,按正义原则办事则是另一回事,从某种意义上讲,后者比前者更为重要。如果说人的品格表现为一连串的行为,那么,只有人在行为中贯彻了正义原则时,我们才可以说他具有正义感。因此,正义感并不只是人们在认同和接受正义原则以及由这种原则规定的既定道德观念时产生的情感倾向,也不只是人们在面临现实行为与正义原则发生冲突时所表现出来的鉴别是非曲直的道德判断力,而是既有这种情感和道德判断力,又能通过合乎正义的行为来体现自己对正义原则尊重以及自己维护这种原则的强烈渴望。

同时,正义原则需要靠并且只能靠具有正义感的人来维护,就尚义者不畏强暴而是处处蹈义而行来说,具有正义感的人是实体化了的正义原则，或者说，是正义原则的人格化。尽管正义原则符合绝大多数人的根本利益，因而可以产生支持自身的力量，但是，由于公利与私利的冲突，个人动机和行为并不总是符合正义原则，相反，常常与正义原则相背离，在某些时候甚至发生以利害义的情况。如果听任正义原则遭到践踏，一个社会就只能服从弱肉强食的自然法则的安排，结果，社会成员们只能落到人人自危的境地。如果有人站出来作为正义的代言人，他所维护的就不只是某个人的利益，而是所有服从正义原则的人的利益。从这种意义上说，正义原则是通过具有正义感的人的维护而恩泽于所有公众。正义原则的有效性取决于对这种原则的维护。在一个群体中，只要破坏这种原则的行为不能得到制止，就意味着有千百次同样的行为将重复发生，只要有人勇于捍卫正义原则，这个原则就能对这个群体成员的行为起一定的约束作用。对正义原则的捍卫者来说，原则本身就是目的，而不是手段。当一个好人遭到诬陷并身陷囹圄时，如果始终没有人给他申冤，他就将失去作为一个好人所应有的自由与权利，这也意味着社会默认了诬陷行为的合理性。反之，具有正义感的人为他平反昭雪并给诬陷者以惩处，其意义远不只是还一个人以清白以及恢复他的权利与尊严，而是在一个社会中恢复了正义本身，从而避免更多的人遭到同样的命运，同时也遏制了诬陷的蔓延。由此可见，培养社会成员的正义感并不是无关紧要的事情，而是关系到正义原则能否得到贯彻的问题，关系到我们能否形成一种对"好义者人人敬重，对不义者人人喊打"的社会氛围。

那么，一个社会应当怎样培养其成员的正义感呢？对这个问题，不同的理论家可能有不同的回答。有些人把人的正义感看作与生俱来的自然倾向，对他们来说，培养人的正义感只是意味着防止后来的不利因素玷污纯真的心灵，或者将先天的善心发扬光大。另一些人则把正义感看作后天学习的结果，对他们来说，培养正义感意味着通过道德教育和舆论的力量将外在的道德原则内在化，又意味着通过赏罚分明的评价体系来强化一个人对正义行为的欲望以及对不义行为的厌恶。在上述观点中，前一种观点带有预成论的色彩并在相当大的程度上否认了道德教育的作用,甚至从根本上取消了"如何培养正义感"这类问题。后一种观点肯定了道德训练的必要性,但对道德训练的基础和可能性,理论家们仍存在很大分歧。譬如,皮亚杰认为儿童的道德判断的发展是从道德他律过渡到道德自律的过程,包括正义感在内的所有道德感的形成是个人在与他人交往时克服自我中心主义的结果①。科尔伯格则认为,正义感根植于人们追求完美生活的需要,当每个人无私地把自己摆在他人的位置上的时候,他就会自动选择正义原则。但问题在于,一个人怎样才能无私地把自己摆在他人的位置上呢?

我们以为,正义感是社会习得的结果。这一点是社会道德教育的存在理由。一个人获得正义感的过程与他的社会化过程紧密联系在一起。而社会化过程既意味着对他人行为的最初模仿,又意味着发展自己的自主判断,特别是对行为正当与否的判断。实际上,儿童的社会化过程从他进行自主活动时就已经开始。他们最初总是把父母、教师看作道德权威,并从赏罚中了解到什么是正当什么是不正当,这里所说的赏罚是广义的,如微笑、赞许、责骂等。因此,培养人的正义感要从儿童开始。具体地说,父母和教师都有必要并借儿童对自己的权威意识确立儿童对公共行为准则的尊重,并且以身作则,凡是要求孩子遵守的准则,自己首先要加以遵守。由于儿童一开始缺乏是非标准,父母和教师应当根据儿童的年龄层次和理解水平尽可能清楚地解释为什么要遵守这些行为准则。这样做既是为了使孩子们懂得尊重这些行为准则的重要性,又是为了使他们了解在碰到类似情况时如何看待这些准则。

但是,通过这种方式而获得的道德还只是道德发展的初级阶段,因为它不是以人际关系的平等为基础的,而是以道德权威的存在为基础的。随着儿童的长大,他渐渐要求他人把他作为平等的成员来看待,他不再满足于被动接受道德训令,他还试图对以前的道德准则加以检验和证明,并扮演评判他人和自我评判的角色。因此,他将独立

---

① 见 Piaget, *The Moral Judgement of the Child*, New York Free Press, 1965, p.95。

运用自己的理性能力对行为的正当与否进行鉴别。康德曾说,人在按照正义原则行事时展示了他作为自由、平等和有理性的存在物的本性。如果这一点是正确的,那么,培养人的理性而不是提倡盲从在培养人的正义感的过程中就显得十分重要。理性可能使我们明善恶、辨是非、重法理、尽义务,而不是按自然情感办事。对于富有理性精神的人来说,不合理的约束应予取消,不公正的行为应予制止。当两个与他亲近的人相互冲突时,凭感情去解决他们的矛盾会使他进退两难。只有理性才能帮助他恪守正义的原则。从这种意义上说,学会公正地处理问题也就是要学会以理为先,以理制情,而不是以情为先,以情害理。

鉴于此,培养个人的正义感需要将塑造刚正不阿的品质与提高个人的理性识见结合起来,特别是要与辨别是非的能力结合起来,并且通过道德实践来巩固和强化人们从活的模式及符号模式中学到的合理道德准则。活的模式主要是指他人的正义行为,符号模式主要是指书刊、影视和其他公共媒介。合理的赏罚在培养正义感和其他道德情感方面也起着一定的促进作用。对此,社会学习理论的重要代表班图拉(A. Bandura)已做过深入的探讨[①],这里不加重复。

然而,仅靠培养个人的正义感还不足以使正义原则持久的贯彻。从根本上讲,建立一个合乎正义的社会制度和培养个人的正义感一样重要。因为只有正义的社会制度才能保证正义原则的普遍有效性,并把正义原则作为不因人而废的机制传诸后世,而正义感始终是具有个人性质的东西,易受偶然因素的影响。中国传统伦理思想的一个缺陷就在于把建立良好社会的希望仅仅寄托在提高个人的修养上或寄托在统治者的仁德上,而没有注意到正义的制度化是保证社会公正的根本条件,个人的良好道德修养如果没有正义制度做保证,就只能在非常有限的范围内发挥作用,并有相当大的随意性。在一个腐败的制度下,即使有一百个包公也难以挽救社会的颓势,也难以保证"包公"们刚正不阿的品质世代相传。在此,我们并不是说个人修养不重要,更

---

① 见 A. Bandura, *Social Learning Theory*, Englewood Cliffs, Prentice-Hall, 1977, p. 117。

不是说个人的正义感在社会生活中无足轻重,而是说我们要把建立合乎正义的社会制度作为自己的根本目标。培养个人的正义感之所以重要,恰恰是因为正义原则以及体现这一原则的良好社会制度需要具有正义感的人去捍卫,并且只有具备正义感的人才会在办事时力求公正和客观,以体现社会的公共价值与精神,超越个人情感所支配的狭小天地。我们有一套合理的规则,如"不在公共场所吸烟""严禁贩毒""遵守公共秩序"等,如果没有人去执行,这套合理规则就毫无意义。建立合乎正义的制度首先要保证不断有人去监督执行这类规则,并使这类规则毫无例外地适用于所有人;其次要保证个人的权利与义务得到公正合理的稳定分配;再次要最大限度地促进个人间的平等,特别是各种机会的均等。仅仅靠培养个人的正义感无法实现这些目标,这一点不仅为千百次的实践所验证,而且能得到理论上的合理说明。

建立合乎正义的制度对贯彻正义原则有着十分重要的意义。这一点表现在,在正义制度下社会成员的政治权利、经济利益以及其他权利的合理安排将成为一种相对稳定的模式,个人的权利与义务的分配将按公开的程序来进行。这样做有利于社会成员对分配过程进行仔细的监督,并有机会表达他们对分配是否公正的看法,从而为抑制不正义行为,特别是暗中谋取个人私利的行为的发生提供有效社会保障。这样做也有利于依据正义原则而制定的行为规范组成一个前后一贯的体系,使每个社会成员都了解到这些行为规范是客观的外在于个人情感的东西,是透明的、对每个人都具有约束力的东西,从而增进他们对共同的行为规范的认同与理解,而这种认同与理解不仅是激励社会成员积极参与公共事务的先决条件,而且是促进他们自觉维护这些行为规范的重要前提。一旦人们将遵守共同的行为规则与个人需要的某种满足联系在一起,那些行为规范就不再是与个人生活无关的外在负担,也不是远离他们的思想和行为的抽象目标,而是值得他们加以尊重、贯彻和坚持的现实生活原则,依据这些原则,个人不仅可以自我保护,而且可以要求并且能得到制度的保护。

正义原则的制度化主要是通过法治来实现的。法治社会的存在固然要以民众,尤其是执法者的法律意识为条件,但它本质上是通过消除不义来肯定正义原则的不可侵犯性。诚如康德所说,我们之所以要处罚罪犯,只是因为他违反了法律,对法律的这种非功利性的尊重客观上保证了法律本身的普遍适用性。法律内在地不允许有自己管不到的地方,只要容忍有一个例外存在,法律本身实际上就被否证或证伪了。这一点也恰恰是正义之为正义的品格。在迄今为止的人类社会中,法律的制定和执行都可能有不正义的时候,但即使是不正义的法律也强于听凭个人去胡作非为,因为那些服从不正义法律的人至少可以明确地了解什么事情可做、什么事情不可做,并在此基础上进行有效的自我保护,而在没有法律的地方,个人随时可能不明不白地成为某个君主或某个偶然因素的牺牲品。

正义与法律有着天然的联系。在希腊语中,"正义"与"法律"是同一个词,"司法""法官"被人们视为正义的化身。直到今天,一些西方文字仍然保留了"正义"与"司法"的这种内在关联,以致不少人觉得,不怀偏见的公平执法就是通过强制手段来保证公开的正义原则的至高无上性。因此,爱尔维修在《论人的理智能力与教育》一书中所阐述的下述观点在今天已经成了法治社会的普遍信念:"正义,以既立的法律为前提。尊重正义,以公民之间势均力敌为前提。保持这种平衡,是科学和立法的主要工作。一种有益的相互畏惧,强迫人们彼此以正义相待。如果这种畏惧不再是相互的,那时,正义就变成了一种了不起的美德,从那时起,一个民族的立法,就是有弊病的。改善立法的前提,是人对正义的需要。"[①]从历史的经验看,人们彼此以正义相待未必是相互畏惧的结果,而是出于有理性的人们对相互依赖与社会合作的需要,完善的法律体系通过发布和执行一系列公开的规则来满足人们的这种需要,因为法律并不像某些人想象的那样只是消极地告诉人们哪些事情不能做,而是同时告诉人们哪些事情可以做,而在人们做法律允许的事情时,只有相互合作才能促进他们的共同利益。从这种意义上说,服从法律就是服从公理的裁决。

[①] 参见周辅成编:《西方伦理学名著选辑》下卷,北京:商务印书馆,1987年,第58页。

在法治社会中，宣扬"有治人无治法"是行不通的。治人者必须治于人，这是法治的基本要求。法治不仅体现在有一套完整的规范公民行为的法律规则，而且体现在执法者的独立与公正，审判程序的公平与公开，就此而言，对法律的任意解释和不恰当的运用以及执法时的偏见和私心，都是与法治不相容的行为，也是不正义的行为。法律作为强制性的规则只有在调节人们的行为时才发挥自己的效力，与单纯的行政管理相比，它应当是并且是确定社会利益分配的最高权威。因此，法官不是行政官员的附属物，司法不是行政事务的自然延伸，不是官员选择法律，而是法律限制官员。当法律所确立的秩序对应于社会的基本结构时，正义原则的贯彻才具有稳固的基础。人的自由和权利才有根本的保证。由此观之，社会正义的理想与法治的目标本质上是一致的。正是在这种意义上，罗尔斯说："在其他条件相同的情况下，如果一种法律秩序较完善地实行着法律的准则，那么，这个法律秩序就比其他法律秩序更为正义。"① 但是，法治的准则是什么呢？粗略地讲，它包括"应为意味着能为"（ought implies can）、"类似情况类似处理"、"法无明文不为罪"（Nalla crimen sine Lege）这三条原则。第一条是对立法者而言的，它要求法律的规定应当是人们普遍相信能得到执行的东西；第二条是对执法者来说的，它要求对同样性质的罪行，处罚和量刑时要一视同仁；第三条既是对执法者说的，也是对执法对象说的，它要求法律能得到人们的广泛了解并得到明确的规定。所有这些准则都是正义精神的体现，因为对它们的全面贯彻和实施可以在程序上使每个人得到公平的对待，至少不会受到故意的歧视。因此，这些准则越是得到普遍的遵守，个人的正当权利和自由就越不会受到侵犯。从根本上讲，个人的自由只有在法治社会中才能得到可靠的保证。脱离法律来谈论自由就像脱离规则来谈论游戏。对法律的改进和完善正是为了健全自由行动的规则，其完善程度取决于它是否体现了公平合理的社会正义理想。

---

① 罗尔斯：《正义论》，何怀宏、何包钢、廖申白译，北京：中国社会科学出版社，1988年，第226页。

3. 荣辱感

荣辱是一对基本的道德范畴。"荣"即荣誉,"辱"即耻辱,两者相辅相成。荣誉是社会对个人行为的褒扬与嘉许,耻辱是社会对个别行为的贬抑与嘲弄;前者体现了社会对个人或大社会对小社会的积极评价,后者则体现了社会对个人或社会外部对社会内部的精神打击。社会舆论和公众权威往往是形成荣辱的基本前提和外在尺度。公众的评价和褒奖越高,个别行为的社会价值也越大,个人或集体从这种评价中获得的自我价值感也越强。反之,公众的指斥和责骂越激烈,个别行为的社会价值越低,个人或群体的耻辱越大,人的自尊受到的损害也越大。在道德生活中,荣辱并不是凝固不变的东西。对两个敌对集团来说,一方之荣可能是另一方之辱。对荣的不恰当对待可以导致人自取其辱,对辱的彻心之痛则可以使人卧薪尝胆,反辱为荣。

作为道德情感,荣辱具有更加广泛的意义。宽泛地讲,荣辱既可以指社会对个人或大社会对小社会的褒扬和贬抑,又可以指个人或群体对这种褒扬和贬抑的内心感受和自我意识,后者能给人带来道德情感上的满足和造成人的内心痛苦以及自尊心的受损。当人们对荣誉感到道德情感上的满足时,便产生荣誉感;当人们对耻辱感到自惭和痛心时,便产生廉耻心。知耻是自尊自爱的表现。由于耻辱是对荣誉的贬损和对自尊的打击,廉耻心便与荣誉感统一起来。换言之,人的荣誉感越强廉耻心越深;一个恬不知耻的人是不会将荣誉作为荣誉来看待的,充其量只能把荣誉视为招摇过市、继续为恶的旗号。正因如此,人们在日常生活中往往将荣誉感与廉耻心不加区分地使用,英文中 sense of honour 被一些翻译家译成"廉耻心"是颇有道理的。

在中国历史上"耻"甚至是比"荣"更为重要的道德范畴,"知耻"与"无耻"始终是评判行为好坏的道德标准。思想家们之所以重视"耻"的问题,是因为他们看到了寡廉鲜耻是道德沦丧、世风衰微的突出表现,也看到了"知耻"是道德人格的基础,特别是维持人的自尊的重要条件。《尚书·说命下》中早有"其心愧耻"的说法。《礼记》曰:"物,耻足以振之；国，耻足以兴之。"《孟子·尽心上》有"人不可以无耻"的训导。《左传·昭公五年》有"耻匹夫，不无务，况耻国乎"之语。龚自珍则对社会不同阶层的"无耻"所造成的可怕后果进行了颇有见地的分析，他认为，平民百姓无耻可以辱身，富者无耻可以辱家，士人无耻可以辱国，卿大夫无耻可以辱社稷。一个国家，一个社会要兴民风、厚德泽，就必须"养人之廉"，"去人之耻"，"催助天下之廉耻"。晚清学贯中西的辜鸿铭在《春秋大义》中甚至将廉耻心视为家庭、国家、社会得以存在的道德基础。

然而，我们以为在"荣辱"的分析方面，荀子的看法最有深度，直到今天仍有其独特的价值。我们所说的荣辱、廉耻是具有道德意义的范畴，必须从德行的善恶出发才能对荣辱的本性和根源进行透彻的理解。荀子在《劝学》篇中说"荣辱之来必象其德"就充分体现了这种精神。按他的说法，"荣辱之大分，安危利害之常体：先义而后利者荣，先利而后义者辱"（《荀子·荣辱》）。荣有"义荣""势荣"之分，辱有"义辱""势辱"之别。"义荣"是因"意志修，德行厚，知虑明"等人格的内在价值而获得的荣誉；"势荣"是因"爵列尊，贡禄厚，形执胜"等外在因素而获得的荣誉。"义辱"是因"流淫污侵，犯分乱理，骄暴贪利"等恶劣行径而招致的耻辱；"势辱"是因受到诬陷、强暴和欺凌而招致的耻辱，用今天的话说，义辱是咎由自取，势辱是外在的强加。

但在现实的社会生活中，人们每每将荀子所说的"义荣"与"势荣"混为一谈，将"义辱"与"势辱"混淆不清，以致位高权重多成了荣誉的体现，诬蔑好人、陷害忠良则成了铲除异己的手段。在"文化大革命"中即使是身为国家主席的刘少奇亦横招污名和羞辱乃至含冤屈死，这不能不说是善恶颠倒，"势辱"猖行的表现，其结果自然是出现一种行善遭辱、作恶为荣的价值混乱局面。在今日的道德建设中，我们不仅要吸取这一深刻的历史教训，而且要重续知礼义、明荣辱、讲廉耻的伟大传统，这是重建符合正义的价值体系的先决条件，也是恢复人们对德性力量的信心的先决条件。

在讨论廉耻问题时，我们除了有必要继承荀子对"义辱"与"势辱"

的区分外，还有必要明确自然的羞耻感与道德的羞耻感之间的区别。合而言之，羞耻是人的自我价值感遭到损害或人的自尊受到打击时产生的一种情感。分而言之，人的自我价值感或自尊的确立可以源于人的自然禀赋和才具，也可源于人的德行。就前者而言，许多人常从他人对自己的自然优点的赞誉中获得心灵的满足。譬如，一些青年男女常因别人夸自己长得英俊和漂亮得到内心的愉悦，一些大力士则因自己力大过人而在别人的赞美中看到自己的优势，也有一些人因自己才智过人能完成别人难以完成的事情而形成自我的高度价值感。所有这些都可以提高人的自豪和自信，也可以支持人的自爱和自尊。但是，在诸如此类的情况下产生的自尊均源自人的外在方面和自然特性。在大多数时候，人们不会因某人的自然缺陷而对他予以指责，因为这些缺陷多半不是个人所能为，也非个人的本意。然而，有一些缺陷，如个别生理缺陷和某些方面的无能，可能被部分人作为人格缺陷而加以耻笑，具有此类缺陷的人会因他人的耻笑而感到自我价值的降低和自尊的受损，从而产生一种耻辱感。这种从自然缺陷中产生的羞耻感就是自然的羞耻感，由于它不是人的行为过失造成的，因而不具有伦理学意义。

不过，我们也应该注意到这样一个事实：一些由人为因素造成的自然缺陷不仅会给人带来自然的羞耻感，而且会带来道德羞耻感。所谓道德羞耻感，是因我们本应具有的德性缺乏伤及人的自尊和他人的肯定评价而产生的羞耻感。当一个窃贼在偷东西时被别人打断了手指或在逃跑时摔断了腿，他留下的残疾可能会使他感到羞耻，这种羞耻不仅是源于生理的缺陷，而且源于人格和道德品质的缺陷，别人的轻蔑、鄙夷、奚落、嘲弄乃至拒绝与他谈话和合作，使他感到自己被社会所疏远，感到自己再也无法在同伴之中占有原来的地位并获得他们的尊重，因而产生忧虑、沮丧、痛苦和懊悔，见到别人时感到脸红、难堪，甚至害怕见到与自己熟悉的人。很明显，此处所表现出的羞耻感体现了一个人的自我关心，这种自我关心是对人格特征的关心，它至少说明他尚能意识到德行是人格价值的一部分。一旦丧失对行为的道德价值的关心,一个人就会丧失道德的羞耻感,而丧失道德的羞耻感意味着个人为防止进一步的过错而为自己设置的最后防线已经崩溃。道德羞耻感与自然羞耻感之间的最大差别在于,后者并不取决于个人是否秉持某种道德原则和正当理念并用它们作为评价自身行为的依据,前者则诉诸相应的道德规范和道德理念。一个士兵因自己在战场上表现怯懦而在他人面前感到羞耻,是因为他觉得自己缺乏别人指望他具有的美德和优点,即勇敢;一个人因欺骗了别人而感到羞耻,是因为他在别人眼里成了不值得信任的人,成了通过不正当手段来实现自己目的的人,因而也成了缺乏人们公认的诚实美德的人。由此观之,道德的羞耻感像其他道德情感一样是人们将自己的行为与某种道德原则和公认的公正概念加以对照和反省的结果。

除了区分自然的羞耻感与道德的羞耻感外,我们还必须注意个人的羞耻感与集体的羞耻感之间的关系。国家的羞耻感是集体羞耻感的一种形式。就像个人羞耻感与个人的荣誉感相对一样,集体羞耻感也与集体的荣誉感相对。如果说个人的羞耻感产生于个人的自尊遭受损害和打击,那么,集体的羞耻感就产生于集体自尊的受损。人得到群体生活的确认,他的自尊要在群体成员的互尊中得到巩固和加强。但是这也同时要求他接受集体生活准则,特别是道德准则的规范和约束,当这个集体隶属于更大规模的集体,并从更大规模的集体中接受荣誉时,这个集体得到的荣誉也同时是每个成员的荣誉。同样,这个集体所蒙受的耻辱也是每个成员的耻辱。集体羞耻感就像集体荣誉感一样素来既是集体凝聚力的尺度,也是约束个人行为、增进集体意识的无形手段。在一个集体中,其成员是否把某个人所受的耻辱作为集体的耻辱,取决于该集体的团结程度以及该成员在集体生活中的地位,而各成员间的亲疏关系特别是他们对集体的认同感以及他们的个人利益与集体的相互关系的密切程度,可以对个人的集体羞耻感产生重大影响。一般说来,个人的集体观念愈强,他对集体羞耻感的体验愈深,他要求雪耻的愿望也愈烈。因此,我们常常可以看到,在一个亲和力很强的集体中,一人受辱常被视为集体受辱,雪耻也往往以集体的名义进行。在一些原始的部落中,这一点体现得尤为明显。大量的人类学资料表明,许多原始部落一贯把其成员是否勇于为集体洗刷耻辱作为其成员是否对集体表示忠诚的重要标准。由于一个集体总有区别于另一个集体的标志,不尊重乃至污辱这些标志往往被视为对该集体的污辱,该集体的成员常常由此产生集体受辱的感觉。当一个国家的国旗、国徽和其他的国家性标志受到外人贬损时,当一个部落的图腾和其他的集体性标志遭到外人贬损时,人们都可能产生集体羞耻感。由于集体均有自己的领导者,当领导者以集体代表的身份出现在其他集体成员面前并受到他们的污辱时,这个领导者所受的污辱一般都带有集体受辱的性质,因而,其下属们由此产生的羞耻感就是一种集体羞耻感。如果对方是以集体的名义出现,两个集体之间就会产生敌对情绪,甚至可能形成相互攻击的局面。所以,对集体的羞耻感必须慎重处之,因为它关系到集体的兴衰成败。在中国历代的知识分子中,相信"知耻振邦"的人不在少数,鸦片战争之后,忧国忧民的仁人志士们之所以不断倡言"教耻为先",原因也在这里。

然而,除了因外部原因而产生的集体羞耻感外,还有因内部原因而产生的集体羞耻感。当一个集体的个别成员因违反某种道德准则而损害了集体的声誉时,这个集体的其他成员每每把他的过错视为集体的耻辱。譬如,当某个家庭出了一个窃贼或罪犯时,全家人都会为此而感到丢脸;当某个运动队在比赛期间被查出服了违禁药物时,该队的其他队员也为此感到羞耻;当某个连队的个别战士在战斗期间叛变投敌时,整个连队为此而感到耻辱。个别人的过错之所以会导致集体的羞耻感,是因为相对于别的集体来说,该集体的每个成员(特别是有影响的成员),都在一定程度上代表了集体的形象,他的行为构成了集体行为的一部分。我们中国人常将集体的耻辱称为"家丑",并且有些人奉行"家丑不可外扬"的原则,殊不知这样做虽然体现了人们的集体荣誉感和他们的自尊自爱,但本质上起到了掩丑护丑的作用,难以实现社会公正以及贯彻在正义面前人人平等的正义分配原则。如果我们不是着眼于铲除那些带来集体羞耻的根源,而是一味地加以掩盖,等待我们的就只能是更大的"家丑"。有鉴于此,树立正确的荣誉观,遵循社会的公正原则成了中国道德建设的重要任务。

至此,我们自然要问,何为正确的荣誉观呢?荣誉感在道德生活中究竟起着什么作用呢?如果社会的客观评价与个人的主观感受之间出现了矛盾,这种矛盾会对社会生活产生哪些影响?在个人荣誉与集体荣誉之间、在荣誉与虚荣之间,应当做出什么样的选择呢?

首先,让我们来看看荣誉的基本规定及其表现形式。荣誉本质上是社会对个人或群体的行为所进行的褒扬和肯定。从狭义上讲,它仅仅是指社会舆论或公共权威对某种行为所赋予的精神价值,它既可以通过奖品、奖金、奖状、奖杯、奖章来体现,也可以通过勋章、头衔、谥号、称号来体现,还可以通过社会舆论的赞扬或称颂来体现。五花八门的竞赛,名目繁多的评奖,各式各样的追认,千奇百怪的封赏,无一不是对荣誉的肯定。这些荣誉用来肯定人的成就,用来表彰个人的贡献,或用来称道他的才智,或赞扬他的品德,或同时兼有这几种功能。不管荣誉采取哪一种表现方式,其目的只有一个,即鼓励先进,鞭策后进。至于某些居心不良者用荣誉来笼络人心,当另作别论。但是,只有当荣誉被用来赞扬人的优秀品德时,它才具有道德意义,才可以称为道德荣誉,即荀子所说的"义荣"。除此之外的荣誉,如门第、财富、地位等,只能算作"势荣",它们的确可以给人带来自我价值感或成就感,但并不能真正带来道德情感上的满足。一个运动员获得了世界冠军,一个学者被授予名誉博士学位,一个演员得到了奥斯卡奖,他的荣誉并不来自其行为的道德价值,而是来自其成就的社会价值,因而并不被公众视为他们具有美德的标志。在某些情况下,这些人的成就可以成为道德荣誉的基础,比如,人们可能因此把他们视为忘我拼搏、为国争光的榜样,尽管他们获得的客观意义上的荣誉可以在我们的心中唤起尊敬、羡慕和崇拜这类情感,但这里的情感肯定不同于一个军人奋勇杀敌或一个青年舍己救人在我们心中激发的情感。在前一种情况下,我们崇敬的是获得荣誉者的才华,在后一种情况下,我们崇敬的则是获得荣誉者的人格。道德荣誉乃是社会对个人或群体的行为的道德价值的承认和激励，它既可以成为社会道德评价的明证，也可以成为社会道德评价的依据和尺度。在多数情况下，一个人获得的道德荣誉越高，其行为的道德价值越大，反之亦然。但是，也常有道德荣誉与道德价值不一致的时候，譬如，有些人的行为具有很高的道德价值，但他并未获得什么道德荣誉，也有些人享有崇高的道德荣誉，而实际上其行为根本配不上这样的荣誉。当一个社会的道德荣誉与道德价值发生严重背离时，就意味着这个社会的道德评价体系出现了深刻危机，也意味着这是一个远君子近小人的社会。相反，一个道德上近乎合理的社会则必然是一个道德荣誉与道德价值基本一致的社会，是一个名随实变、名副其实的社会，而不是"浪得虚名"和"名存实亡"者招摇过市的社会。

从广义上讲，荣誉还包括个人或群体对客观褒奖或赞扬的主观感受和意向，这种意义上的荣誉实际上并不是单纯的荣誉本身，而是我们通常所说的荣誉感。所谓荣誉感，简单地讲，就是对荣誉的意识和感受。社会成员的荣誉感的强弱与荣誉对行为的影响程度是一致的。当荣誉成了外在的摆设或成了完全外在于人的精神生活的东西时，荣誉便对人的行为不起什么作用。荣誉感可以激发人的热情，也可以给人以忍耐和毅力。在人的道德发展过程中，荣誉感的确立具有十分重要的意义，在维持人的自尊自信方面，其作用尤为明显。荣誉的获得或提高可以给人以自豪感、成就感和满足感，荣誉的丧失或下降则可以给人带来失落感、懊丧感或羞耻感。

一方面，荣誉感的作用表现为：对荣誉的追求可以促使人做出最大的努力，这些努力既可以证明他的意志和品质，也可以提高他的能力和影响。即使是古代的先贤圣哲，即使是性情淡泊、鄙视荣誉的退隐之士，也并非不顾及自己的声誉，至少他们会将贤达和淡泊本身视为一种荣誉。在中外历史上，对荣誉的热爱成了许多伟人行动的动力。斯宾诺莎甚至说，那些声称热爱荣誉的人也总是把自己的名字写在书的扉页上。与一般人不同的是，不求闻达者追求的是"义荣"，而非"势荣"，也就是说，他们追求的是道德荣誉，如勇敢、正直、真诚，而不是财富、地位、官衔等。因此,我们不必担心人们去追求自己的荣誉,只要他们追求这种荣誉采取正当的方式并有利于德性的发展,对荣誉的追求就应当得到鼓励。事实证明,既不存在绝对不要荣誉的个人,也不存在绝对不要荣誉的社会,最重要的在于人们追求什么样的荣誉,以什么方式追求这种荣誉以及其荣誉是否符合其行为的道德价值,而不在于要不要荣誉,更不在于将追求荣誉的行为视为道德堕落而予以指责。

另一方面,荣誉感的作用表现为:对荣誉受损的担心和恐惧可以使人进一步发展自己的某种能力和品质,也可以使人检点和约束那些有可能导致荣誉受损的行为。一个运动员可能为了保护已经获得的荣誉而顽强拼搏,一个军人可能为了给自己的勋章增光添彩而奋斗不辍,一个"劳模"或"标兵"可能为了保持自己的先进而再接再厉,一个胆小如鼠的人可能因害怕被说成怯懦而勇敢起来,一个赌博成瘾的人可能因害怕惩罚导致的丢脸而痛改恶习,一个好吃懒做的人可能因害怕被别人说成不劳而获而积极劳动。中国人常说"人言可畏",本质上即是害怕荣誉受损。法律要保护名誉权并给诽谤者定罪,恰恰说明了荣誉在社会生活中的重要性,因为名声不好可以导致别人的疏远,导致友谊的终止,导致个人地位的下降乃至前途的毁灭。当一个人在社会中面临"老鼠过街,人人喊打"的局面时,他的命运也就岌岌可危了。

当然,人的荣誉感最终应当接受正义原则的指导和检验,这是因为社会中存在不同的集团,每个集团几乎都有自己的荣誉感。当不同的荣誉感发生相互冲突时,只有用正义原则进行调节,才能确定选择哪种荣誉是合理的。一个人在社会中的角色可能多种多样,他的荣誉感则因社会角色的不同而不同,譬如,学者有学者的荣誉,商人有商人的荣誉,军人有军人的荣誉,而一个军人艺术家则既有作为军人的荣誉,又有作为艺术家的荣誉。在各种各样的荣誉中,道德荣誉是最高的荣誉,而在各种道德荣誉中,只有符合正义原则的荣誉才是最高的荣誉。欺骗在日常生活中为人所不齿,但如果你善于欺骗敌人,你所在的集团每每会给你智慧方面的荣誉。假如你从事的是一场不义的战争,你的智慧在社会公众面前会给你带来耻辱,并被人冠以"狡滑"和"奸诈"这类称呼。因此,从道德的要求出发,我们有必要强调在选择荣誉时必须服从社会的正义原则。当两种敌对势力同时要给你赋予某种荣誉时,只有正义原则的指导才能帮助你实现合理的选择。

然而,荣誉感的复杂性还表现在个人的荣誉与集体荣誉的冲突上。集体荣誉包括家庭、党派、职业、团体、阶级、民族、种族等群体方面的荣誉。这些荣誉也同时是其成员的荣誉,当它们是集体成员共同奋斗的成果时,情况尤其如此。一个足球队或篮球队取得的荣誉无疑是每个队员的荣誉。在一个集体荣誉感十分强烈的群体中,如果某个人的失误导致了集体荣誉的损失,他不仅会受到别人的责备,而且会加以自责。由于集体荣誉是他们共同的志向并能把他们紧密地团结起来,集体荣誉感便成了集体生活的重要保障。另有一种情形是,一个集体的某个成员在这个集体之外获得了荣誉时,他所取得的荣誉常常被外人看作该集体的荣誉,该集体的成员取得的荣誉越多,集体的荣誉越大,那些没有取得荣誉的人也会因此而分享一份光荣和幸福。"沾光"一词再恰当不过地表达了我们分享他人荣誉时的心情,这种心情本质上源于我们对他人和集体的尊重。一个对他人取得的荣誉不表示尊重而是嫉妒的人不可能具有集体荣誉感。集体荣誉感越强,这个集体的成员就愈能齐心协力;每个成员的行动步伐愈以集体的姿态出现,这些成员会愈将个人的荣誉看作集体荣誉。比如,一个运动员常常把在国际比赛中取得的个人荣誉看作国家的荣誉,一个科学家可能会将自己获得诺贝尔科学奖看作自己祖国的光荣。与此相反,一个将自己的利益放在集体利益之上的人通常会将个人的荣誉放在集体荣誉之上,甚至会通过牺牲集体利益来获得个人的荣誉。如果一个士兵在战场上采取行动时只顾自己的荣誉,他很可能不愿与别人一起协调行动,甚至将自己的荣誉建立在同伴的牺牲上。因此,一个集体只要仍被称为集体,一般都要求个人积极为集体争取荣誉并在个人荣誉与集体荣誉发生冲突时使个人荣誉服从集体荣誉。

此外,荣誉感还有自己的历史性与时代性。不同的时期,不同的社会条件下,由于人们奉行不同的行为准则并具有不同的价值体系,他们的荣誉感也会呈现出各种各样的差别,甚至会出现截然相反的情形,以致同一种行为在一个时期被视为光荣,在另一个时期则被视为耻辱。致富在今天的中国被视为光荣而在"文化大革命"期间却成了耻辱,至少成了招致耻辱的根源。寡妇再嫁在今人看来是合情合理的事情,而在宋代以后的封建社会,却认为夫死不嫁是光荣的,并对特出者树以"贞洁牌坊"。由此可见"荣誉"本是一个历史性的范畴,其内涵会随历史条件的改变而改变。但这并不排除某些行为可在不同历史时期都被赋予荣誉意义。比如,舍己救人、诚实守信等,几乎在任何社会都会给人带来荣誉,提供这些荣誉是社会自我保存的需要,也是社会成员从群体生活中获取安全感的需要。如果一个社会要存在和发展下去,它就不能抛弃这样一些旨在维护基本的行为准则的荣誉,至于以什么方式来赋予某种行为以荣誉,则视社会条件、民众心理以及风俗习惯而定。但外在表现形式的变化并不能改变某些行为的基本价值。比如,不杀人、不奸淫、不撒谎、不偷盗等,在任何社会都得到肯定,一旦社会抛弃了这些准则,整个社会就会陷于混乱和灾难之中。正是在这些方面,体现了道德的继承性,也体现了与此相关的荣誉的继承性。无论道德革命深入何种程度,这些基本的价值观都无法改变。

西方有句格言:"即使是盗贼也有荣誉感。"我们同样可以说,即便是恶棍和无赖,也不是天生就不知羞耻,他们之间可能有某种"哥们义气",这种"哥们义气"乃是这些社会渣滓所怀有的荣誉感的特殊表现,尽管这种表现并不具有道德意义。即便是一个抢劫犯,也不是将他的抢劫意识运用到所有的人际关系,比如,他有可能孝敬父母,也可能敬重师长,对其改造的成功与否在很大程度上取决于执法部门能否唤起他的廉耻心,恢复他的荣辱感。不了解这一点,我们就只能束缚罪犯的身体而不能束缚罪犯的心灵,更谈不上使罪犯洗心革面,痛改前非,从而在回归社会后重新做人。纲纪之功,贵在运用;赏罚之能,旨在荣辱。治罪本身并非目的,而是使人改过迁善的手段。如能辅以感化和教化,固人心人性之本,使人重荣辱、知廉耻、讲礼让,就能培养社会正气,抵制社会邪气。压邪气固然能助正气的发展,但长正气岂不让邪气自消自抑?治社会之病与治人之病,性质虽然不同,但道理依然相通。如果说人不但需要医药治病,更需要强身健体,那么社会不但需要打击罪犯,更需要消除产生罪犯的根源。只有这样,方能防止我们的社会像《吕氏春秋》所说的那样陷入"欲荣而愈辱,欲安而愈危"的状态。

荣辱感在一个社会常常通过赏罚来巩固和强化。赏罚之所以要慎重,正是因为它们与荣辱联系在一起。赏罚得当便可使人向荣恶辱,抑恶扬善;赏罚不当则使人混淆荣辱,虚骄自恣或弃善从恶。因此,要行赏罚就要明赏罚,明赏罚则意味着该赏则赏,该罚则罚,并且赏罚有度。赏罚的目的本是唤起和加强人的荣辱感,使人自知自重,从而起到激励先进、鞭策后进的作用。除此目的,赏罚的意义就不复存在。一个有功不赏、有过不罚、无功受禄、有罪逍遥的社会必然是一个五德不修、价值失范的社会,是一个荣辱颠倒、恶欲张狂的社会。反之,滥用赏罚或赏罚无度也可能使赏罚本身失去价值。封功而赏千金不仅反映了道德本身的无奈,而且容易使人夸大功绩,望利而行;有小过而课严刑则体现了一个社会的道德体系的软弱无力,使人不复相信德性的力量,而徒怀对严刑峻法的恐惧。究其实,这是社会成员"廉耻道尽",失去道德自觉,非有外在力量的刺激和强制不能遵守行为规范的反常现象,也是仁道衰微、礼义倾颓的征兆。因此,要醇化社会风气,荡除蝇营蚁附之流,只有赏罚适中,使人做到孔子所说的"行己有耻"方能实现。赏罚的实行及其在社会生活中所起作用的大小,在相当大的程度上是以人的廉耻心为基础的。在一个"廉耻风衰,君师道丧"[①]的社会中,单纯的赏罚虽能起作用于一时,但难以使社会长治久安。如果能广泛培养人的道德自觉,使人知耻力行,虽奖一人而仍扬社会之正气,虽罚一人而仍能抑颓风于流俗。我们之所以说败坏人的廉耻心实质上是败坏人的灵魂,原因就在这里。而败坏人的灵魂无异

---

① 王夫之:《黄书·大正第六》。

于铲除正义观念和正义原则得以生根的土壤,在这种情况下,即使靠警察统治也无济于事。

在一个社会中,如果一半的人都失去正直感、荣誉感和诚实生活的能力,你对他们怎么办呢?难道把他们统统送进监狱?当罪犯越打越多时,监狱甚至可以成为犯罪的学校,因为众多罪犯的共处可以减轻他们对法律和惩罚的敬畏,一旦他们不以犯罪为耻反以犯罪为荣,他们就不但丧失了抵制犯罪的能力,而且会相互交流犯罪的经验和技巧,甚至结成犯罪同盟,以便在回归社会之后实施进一步的犯罪。这类事例在现实生活中可谓屡见不鲜。由此观之,在维护社会的行为规则和价值体系方面,惩罚的作用不应片面夸大。在一些情况下,惩罚固然是维护正义原则、震慑邪恶势力的需要,但最明智的办法莫过于抓心为上,惩戒为辅。如果整个社会都以名节为高,以廉耻相尚,邪恶势力岂有容身之地?难怪顾炎武在分析管仲提出的"礼义廉耻"四字时认为:"礼义治人之大法,廉耻立人之大节","四者之中,耻尤为要"。当惩罚能使人知耻止耻时,人就能以羞恶之心来约束自己的行为,这种自我约束胜过千万个警察的严密监视。反之,一个人不以受罚为耻或者对受辱本身麻木不仁,对他的惩罚只能把他与别人或与社会共同体隔离开来而已,而不能唤起他的良知并使他在道德生活中重新确立起做人的自尊。这一点可以推广到儿童的道德教育上,如果稍有小错即施以惩罚,而不以培养廉耻心为要务,那么,一旦惩罚的手段不再出现,他就可能放任自流。

同样,奖赏作为惩罚的反面也不能不慎重地使用,因为它并不同于酬劳和工资,也不同于为人做事之后得到的酬谢。酬劳与工资体现了付出与所得之间的趋于平等的关系,至少在付出工资的人看来是如此。酬谢一般不反映付出与所得之间的对等关系,相反,只有当付出的劳动多于所得时,酬谢才成为酬谢,它的意义仅仅在于对别人的劳动表示肯定和尊重,它体现的是人与人之间的人情关系,其起源可以追溯到人的感恩心理。当某个熟人或素不相识的人帮你办了一件事而不收取报酬时,你可能采取这样或那样的方式对他表示感谢,用于表示感谢的东西一般只是用来表示心意的载体，或者说更多的是用于心理补偿，否则不少人会觉得欠了一份人情债。而领工资者与付出劳动者之间却不存在这种关系，相反，双方都对自己的行为心安理得，甚至会为自己得到更多的东西而讨价还价。如果说酬谢体现了人际关系中的情感意义，工资则不体现这种意义。

与工资、酬谢均有所不同的是，奖赏和荣誉相互关联，并且具有社会情感意义。不过，奖赏通常体现了某种权威与尊重这种权威者之间的关系，即使是父母对孩子的行为表示嘉许而予以奖赏，他们也仍是以家庭权威的身份出现的。由于是群体心理的焦点和精神的统率，因而，即便这个权威只是某一个人，他依然是群体的符号和标志。他在给得奖者授奖时所体现的关系仍然是群体与个人的关系或大群体与小群体的关系。简言之，奖赏体现了普遍意志对个别行为的褒扬与肯定，而酬谢仅仅体现个人与个人的关系，即便酬谢是以集体的名义出现。奖赏本身即意味着权威，我们之所以极少看到下级向上级颁奖，也极少看到不具权威者向有权威者颁奖，原因即在这里。人的荣誉感在奖赏中得到升华和固定化，以致我们可以说，奖赏是物化的而又远远超出物化的荣誉。通过授奖活动，权威不仅显示了自身的力量，而且转达了公众意识对接受荣誉者的善行和贡献的赞扬、尊敬。如果公众不能对得奖者表示这种赞扬和尊敬，而是报以冷淡和嘲讽，那就说明奖赏本身失去了褒扬先进、鞭策后进的意义，因而它本身就不再是荣誉的象征。荣誉不应为奖赏而设，相反，奖赏只能为荣誉而设。荣誉不是一个人的自我给予，而只能是普遍意志的体现。授奖之时，我们之所以要举行某种仪式并召集公众前来观看，无非是为了表明荣誉是一种公共性的东西，其价值最终不在于物质方面，而在于精神方面，在于群体对个人价值感的确认，在于个人从公众的鲜花、掌声、赞扬和称羡中获得激励与鼓舞，并以此作为纽带将不同的个体汇聚在一个普遍的规范之下。荣誉是虚拟的人格，接受者则成了活生生的楷模。只有当奖赏成为荣誉的表征时，奖赏才具有普遍的精神价值；也只有当接受者把得奖视为真正的荣誉而不是视为谋取直接利益的手段时，奖赏才可以涵养人心,敦风厚俗。

然而,在一个实利主义横行的时代里,大多数人都被笼罩在有关荣誉的平均主义的氛围之下。在这种氛围中,奖赏越来越与荣誉相背离,或者说荣誉越来越与物质刺激联系在一起,于是追名成了逐利的手段,奖赏成了利益的分派。沽名钓誉者热衷于蝇营狗苟式的利益计算,工于计算者则千方百计以广告的方式将自己授予的荣誉灌输到每人的心中。大众传媒越来越成为荣誉的制造者,荣誉也成了供批发和零售的东西。随着"荣誉出品"一词在音像世界的普遍化,传媒只好通过"吹嘘"不断为公众制造新奇。然而,恰恰由于荣誉的商品化,荣誉被贬为人人可以随意获得的物件。就像英国历史上不少人通过付钱购买贵族头衔一样,今天的民众正日益投身到荣誉的买卖中去,以致哪里有荣誉哪里就成了瓜分利益的战场。由于荣誉的物化,荣誉在今天的社会中已渐渐失去它往日所发挥的那种收服人心的作用,也失去了它往日那种使人卓然独立、超拔平凡的精神力量。这样,人们恰恰不能从各种各样的荣誉中获得一种使心灵得以满足的真正的荣誉感,而只能从中体会到什么叫做物欲的刺激。因此,我们自然不难理解这样一种现象:由于荣誉遍布生活的一切领域,不少人对荣誉反而无所适从,以致因分不清何为真正的荣誉,而将参政、议政的机会也视为荣誉的一种形式,而不是视为自己的庄严职责与使命。

实际上,荣誉的泛化与奖赏的滥用是同一个过程的两个方面。当荣誉不复成为荣誉时,奖赏也便不成为奖赏。如今奖赏毋宁成了利益均沾的手段,要么成了少数人显示自己的权力或趁机捞取个人利益的借口。由于授奖活动无时不有、无处不在并且漫无差别,授奖本身仿佛成了馈赠礼品的一种方式。当劳动报酬以奖金的名义分发时,奖金实质上已经不是真正的奖金,这标志着一个社会的奖励体系的崩溃,也标志着荣誉感在支撑人的奉献精神和劳动热忱方面的减弱。一旦一切行动都需要奖励,奖励就不再是增进人的荣誉感的手段,荣誉感也就不再是催人奋发向上的精神力量。奖励支配一切就等于什么都不能支配。因此,我们认为,滥用奖励就像滥用惩罚一样违背了它的宗旨。

4. 良心

良心是道德情感的基本形式，是个人自律的突出体现。作为人心中的最内在法则，它不仅给人以内在的权威和标准来裁决自身的对错，从而阻止人去有意作恶或劝导人积极为善，而且促使人对自己过去的所作所为进一步深刻反省，从而强化自己的责任意识或悔过要求。良心的自我发现有两个结果：要么从自己既有的作为中获得精神的快慰，要么对自己过去的所作所为悔恨交加，以致觉得自己的一切都逃不过良心的眼睛。世上之所以有道德生活，最终要归因于良心：做好事不求别人的赞赏而只求无愧于心是道德生活的最高境界；做错事能扪心自问并深感内疚则是塑造有德之人的第一步；做坏事竟心安理得而不觉得受良心的谴责，则属于只有靠严厉的惩处才能纠偏的行为。毫不夸张地说，良心乃是道德秩序的保证。良心，并且只有良心，才能救道德于堕落。

就字面而言，"良心"在一些西方文字中最早与"意识""认识"相关。英、法文中的"良心"有共同的词形（conscience）。从英文看，conscience 源于拉丁文 conscire，本意是"知道"，由此衍生出"conscientia"（知识、意识）。在相当长的时间里，conscience 成了"内心、意识"的代名词。在赋予道德意义之后，conscience 又被古人用来专指"按良心办事"。由于知行的合一是古人追求的一种理想人格，自然地，"按良心办事"在语言上便与"有良心"合而为一。在现代心理学中，弗洛伊德用"conscience"表示人的意识结构中超我向自我发布命令的一部分，可谓恰到好处地体现了"conscience"的古义与今义，道德与认识的统一。在法语中，conscience 除了保留"意识"这类古义之外还融进了"辨别行为的善恶的能力"这层含义。英国人则把人们为消除良心的谴责，弥补自己的过失的悔罪之钱称为"conscience money"，把法律上规定因当事人的道德和宗教信条所禁止而不用遵守的有关条款称为"conscience clause"，这一点体现了"道德先行""良心为尚"

的古风。

在汉语中,作为道德范畴的"良心"最早是由孟子提出的。现在,广义上的"良心"往往与"道德"同义,当我们说"做人要讲良心"时,我们实际就是指"讲道德"。当我们说"某某人的良心被狗吃掉了"时,我们实际上就像西季威克在《伦理学的方法》中所说的那样,把"良心"看成了人的一种特殊官能;当我们说自己是"凭良心办事"时,"良心"一词便成了不计利害得失的公正意识。在日常生活中,"良心"有时是指秉持公正法度的神圣意志。正因如此,我们常说做恶多端、残暴不仁者是丧尽天良,而在人们的耿耿誓言中也自然多了"天地良心"这样的字眼。"良心"有时指心地善良和富于爱心,正因如此,人们常说扶贫济困、救弱助残者是菩萨心肠,良心可鉴。良心有时指"良知良能",因此,我们常说能改过迁善、悔罪自新的人是"良心发现",而专说假话、专做坏事者只能是"昧着良心"。在此,一个"昧"字暗示了良心的灵明性质,因"良心"可被掩盖和遮蔽,它才需要发现,也因"良心"会蒙尘受垢,它才需要时时拂拭,洗心革面才有必要。奥古斯丁、卢梭和许多历史名人之所以要写《忏悔录》,正是为了袒露和维护人之为人的良心,显示良心的内在力量和伟大,并将自己的行为作为后人的警戒。诚如孟子所说:"虽存乎人者,岂无仁义之心哉?其所以放其良心者,其锋斧斤之于木也,旦旦而伐之,可以为美乎?"(《孟子·告子上》)孟子所说的恻隐之心、羞恶之心、辞让之心和是非之心,比较全面地概括了"良心"一词的丰富内涵,并把它们分别作为仁义礼智的开端。遗憾的是,现代人在讲"良心"时,多半丢掉了"辞让之心",并把讲辞让与繁文缛节乃至不思进取混为一谈。不讲辞让,礼仪之邦就无从谈起。

"良心"一词既然如此多义,我们不禁要问,"良心"究竟是什么呢?这个自古至今一直引起道德学家争议的问题并不是靠一两个定义就能解决的。笔者所企望的只是对它的特性进行一些描述。不管我们是否像孟子那样把良心视为"天之所予我者"的"仁心",或像奥古斯丁那样把它视为君临一切情感的先天"神谕",或像朱熹那样把它视为宰制"人心"的"道心",或像王阳明那样把它视为全真保性、澄澄朗朗的"本心",或像德国学者包尔生那样把它作为"风俗的意识或风俗在个人意识中的存在",或像以詹姆士为代表的一批心理学家那样把它视为个人内心的持久经验,我们都无法忽视"良心"的两个看似矛盾实际上统一的特性,即个性和超越性。

关于良心的超越性,神学家们普遍把它视为上天的命令或神灵的意志,并认为良心根源于人对神意的敬畏,天理良心的神圣性被剥夺,它也就丧失了自己的有效性。在所有的社会中,人们一开始几乎都把"良心"看作上天赋予人的道德尺度,这种尺度既是道德权威的内化,又是判别是非曲直的标准。黑格尔之所以把良心看成"绝对精神"的普遍意志在个体意识中的体现,也无非是要强调"良心"表面上是个人内心的神圣情感,而实质上又是超个人的普遍精神。唯其如此,"良心"才能独立于一时一地的得失,也不服从于个人的癖好,而是持久不变的"看不见的手"。它虽然会因情绪冲动和行为的变化而忽隐忽现,但它一直原原本本地潜藏在内心,对你评头论足,说长道短。它不像警察那样给你一种外在的强制,但它给你树立自我评价的标准,让人自己与自己相争斗,从而为心灵设定一种制衡机制,其目标是让你自知、自立、自强。这种机制人所共有,而不像个人的口味那样因人而异;它高高在上,指点迷津,却限于对你的行为表示赞许或谴责,对行为的具体步骤却不予过问;它作为普遍存在的道德情感又以仁爱为先并为人性所固有,只要你以良心为师,在它的指导下做事,你就能获得心灵的和平与安泰,反之,你就可能惶惶不安,痛在心里。从心理学上讲,当人受良心谴责时,就会表现为脸红、心跳加快、血压上升、情绪不安。这些相同或近似的心理、生理反应是普遍的反省原则造成的,这种原则存在与否不受当下的好恶决定。相反,正如黑格尔所言:"真实的良心是希求自在自为地善的东西的心境,所以它具有固定的原则,而这些原则命是自为的客观规定和义务……表示着主观自我意识绝对有权知道在自身中和根据它自身什么是权利和义务,并且除了它这样地认识到是善的东西以外,对其余一切概不承认,同时它肯定,它这样地认识和希求的东西才真正是权利和义务。"①因此,那种试图把良心完全归结为纯主观的做法只能抹煞良心所具有的客观内容和真实本性,一旦良心被视为个人的专擅独断,或任意规定,它就会失去普遍的标准,一个群体、民族、国家乃至整个人类的共同合理规则就无法深入民心并成为正义之声、德治之源。一个法治社会之所以要辅以德治,是因为立法和执法只有在合乎良心和普遍理性的基础之上才能体现社会公正的要求,否则就会沦为维护特权的工具和手段。

良心之所以具有客观普遍性和超越性的一面,倒不是因为它体现了神圣的意志,也不是因为它体现了与生俱来的天赋原则,而是因为它本身就是义务感的直接现实。尽管良心只有在道德主体意识到它的存在时才显示出来并证明自身的价值,发挥自身的效用,但它是"合于义务的简单行为"②,是内在化的义务要求,是客观的道德规条化为自我的自律。它虽不履行具体的义务,但它能认知和核准正义的事情,它首先给人带来的是无条件的自制力。正是这种自制力使人不受物累,不为情牵,不被各种诱因所蛊惑。它使人们检点自己,意识到自己的责任所在,而这里所说的责任取决于每个人在社会生活中形成的与他人的社会联系,以及对这种联系的深刻意识。当一个人感到自己对他人负有道德责任、承担一定的道德义务时,就会自觉服从道德原则和道德规范的要求,即使他因一时的冲动和疏忽违反了这些道德原则,他也会幡然悔悟,谴责和纠正自己的过错,并提醒自己在以后小心从事。因此,就内容而言,良心首先表现为由人与人之间的义务关系决定的道德责任感,这种责任感不是天生的,它需要教化与培养,同时,它也在主观上反映了社会生活中的道德秩序。如果说没有道德规范就没有道德秩序,没有道德秩序就没有人与人之间的和谐,那么,没有道德责任感,道德规范就会成为空无内容的东西,一个人的自我判断和自我评价就不可能与社会的要求相一致。事实表明,人的社会化过程也是培养自己的道德责任感的过程,是将社会道德规范化为个人

---

① 黑格尔:《法哲学原理》,范扬、张企泰译,北京:商务印书馆,1962年,第139页。
② 黑格尔:《精神现象学》下卷,贺麟、王玖兴译,北京:商务印书馆,1979年,第140页。

行为准则的过程。一个文明的社会既需要开化民心、净化民魂,也需要敦风化俗,塑造能使社会道德规范得以发挥作用的人的良心。德国伦理学家包尔生说得好:"无论谁想加入他的民族的理智生活,都必须说这一民族的语言和遵守这一民族的规则;谁想加入他的民族的道德生活,也必须遵守这一民族的风俗和听从他良心的指令。他必须这样做,因为这个民族的态度也就是他的良心,因为他以及他整个的意志和感情的本性都是民族精神的产物。"①

然而,我们从民族的精神生活,从社会的道德准则,从人与人之间的义务关系乃至从人的全部生活方式的角度去探寻良心的客观内容,并不意味着良心是完全外在于个人的东西,更不意味着良心是僵死不动的道德规定。恰恰相反,良心与其他社会规定相比又是最内在的东西,或者毋宁说,它是通过个人意志体现出来的普遍意志,是"在自己本身内部的自由",是人的"第三种自我",它不是死板的道德原则本身,而是对这种原则的内心感受。良心的内在性和个人性,就体现在它是道德自我意识的最高形式。对于没有自我反省能力和内心感受能力的人来说,普遍的道德原则实际上没有作用,一个不懂廉耻、不知礼义、不辨是非的人根本没有良心可言。

因此,当洛克把良心看作自己对自己行为的德性或堕落所抱的一种意见或判断时,当霍尔巴赫把良心看作内心对自己行为的道德评价时,当穆勒把良心看作自己内心的一种感情时,当费尔巴哈把良心看作"站在被害的'你'的地位上的我的'我'"②时,他们已经掌握了部分的真理。因为他们的确看到了良心具有个体性的一面。在道德生活中,我们之所以要让犯错误的人自我悔过,正是为了唤起他的道德意识,唤起他对道德规范的感受和尊重。对于良心未泯的人来说,这样做不仅是对一个人的最大惩戒,而且能起到事半功倍的作用,因为受良心谴责带来的痛苦不在皮肉而在灵魂深处,它对人心理的影响甚至

---

① 包尔生:《伦理学体系》,何怀宏、廖申白译,北京:中国社会科学出版社,1988年,第93页。
② 《费尔巴哈哲学著作选集》上卷,荣震华等译,北京:生活·读书·新知三联书店,1961年,第437页。

可以伴随一个人的一生。有些人就因为自己的过失而抱恨终身。即便是面对死亡,他们也觉得难以洗刷自己的污点,即便是积平生的功德他们也觉得难以弥补自己的过失。从这种意义上讲,良心是人格的守护神。所以我们在司法工作中就不能仅仅以惩罚罪犯为目的。如果我们能在惩罚罪犯维护社会正义的同时,将自己的着眼点放在激发和培养人的良心上,我们就可以不用锁链和外在的强制而实现人的克己和自新,也可以由此抑制罪犯出狱后进一步犯罪。一个合理的社会应当是一个尊重良心而不是毁坏良心的社会,因为毁灭良心就意味着毁灭人格的脊梁。

良心始终是普遍意志的个体化,道德的自我意识最终要落实到良心之上并将人的义务和责任变成富有内容的东西,而不是听任它们成为空洞的外在形式。但良心要发挥作用既需要理性的识见,又需要热烈的激情,还需要顽强的意志。总之,良心是知、情、意的统一,是人的最深刻的内心。用黑格尔的话说:"良心是自己同自己相处的这种最深奥的内部孤独,在其中一切外在的东西和限制都消失了,它彻头彻尾地遁隐在自身之中。人作为良心,已不再受特殊的目的的束缚,所以这是更高的观点,是首次达到这种意识、这种在自身中深入的世界的观点。"①我们可以说,人的道德理想越是崇高,越是内在地规定人的行为,它的实现就越发采取个体化的形式。丰富的外在生活不应当取代人的丰富内心,物质世界的多彩多姿不应当造成精神世界的单调划一。随着人的精神生活的发展,人的修养也得到全面的发挥与开展,尽管客观化的是非标准、道德义务对于大多数人来说是相同的,但它们的实现也要通过具有不同修养的人才有可能。因此,我们常常发现,人的思想、观念、性格、习惯都在一定程度上影响着良心的表现方式。有些人在萌发某种不良动机而尚未采取不道德行为时,良心则能激励他把善良动机变成现实;有些人则要在事情发生之后才醒悟过来并对自己的过失后悔不已。良心的发现会使他对自己的过失痛心疾首、自责于心,甚至会走上自伤自残乃至自杀的道路。历史上不少人

---

① 黑格尔:《法哲学原理》,范扬、张企泰译,北京:商务印书馆,1962年,第139页。

在造成严重过失之后之所以"以死谢天下",倒不是因为他们害怕惩罚,而是为了证明自己良知未灭,或者是因为受良心谴责而寝食难安。从道德的角度讲,出于自责的畏罪自杀比犯了罪行而不悔改要好,其原因在于良心尚能在他的内心激起波澜,起到判官的作用。一般来说,性格内向者在做错事之后受良心的谴责持久而深刻,性格外向者在做错事之后受良心谴责比较短暂,但会立即采取行动进行补救。前者做事重视策划,犯了错误后要经过较长时间才肯纠正,但纠正起来较为彻底,重犯同类错误的可能性也较小;后者出错常在一念之间,认错改错比较迅速,后悔之事亦多。

由上可见,良心既能作为我们行为的向导,又能作为我们内心的判官;既能化解我们心中的郁悒,又能实现道德的自觉;既能使我们开怀于无上的责任,又能使我们心满于人格的自制;既能正人心于行为的偏离,又能拔情操于风气的污染。一句话,良心是洗刷心智,规整行为,造就心灵秩序和社会秩序的"第三自我"。

二、器官移植[①]

器官移植曾是人类的古老梦想。无论是东方还是西方,历史上都有过置换器官的神话。安装假肢、假牙和假眼乃是人类器官移植的原始形式。早在宋代,中国就有用檀木和陶瓷制作假眼,并且几能以假乱真的记载。尽管这种作为器官移植雏形的医学实践主要源于我们的祖辈追求生命完整性的根本动机,并且其审美考虑大大超过了实用考虑,但先人的探索为后人的临床医学实践提供了启示与灵感。人工器官由原始到精密,所用材料由低级到高级,仿制器官由简单到复杂的发展过程,以及今天的科技工作者为将电脑芯片植入人脑所做的努力,使我们看到器官移植的发展不仅是一个渐进的历史过程,而且是多种学科协同促进的技术结晶。但是,只有在血管缝合术、保持器官活性的特殊方法,以及免疫抑制药物和制剂出现之后,真正意义上的器官移植才有可能。

器官移植无疑是二十世纪最为重要的医学成就之一。自 1954 年肾移植在美国波士顿获得成功以来,人类已能移植角膜、肾脏、肝脏、心脏、心肺、骨髓等除人脑之外的几乎所有重要的器官和组织。随着脑科学和其他相关学科的发展,人类已有可能通过移植神经细胞来修复大脑中某些受损的部分。人工心脏、人工耳蜗、人工晶体等人工器官和肾透析机的发明,已经挽救了许多病人的生命,或使一些病人恢复了视力和听力,同时也改变了传统的生命观念和死亡观念,并且推

---

① 本文系《生命伦理学》第五章,载沈铭贤主编:《生命伦理学》,北京:高等教育出版社,2003 年。——编者注

动了相关生物技术的进步。干细胞研究、克隆技术和组织工程学的发展为人类最终解决器官来源问题铺平了道路,为将来批量培养备用器官并进而开设器官"银行",从而为大大延长人的寿命开辟了广泛的可能性。

然而,器官移植在技术上的可行性与它的普遍有效性和实际应用前景并不一定成正比。这首先是因为任何技术的应用均有风险,而技术应用的外部条件也总是随着生活世界的改变而改变。其次是因为器官移植触及人类一切价值的核心——生命的价值与尊严;触及人对自身生命的完整性的自我理解;触及人与其他生物的关系(在异种移植方面);触及医疗资源的合理分配方式;触及人的心身关系和人格的同一性。一句话,触及世代相传的生命观念和技术应用的价值导向。此外,器官移植不仅已经证明而且正继续证明,人越来越成为人的作品,成为日趋制度化的技术的作品。笛卡尔和拉美特利提出的人是机器的古老观念正在复活,这种观念的复活和技术应用的人文环境的相应变化,特别是宗教观念对人的行为的制约性的减弱,渐渐淡化了生命的神秘感。少数人(生命科学家和医生)对多数人的生死安危的重要性日益明显。这种日益增长的重要性,即使不会促使生命科学家和医生在主观上要求增强自己对生命的操控权,也会在客观上强化这样一种观念:谁控制着医疗资源,谁控制着医疗技术,谁就直接控制着病人的生死。因此,基于人的善良意志的器官移植活动要朝合理化的方向发展,首先要求生命科学家和医生承担起相应的道德责任。

但器官移植就像其他医疗技术和生物技术的发展与应用一样,受制于整个社会的发展水平。它所涉及的问题并不单单是技术性的。把所有与器官移植相关的问题都推给生命科学家和医生去解决不仅不够现实,而且不够合理。因为由器官移植引发的问题既涉及技术的层面,又涉及经济和公共政策的层面,也涉及法律和伦理的层面,还涉及宗教和文化心理的层面。由于迄今为止大部分器官移植仍是费用昂贵的医疗手段,在医疗资源十分短缺的情况下,我们如何公正地分配这些资源?譬如说,我们是将有限的公共资源投入器官移植,还是运用这些资源去医治其他急需医治的病人？如果着眼于推动新的医疗技术的发展而实现两者兼顾，那么，什么样的比例是合适的？当几个病人急需移植同一器官，而器官供应严重不足时，医生和医院按什么样的顺序来安排器官移植手术才算合理？从医疗经济学和伦理学的角度看，像我国这样的发展中国家，中央和各级地方政府应按怎样的比例去资助人工器官的研制和异种器官的移植？鉴于动物器官的一些病毒很难消除，以及人类的许多寄生虫病、艾滋病、鼠疫等严重传染病来自动物的事实，我们是否应该为了抢救某个人的生命而冒着危害人类整体健康的巨大风险，将动物的器官移植给病人呢？器官能否作为商品出卖呢？如果器官可以作为商品出卖，人是否被降低为物从而严重危及人的尊严呢？在器官严重缺乏的情况下，我们应建立什么样的社会机制来制止器官的黑市交易呢？随着贫富差距的不断扩大，一些发展中国家的穷人被迫出卖器官，是否意味着一部分人不再成为人的目的，而仅仅成为人的手段呢？在器官移植技术逐步成熟的我国，如何建立捐献器官的社会伦理机制和法律机制？器官移植对受体的人格同一性将产生怎样的影响？

所有这些由器官移植引发的问题尚未引起社会的普遍关注。随着器官移植的逐渐增多，许多问题已日趋尖锐地摆在人们的面前，并对传统的伦理观念构成了重大挑战。因篇幅所限，本章不可能对上述问题一一解答，而只就器官移植的基本概念，器官移植的伦理准则，器官来源问题的合理解决途径，器官移植对人的本性和人格同一性的潜在影响进行讨论。

（一）器官移植的基本概念

此处所说的器官移植仅仅是指以人为受体、以治疗为目的的器官移植。抽象地讲，它是指为了治疗疾病而将健康的器官、组织或细胞移植给急需的病人。由于在大部分情况下，它是取出原来的有病器官并换上外来的器官，实质上属于器官置换。具体地讲，器官移植是指先摘取病人的一个器官或组织,而代之以另一个人或尸体的正常器官或组织,或代之以动物的器官或组织,或代之以人工器官(如人工晶体、人工心脏、人工耳蜗、人工骨等)。按《中国大百科全书·现代医学》卷一(第983页)的定义,器官移植是"将健康的器官移植到通常是另一个人体内使之迅速恢复功能的手术,目的是代偿受者相应器官因疾病而丧失的功能"。现在看来,这一定义显然过于狭隘,因为医疗实践已大大扩展器官移植的范围。但在目前情况下,要一劳永逸地给出一个非常明了简单的器官移植定义仍然比较困难,因为器官移植概念的内涵不仅随生命科学和医学的发展而不断丰富,而且器官来源的复杂性也使"器官"这一概念变得模糊起来。干细胞研究所取得的突破性进展和组织工程学的兴起,将使人体的所有器官被克隆成为可能。在可以预见的将来,器官移植很可能成为一项常规得就像更换汽车零部件一样的技术活动。到那时,只要经济上许可,每个人都可以通过向某些实验室或"人体器官工厂"提供干细胞,让科技人员为自己定向培养某一种器官,以便将来更换。这样一来,除了大脑之外,每个人都不会因为某个器官出现了不可治愈的毛病而绝望地死去。与此相应,医疗活动将分为两个区别比较明显的阶段:一是通过治疗使一些器官的功能趋于正常,或使全身性的疾病得以康复的常规阶段;二是对一些器官进行更换,使病人得以康复的非常规阶段。由于人是一个有机整体,后一阶段必然逻辑地包涵前一个阶段的某些活动。

　　器官移植的成功取决于许多因素,但以下三个因素具有至关重要的意义:一是解决血管缝合问题,因为一个正常器官被移植到受者体内之后,必须立即接通血管才能迅速恢复器官供血,保证移植器官的存活。二是解决器官的保存问题。因为在常温下供移植的器官在离体缺血后会很快死亡,即使耐受时间较长的离体肾,在常温下的存活时间也不超过一小时。要医生在这么短的时间内完成移植手术显然是很困难的,更何况可供移植的器官并非随时都能得到。此外,运输还要花不少时间。三是解决移植器官的免疫排斥问题。因为移植手术的成功并不意味着被移植的器官一定能在受体内发挥正常功能,一个重要原因是每个人都有自己的免疫系统,这种系统能识别和消灭外来的组织器官。这一被称为免疫排斥的现象可分两类:一类是受体(也称宿主受者)对移植物的排斥反应,这种反应要么是超急性反应,要么是急性反应,要么是慢性反应;一类是移植物对受体的排斥反应,因为很大一部分移植是活性移植,其移植物带有免疫活性细胞,而发生排斥反应的根本原因恰恰是供体与受体的细胞抗原(简称 HLA)不同。从理论上讲,如果不采取干预措施,抗原的异同可以决定受体与移植物之间的排斥反应的强弱和移植物的存活率。一般说来,移植物与受体的遗传基因愈接近,移植物的存活率愈高。因此,器官移植手术完成之后,如果不采取免疫抑制措施来预防和治疗排斥反应并不断监测这种反应,就不能确保移植器官在病人体内发挥正常功能,甚至导致器官坏死,以致前功尽弃。

1903 年,卡雷尔(A. Carell)发明了血管缝合术,从而为器官移植扫除了第一道障碍。但直到二十世纪六十年代,广泛开展器官移植的第二道难关才被攻克。尽管在此之前就有移植器官成功的报道。美国科学家 F.O. 贝尔泽和 G.M. 科林斯分别于 1967 年和 1969 年发明了降温灌洗技术和灌洗溶液,从而使保持供移植用的器官成为可能。1988 年由贝尔泽配制的 UW 保存液对原有的保存液做了更大的改进,使肾脏的保持时间可达 3 天。此外,低温技术、冷冻技术和机器持续低温灌洗方法都被成功地用于器官的保存,但长期保存器官的技术方法还有待研究。器官移植的第三道难题也是在二十世纪六十年代开始得到突破的。1961 年和 1963 年免疫抑制药物硫唑嘌和泼尼松相继问世并应用于临床实践。此后又出现了效果更好的免疫抑制药物(如环孢霉素)和免疫抑制剂(如抗淋巴细胞血清、抗胸腺细胞血清)。高压氧、持续性胸导管引流和淋巴组织照射也已成为免疫抑制的辅助手段。尽管免疫抑制药物、制剂以及其他技术手段,因抑制了人的免疫功能而可能导致感染和肿瘤的出现,但它们为移植器官在人体内长期存活并发挥有效功能立下了汗马功劳。

器官移植的种类很多。除肾、骨髓、心脏、肝脏、胰脏等重要器官的移植外,广泛的器官移植还包括组织移植和细胞移植。现在,医生们也可移植甲状腺、胸腺、角膜、睾丸、小肠、肾上腺、皮肤、脂肪、筋膜、肌腱、硬膜血管、淋巴管、骨、软骨、肝细胞、神经细胞、脾细胞等。人工器官作为某些人体器官的替代品也在解决器官来源的短缺方面发挥了重要作用。在组织移植方面,除皮膜之外,其余移植均属非活性移植(或结构移植),在同种异体组织的移植中,所用组织通常要通过灭活处理,因此不包含细胞,自然也就不会产生免疫排斥反应。唯其如此,非活性移植只要手术成功,效果通常都比较好。角膜移植就是典型的非活性移植,它的成功率可达95%以上,如今,它已像植皮手术一样成为常规的医疗手段。医学界在移植肾、心脏和肝脏方面也已积累了比较丰富的经验。有的接受肾移植的病人存活时间早已超过15年并且已生儿育女。接受心脏移植的病人最长的存活时间超过20年。为了治疗Ⅰ型糖尿病,医学界也在移植胰脏方面取得了骄人的成绩,接受胰脏移植的病人最长的存活时间早已超过10年,骨髓移植则成了目前根治白血病的唯一手段。所有这些事实无可辩驳地表明,器官移植已给许多病人带来了福音并且预示了它的广阔前景。

根据不同的区分标准,我们可以把上述各种器官移植分为不同的类型。根据移植对象的不同,可以分为自体移植与异体移植;根据移植部位的不同,可以分为常位移植(或原位移植)和异位移植;根据器官来源的物种不同,可以分为同种移植与异种移植;根据供体与受体的遗传素质的同异,可以分为同质移植与异质移植;根据一次移植器官的多少,又可分为单器官移植、联合移植和多器官移植。多个腹部器官(如肝、胰、胃、十二指肠等)的同时移植被称为器官群移植,因为这些器官共用一个总的血管蒂,移植时只需缝合动、静脉主干。此外,如果移植的器官坏死,可以切除后再进行移植,甚至可以多次移植。

所谓自体移植是指,当移植器官的供体与受体是同一个人时而开展的移植手术。目前,医学界采用这种方法主要是为了修复或重建人体受损的部分。断肢再植的技术方向和路径与其他类型的自体移植基本一致,并且是病人自己的器官,因此可以被视为自体移植的延伸。

与其他类型的移植相比,自体移植可以避免免疫排斥反应,由于它属于"就地取材",而不用从别的个体身上摘取器官,因而是种最少伦理争议的方法。医生为治疗烧伤病人而将该病人某个部位的正常皮膜移植到烧伤部位就是一种自体移植。所谓异体移植是指将一个个体身上的器官移植给另一个体。供异体移植的器官通常来自活人的自愿捐献或来自尸体。但除了成双成对和可以再生的器官(或组织),如肾和骨髓,可供捐献外,大量的器官都只能来自尸体。自美国医学家J. E. 默里在1962年成功进行尸体肾移植手术并使病人长期存活以来,人类移植的器官大多来自尸体。所谓同种移植是指将人类的器官移植给病人,所谓异种移植是指将其他动物的器官移植给病人,譬如,将黑猩猩或狒狒的心脏、肾脏或肝脏等器官移植给人。但物种的亲缘关系越远,解决免疫排斥的难度越大,到目前为止,异种移植因无法解决免疫排斥问题而仅仅处于探索阶段。在众多动物器官中,猪的器官与人的器官大小相差不是很大,并且来源可靠,价格低廉,因此,越来越成为实验性异种移植的首选。所谓同质移植是指具有相同遗传素质的不同个体间的器官移植。因为在某些情况下,器官的供体与受体虽不是同一个人,但他们具有相同的遗传素质,同卵双生子就是如此。所谓异质移植是指具有不同遗传素质的个体间的器官移植,显而易见,绝大部分的器官移植都属于这种情形。所谓原位移植是指切除有病的器官而将移植物植入原来的部位,异位移植则是将移植物植入别的部位。

(二)器官移植的伦理原则及其具体化

器官移植是集多种技术为一体的复杂医疗活动。由于它的实施主体和对象都是人,并且关系到人的健康和生命安全,它的发展与应用不仅会在医生和病人那里,而且会在其他社会成员那里激起情感上、观念上和文化上的广泛反响。尽管它的产生和发展一开始就服务于挽救病人生命、减轻病人痛苦、改善生命质量这一医学的根本目标,但是,它相对于其他高技术活动的特殊性,决定了它更需要相应的伦理评价机制来引导它的合理发展。随着器官移植而出现的前所未有的伦理困境,也需要我们制定一套社会总体战略,来帮助人们应对这种新的医疗技术的应用,给个人的宗教信仰、价值观念、家庭情感和国家的公共政策、科技政策造成的冲击。因此,梳理并厘定一套能体现人的本质、价值和尊严的伦理原则对器官移植活动具有重要意义。此外,制定与器官移植相关的法律(如器官捐献法)也是一项十分紧迫的工作。

既然器官移植是一种高技术医疗活动,它首先必须遵循调节医患关系的一些伦理原则,如尊重病人的生命,尊重病人的自主性,仁慈地对待病人,不伤害病人和团结互助等。然而,由于器官移植可能涉及公共卫生资源的分配和利用,涉及保险公司的利益,涉及器官供体与受体之间的伦理关系(如人与人之间、人与动物之间的伦理关系),它还必须遵循现代社会必不可少的公正原则。另外,由于一些器官移植的高风险性和实验性,它还要顾及研究的自由与责任的平衡问题。但是,在具体的临床实践中,人们面对的问题通常比较复杂,有时甚至会面临两难选择,因为一些伦理原则在运用于具体情境时常常发生冲突。这就要求我们区分事情的轻重缓急,尽可能考虑在面临两难选择时应遵循的原则的优先顺序,换言之,我们应当看看哪种选择最符合人的最高利益。正如恩格尔哈特教授所说,所有道德都根植于一种紧张关系,这种紧张关系源于关注人的自由与维护人的利益之间的区分。在卫生领域里,这种困境越来越明显。一些病人常常倾向于采取医生和护士十分担心其危险的行为方式:这些行为方式又严重损害病人的健康,甚至有可能造成致命的后果。尽管不同民族和国家的社会成员都承认上述原则的普遍有效性,但由于文化背景的差异,上述原则对于不同社会的人具有不同程度的重要性。在大多数情况下,这些原则能相互补充,但一旦这些原则在某些时候发生冲突,我们该优先服从哪种原则呢?我们服从这种原则的根据是什么呢?

在现实生活里,我们每每发现,在十分强调个人价值观的西方世界,基于仁慈精神的家长制作风对处理医患关系已没有什么吸引力,而尊重病人自主的原则几乎成了生物医学伦理学的"第一原则"。但是,医疗活动是一项专业性很强的活动,对疾病缺乏合理的了解和处理,轻则贻误治疗,重则危及生命,器官移植更是如此。因此,过分强调病人自主,而不同时重视尊重病人生命和医生的仁慈美德,病人有可能因为错误判断和错误决定而付出沉重代价,医生也可以借口尊重病人自主权而推脱自己的责任,甚至眼睁睁地看着病人不愿治疗而死去。在中国这样有着悠久儒家文化传统的国家,个人自主意识仍有待合理发展,加之医疗资源主要由政府支配和管理,处理医患关系的模式与西方社会有着很大差别,对上述伦理原则的强调重点自然有所不同。出于仁慈的家长制医疗作风仍在客观上存在,并在维护病人的根本利益方面发挥过重要作用,机械地套用西方医学模式可能无助于现实问题的解决,器官移植也是如此。当一个人生前表示愿意捐献器官,而他(她)死后家属却不允许医生摘取器官时,捐献器官的自主愿望自然无从实现。而没有适当的器官来源,器官移植就无从谈起。

首先,当尊重病人生命的原则与别的生命伦理学原则发生冲突时,尊重病人生命的原则应当毫无疑问地成为最优先遵循的原则。这不仅是因为挽救病人生命、减轻乃至消除病人的痛苦是所有医疗活动的基本出发点和这一行业得以可能的最终根据,而且是因为生命是一切价值的客观基础。生命不仅具有工具价值而且具有内在的固有价值。中国人的人命关天的观念本身就包含了生命的神圣性观念。正因如此,对生命的尊重才成为检验一切价值体系的合理性的最终尺度。而在一个视生命如草芥的社会,奢谈其他伦理原则都显得苍白无力。

按照康德的看法,人本身就是目的,他的存在本身就具有绝对的价值,我们不应当问"人为什么要活着",而应当问"人该怎样活着"。对康德来说,人应遵循的一个绝对命令是:"你一定要这样行动:无论对自己或对别人,你始终要把人看成目的,而不要把他作为工具或手段。"大自然中的无理性者不依靠人的意志而独立存在着,它们至多具有工具或手段的价值,因此,我们称之为"物"。"反之,有理性者,被称为人,这是因为人在本性上就是作为目的而存在,不能把他当作'物'看待。人是一个可尊敬的对象,这就表示我们不能随便对待他。"①这条人类尊严原理是人类行为的最高准则。正是依据这条准则,强制性戒毒,强制司机系安全带,强制骑摩托车的人戴头盔才有根据。也正是根据这条准则,我们才禁止不经别人的同意去摘取一个人的器官并将它移植给另一个人;禁止将危及供体生命的器官(肾、骨髓除外)移植给病人,否则,就是在杀人,就是把另一个人贬为手段。美国曾发生医生合谋借外科手术之机把病人的肾脏偷去卖给别人的案例。1984年9月美国通过了禁止买卖人类器官的法律,这一法律的伦理基础就是人不是物品,把人体器官作为商品乃是把人从目的下降为单纯的手段。一旦器官商品化,人的尊严将毁于一旦,并在整个社会导致道德全面滑坡的连锁效应。一些犯罪集团将利用各种可能的手段残害他人,以便出卖其器官获取高额不义之财。

　　其次,遵循自主原则,知情同意则是这一原则的具体化。此处所说的自主,既包括病人有权接受或拒绝器官移植,也包括病人对治疗过程的积极配合和对医生的自由委托,还包括病人在移植器官之前有权了解器官来源,了解可供选择的医疗方案的利弊和风险,并基于对信息的全面了解做出最终选择。由于组织配型、血液配型都直接影响移植的成功率,病人及其家庭更有必要对治疗过程的关键步骤乃至技术细节做全面的了解。由于器官移植费用通常很高,病人要面对生命和经济上的双重风险,医生需要了解和体谅病人及其家属在决定进行器官移植前的复杂心情。对一些实验性的手术,病人的知情同意显得尤为必要。比如,异种器官移植虽然早在二十世纪六十年代就已开展,但由于难以解决的免疫排斥反应,接受动物器官移植的人存活的时间都很短,生活质量也很差。因此,病人究竟能在多大程度上获益是很值得怀疑的。如果病人术后才被告知他(她)身上移植了动物器官,他(她)会做出怎样的反应呢?病人家属会不会产生"人财两空"的

---

① 康德:《实践理性批判》,关文运译,北京:商务印书馆,1960年,第370—371页。

感觉呢？有人可能会说，医学是在不断的实验中进步的，实验性的异种器官移植符合人类的整体利益。但个别的病人会说为什么要拿我做实验呢？这自然是医生很难回答的问题。人们也许会说，这里所说的知情同意原则过于理想化了。如果把所有情况都告诉病人反而不利于病人配合治疗，因而最终损害病人利益。此外，像中国这样的发展中国家资源短缺，每个医生一天要看很多病人，医生根本没有时间和条件把所有情况告诉病人，然后等待他（她）慢慢做出决断。此外，知情同意包含这样一种假定：病人及其家属有清醒的头脑，有足够的知识和良好的判断力对医生提供的信息和可能性做出选择。事实上，这样的病人在现实生活中并不很多，对等待器官移植的严重病人情况更是如此，因为严重疾病乃至死亡的威胁会对病人心理造成很大的影响，忧郁、压抑、担心、恐惧是常有的事。这种心理或长或短地影响病人对医生提供的信息的选择、理解与接受，从而影响病人对已有的事情和即将发生的事情的判断和决定。很多病人是在无所选择的情况下忐忑不安地做出自身的决定的。在一个受教育程度普遍不高以及对医学知识缺乏了解的社会里，病人对医疗活动通常不太了解，他（她）与医生的关系委托成分更多，知情同意原则的贯彻往往受到极大的限制。在这种情况下，病人家属的决定起着很大作用。这时，仁慈地对待病人的原则也更加突出地调节着医患关系。

但是，这并不等于说自主原则就不重要，我们也不应借口病人缺乏医学知识和足够的判断力而拒绝遵循知情同意的原则。任何原则都可能有例外，任何原则也都带有理想性，否则它就不成其为原则。正因为现实中的许多情况不符合原则，它才越发需要原则的规范，否则现实生活就会陷入混乱状态，并进而影响整个社会的和谐与效率。贯彻知情同意原则还有更深层的原因：它是人的主体性在医疗活动中的重要体现。病人即便移植了动物的器官抑或安了人工心脏，他（她）仍不改变人之为人的本性，他（她）作为理性的存在物仍需要受到普遍的尊重。自主性是人这个理性存在物或目的性存在物的重要方面。随着人的自主意识的增强，人对知情同意的要求越来越高，我们的医疗模式需要适应这一变化。

再次,公正原则。公正是现代社会的一个基本要求,只要有人群存在,我们就会碰到怎样按公正原则办事的问题。就器官移植而言,主要问题是:(1)移植器官的医疗费用怎样解决才算公正?(2)在几个人同时等候移植同一类型的器官,而供应的器官只有一个时,我们该遵循怎样的顺序才算公正?(3)在异种器官移植时,我们杀死一个曾与人类有着亲近关系的濒危动物,而去维持一个生活质量低下的人多活几天是否合理?动物有没有权利?如果有,我们该怎样来保护这种权利呢?第一个问题涉及资源的宏观分配,第二个问题涉及资源的微观分配,第三个问题涉及生态伦理。

关于第一个问题,自然要触及社会的制度化安排。按照美国著名伦理学家罗尔斯的表述:"所有的社会价值——自由和机会、收入和财富、自尊的基础——都要平等地分配,除非对其中的一种价值或所有价值的一种不平等分配合乎每个人的利益。"[1]既然如此,每个社会成员都应平等地享有利用公共资源医治疾病的权利。但因公共医疗费用有限,而器官移植费用通常很高(例如,在美国一般肝移植费用在20万美元以上),如果器官移植占用了大量公共开支,必然影响其他社会成员医治急需医治的疾病,影响全社会的疾病预防。因此,越是医疗资源短缺的国家,越是不得不让病人更多地承担器官移植的费用,否则,对其他社会成员就不够公正。就宏观分配来说,对器官移植既要采用代价与效益原则来衡量,也要采用风险与效益原则来衡量,还要考虑眼前效益与长远效益。因为许多医疗技术,包括器官移植都有一个由不成熟到成熟,由高代价到低代价,由高风险到低风险的发展过程,还有些技术被一些新的更好的技术所代替。与人的生命健康直接相关的技术,首先要考虑它的安全性与可靠性,这是由"不伤害人"这一最低限度的伦理原则或底线伦理原则决定的。因此,在权衡器官移植的眼前效益与长远效益时,应当首先考虑这一底线伦理,同时应尽

---

[1] 罗尔斯:《正义论》,何怀宏、何包钢、廖申白译,北京:中国社会科学出版社,1988年,第58页。

可能考虑这项技术的应用前景。支持器官移植的财政拨款如果太少，就无法支持新的实验性研究和新技术的推广，从而损害人的长远利益；财政拨款太多，就势必挤占其他医疗费用。究竟以什么样的比例来安排医疗开支，需要组织由医学专家、伦理学家、政府官员、财政专家、公共政策专家和民众代表组成的专门委员会，根据上述伦理原则和政府承受能力来确定并进行必不可少的年度审查。

第二个问题，是从事器官移植工作的医生和管理人员经常碰到，并让他们感到困惑的问题。假定10个心脏病患者等待心脏移植，但可供移植的心脏只有一个，医生和医院管理人员就不得不面对一个残酷的现实：只能选择一个病人进行移植，其他病人很可能在等待中绝望地死去。从某种意义上讲，对病人的选择过程在这类情况下就变成了决定谁生谁死的过程，我们该按什么样的原则来选择病人呢？如果根据病人、病人家属、病人的亲朋好友乃至单位与医院医生的人情来安排优先顺序，显然有悖公正原则（尽管这在我们的社会里屡见不鲜）。如果根据市场供求关系来解决这个问题，就势必造成谁出钱最多就给谁优先安排移植手术的局面，这显然会导致器官的商品化，导致医院的漫天要价，从而违背医疗这一特殊行业的根本宗旨，并且导致整个社会的强烈反对。按照程序伦理（指根据一般伦理原则来解决如何合理地做事的问题）的一般原则，"做什么的合理性"最终离不开"怎么做的合理性"，通俗地讲，就是做事的程序一定要合乎正义要求（这被伦理学家们称为程序正义）。因此，我们制定一个合理的规范来确定选择的程序就十分重要。目前，国际上比较普遍的做法是：第一步考虑等待器官移植的病人的适应症和禁忌症。即使许多病人签署文件希望进行器官移植，我们也无法仅仅依据先来后到的时间顺序去安排器官移植。尽管在所有其他条件相同的情况下，登记的时间先后当然应成为考虑的一个因素，但先登记的人并不一定是适合移植的人，一个人是否优先移植先得看是否符合相对客观的医学标准。在器官移植时首先要排除有禁忌症的人，优先考虑病情严重的人，考虑在组织配型时发生免疫排斥少的人，所有这些都不会引起太大的争议。如果等待器官移植的几个病人的这两个条件相同,那么,有可能影响愈后的生理心理条件和自我调适能力,就应成为决定谁先接受移植的重要因素。比如说,在其他条件相同时,一个不吸毒、不酗酒的人就应先于吸毒、酗酒者得到器官移植。假如其他条件相同,而可供移植的器官只有一个,那么,病人对其家庭的价值也可以成为医生考虑的另一个因素。比如说,一个有年幼的子女需要哺养的年轻妇女很可能比一个独身老人优先得到考虑。

第三个问题是近些年来提出的新问题。一些动物保护主义者和生态伦理学者认为,其他动物与人同属一个生物共同体,这个共同体的成员相互依存,维护它的完整性、稳定性和优美性是人类义不容辞的责任。异种器官移植尚处于实验阶段,但采用的器官每每来自灵长类动物(如狒狒、黑猩猩等),这些动物有感受苦乐的能力和初步的意识能力,人类摘取它们的器官是在杀死自己的"远亲",是在侵犯动物的生存权,是一种不道德行为。这种对"远亲"生存权的践踏也预示着践踏人类自身的可能性。由于动物的生命也有内在的价值,人类本应将自己的道德关怀扩大到动物,尤其是高级灵长类动物。一旦这些动物灭绝,人类离自我毁灭也就不远了。从伦理的观点看,人类本可以发展其他的医疗技术或更多地利用尸体器官和人工器官来解决目前存在的问题,而不应通过残害另一种高级生命来延长人的生命。更何况,到目前为止,利用动物器官进行移植并没有从根本上改善病人的生命质量,从长期看,我们还无法确定动物的疾病是否会通过移植而传染给人类。

(三)解决器官来源问题的基本途径和伦理要求

器官来源问题是我们在进行器官移植技术的运用和推广时碰到的最大难题之一。几乎所有的器官移植中心都存在着严重的器官供不应求状况。有的医院甚至到了50个病人等待器官移植,而可供移植的器官只有一个的程度。实际情况还要严重得多,因为仅从医学标准衡量还有很多人都符合移植要求,但他们或因为经济的原因,或因为别的原因而未提出申请。如果我们不拓宽思路并在观念上、技术上、伦理上、社会舆论、公共政策和法律上采取相应的对策,器官短缺问题就难以解决。迄今为止,供移植的器官无非有以下几个来源:人工器官、自愿捐献的活体器官、尸体器官、动物器官。从长远看,利用克隆器官进行移植可能是解决这一问题的最终途径。但在这一技术趋于成熟并付诸运用之前,我们还不得不扫清它的社会障碍,并确立与之适应的伦理规范。

如前所述,利用异种器官进行移植仍然处于实验阶段,主要的技术障碍是异种器官的免疫排斥问题难以解决。随着基因工程技术的发展,科学家们试图通过改变动物基因的方法来减少乃至消除免疫排斥现象。转基因猪就是这种努力的一部分。如果这一计划得以推广,易于繁殖的猪可能给人类带来大量可供移植的器官,但是人们也可能担心转基因猪本身的安全性问题。因为一旦人类能消除动物的免疫排斥现象,人类也可能面临更加难以控制的新的危险:免疫排斥是自然界长期进化形成的、保护生物多样性的天然机制,一旦某种动物的免疫排斥机制消失,它与其他物种的界限有可能被抹平,它的特殊性和个体性也就有消失的危险。但愿这种被一些人担忧的事情只是被"无知之幕"掩盖着的杞人忧天现象。但有一件事还是应当引起我们的警觉:当我们把一种动物的器官植入人体,也意味着把它可能携带的病毒传给人类,其中有一种病毒被称为内生逆转录病毒,可以进入宿主的遗传物质,并能遗传给动物的后代。如果人移植了含有这种病毒的动物器官,那就存在着感染这种病毒并改变人的遗传物质的危险。到目前为止,我们还没有发明有效对付病毒的药物,更没有办法来防止病毒的突变。鉴于病毒的潜伏期很长,并且有大规模复制和传播的可能,一旦一种对人体有害的病毒从动物传给人类,就会在全球扩散开来,并且贻害我们的子孙后代。现有证据表明,艾滋病毒最初就是由灵长类动物传给人类的,近几年给欧洲畜牧业和民众的消费信心造成重大打击的疯牛病很可能导致人类的克雅氏病。因此,即使可能克服异种移植的免疫排斥问题，我们也应在移植动物器官给人类时采取十分谨慎的态度，否则，有可能给整个人类造成难以预料的灾难性后果。由于生态伦理意识的增强，给病人进行灵长类动物器官移植的实验性手术在西方世界并没有明显增加，这显然是伦理精神发挥作用的可喜结果。

至于人工器官的植入，伦理争论虽然不多，但技术开发和移植经费还大受限制。目前开发的人工器官种类不多，并且只有单一的功能。除人工晶体、人工骨头、耳蜗、喉管等相对简单的东西之外，只有人工心脏属于真正的人工器官，但植入人工心脏费用高得惊人，效果并没有预料的那样好。最关键的是，这种器官的长久动力问题至今很难解决。由于人工器官没有生物活性，它会引起血细胞的损害。人类在开发人工器官方面究竟朝怎样的方向努力才最符合人类的根本利益，尚需我们进一步观察和探讨。

自愿捐献活体器官从伦理上讲仅适用于骨髓和肾脏，前者是可以再生的，不会引起伦理争议。由于移植骨髓是根治白血病的唯一手段，建立骨髓库并发动广大社会成员出于仁爱之心进行自愿捐献十分重要。肾属双器官，只要两只肾都健康，捐献一个应当不会给捐献者带来重大影响。然而，对捐献者的潜在影响毕竟是存在的。如果捐献者的另一只肾出了问题，那就无异于宣判了捐献者的"死刑"，除非他（她）也接受肾移植手术。因此，除非万不得已，我们不应过多鼓励活体肾的捐献。随着新的免疫排斥药物和制剂的出现，当亲属之间活体肾移植可以用非亲属的尸体肾移植来代替的时候，就更应如此。即使是因一时找不到尸体肾而不得不用亲属的活体肾给病人进行移植，也应遵循知情同意的原则。外界不应对潜在捐献者施加压力，以造成一种强制捐献的局面。近几年来，不断有报道说，印度尼西亚、泰国和印度的一些贫穷村民因生活所迫而出卖肾脏，但出卖肾脏非但没有使他们摆脱贫穷，反而给他们的精神和肉体造成了双重损害。他们与其说是器官商品化的直接受害者，还不如说是贫穷的受害者。鉴于此，对移植器官的伦理审查在贫富差距日益扩大的情况下已变得越来越紧迫。

由于动物器官、人工器官以及自愿捐献的活体器官受到上述技术的和经济的限制,我们理所当然地将目光转向尸体器官。这也是目前解决器官来源问题的最现实途径。但要有可供移植的足够的尸体器官,就必须有一套行之有效的机制来保证,这套机制既包括医学的方面,又包括价值观念的方面,也包括公共政策的方面,还包括法律的方面。

就医学的方面而言,我们除了具备前面谈到的移植技术条件(如器官保存技术、配型技术)之外,还要修改以前的死亡标准。这是因为,摘取尸体器官首先要确认一个人已经死了,(这里的"死"当然是指医学意义上的死,而不是社会学或文化人类学意义上的死),人未死而摘取其器官无异于杀人;人死了很久才摘取器官又无法保证这个器官的存活。几千年来,人类一直遵循心肺死亡标准,即根据心脏停止跳动,呼吸停止、脉搏消失来判断人的死亡。而现代医学可以通过技术的方式来维持人的血液循环从而使一个人仍然活着。只要有一例这样的事情存在,传统的死亡标准就被否证了。现在人们都倾向于接受脑死亡标准或心肺-脑死亡的综合标准①。如果采用了脑死亡标准,就意味着更多脑死亡病人的器官可供移植。

就价值观方面而言,我们遇到的障碍更多。很多人之所以不愿死后捐献器官或即使表示死后捐献器官,他(她)的家属也往往不同意医生摘取其器官,因为他们觉得摘走了器官等于破坏了死者的完整性,损害了死者的尊严,甚至觉得这是对死者、对祖辈的不恭敬或不孝。众所周知,中国自古就有"身体发肤受之父母,不敢毁伤,孝之始也"的观念。历史上,死无完尸被视为莫大的侮辱和遗憾。皇帝处死罪臣时,如果"赏"他们一个全尸,则被视为一种恩惠。今天,这类观念仍根深蒂固地存在于人们潜意识深处,并不时地影响人们的行为。如果社

---

① 脑死亡标准 1968 年由美国哈佛大学医学院的一个特设委员会提出,主要有四条:(1)没有感受性和反应性;(2)没有运动和呼吸;(3)没有反射;(4)脑电图平直。把传统的心-肺死亡与脑死亡结合起来,即为综合标准。

会舆论多做一些工作，广大社会成员改变一下思维方式，就会发现死后捐献器官其实会大大增强人的荣誉感，因为这是以一个器官拯救了另一个人的生命。死者不仅由于为生者作了最后的贡献而受到社会的赞扬，而且能以某种方式"活"在世界上。作为尝试，器官移植中心可以与新闻媒体合作，不定期地安排捐献器官的死者家属与接受器官移植的人见面，强化社会成员之间的情感联系以及整个社会对捐献器官的善举的肯定。

就社会政策而言，我们至少可以开展两方面的工作。一是仿照输血的做法建立一种类似信贷的机制，可把它称为"亲人受益和代际受益机制"，即给自愿捐献器官的人发一个证书，并将相关信息贮存在数据库中，凡是捐献器官的人的家属和后代，将来能优先得到包括器官移植在内的医疗服务；二是适当考虑对捐献器官的死者家属给予经济的和其他方面的补偿。当然，这种补偿不宜过多，并且使它不会给人留下一种买卖器官的印象。具体操作则应有透明性，并避免由器官移植中心直接将补偿交给捐献者家属，而要由社会福利管理部门来执行。

就法律方面而言，我们也可以仿照其他国家的做法，并根据中国的实际情况制定器官组织捐献法及其实施细则。第一步可由全国人大授权条件比较成熟的直辖市的人大来制定和监督实施相关法规。这种法规应体现自主同意的原则和推定同意的原则（即只要有一个人生前没有表示反对，就意味着可以摘取他的尸体器官进行移植），并且要体现这样的要求：如果一个人生前表示愿意捐献器官，他（她）死后其家属无权取消。之所以应当体现这一要求，是因为目前一些捐献者的生前遗嘱式的捐献器官声明常常因家属的反对而成为空文。国家的公正机关应为捐献器官提供相应的法律服务。为了社会的整体利益，还可像一些发达国家那样，规定一个人在申领驾驶执照时填写具有法律效力的声明，表示是否愿意万一因交通事故死亡而捐献器官供移植使用。毫无疑问，开展这项工作在我们的社会里还相当困难，但我们不应因为一件有益于社会根本利益的合理构架无法一下子确立就干脆放弃努力。

最后,克隆器官进行移植的伦理准则,克隆器官是解决器官短缺问题的根本途径。所有国家与其花巨额费用用于异种移植和某些耗资很大的人工器官的研究,还不如把更多的经费投入克隆器官的研究。如果像实施人类基因组计划那样开展国际合作,克隆器官和组织也就更容易早日实现,从人类最高利益出发,我们没有理由指责治疗性克隆研究违反道德要求。相反,当我们每天看到成千上万的病人死于某种器官的功能衰竭和其他疾病时,我们更加感到有必要加速上述研究。

实际上,从二十世纪七十年代开始,科学家们就知道如何直接从病人身上提取细胞使之长成皮肤、骨骼和软骨,甚至重要器官的一部分。1997年,科学家们分离了胚胎干细胞,几乎在同时,人体组织工程学概念开始普遍为人们所接受。上海第九人民医院的研究人员还在老鼠身上培养出了人耳,此后,我国也有科学家利用外周血造血干细胞成功地进行了移植,从而给再生障碍性贫血患者带来了希望。据报道,2001年美国哥伦比亚大学的马克·亨德里克领导的小组把通过吸脂术提取的人体成年脂肪细胞培养成了软骨、骨和肌肉。日本庆应大学的冈野荣之等人组成的小组则用神经干细胞移植到猿的受损脊髓中,使它恢复了运动机能。美国索尔研究所的弗雷德·盖奇等人,从人的尸体中提取脑细胞并把它培养成了神经祖细胞。哥伦比亚大学的西尔维乌·泰斯库领导的科研小组利用人的骨髓在老鼠心脏中生成新的血管。耶鲁大学的戴安娜·克劳斯领导的研究小组利用老鼠骨髓中的单个细胞培养了肺细胞、肝细胞、肠细胞和皮肤细胞。威斯康星大学的科研人员利用胚胎干细胞培养出了血小板、红细胞、白细胞,从而为解决器官移植中的免疫排斥问题提供了重要条件。此前,人们就发现,人的胚胎干细胞和骨髓干细胞由于具有自我更新、大量增殖和多向分化的特点,可以诱导分化为不同的组织细胞,从而进一步形成人体的各种组织器官,如骨髓中有些干细胞植入人体后,可分化为骨、软骨、肌肉、韧带、脂肪、血管内皮、肝脏、神经、皮肤和其他组织细胞。

所有这些科学成就开辟了移植器官来源的崭新途径，并且预示着人类有朝一日可以不必等到器官衰竭而进行移植，而是在器官和组织开始受损时像补自行车轮胎一样对它们进行修复。即使人体组织和器官难以修复，我们也可以像换轮胎一样对它进行更换，因为从理论上讲，将来科学家可以利用病人自身的干细胞在体外大量定向培养人体的组织和器官。由于这种组织和器官与其供体有着相同的遗传素质，因而不会引起目前的器官移植遇到的难题，即免疫排斥问题。器官移植的成功率可以因此大大提高，移植之后的辅助治疗费用也可以大大减少。更重要的是，成千上万的人不再因为某个器官的衰竭而死去。

尽管目前的干细胞研究离大规模的器官克隆和临床应用还有很长的距离，但其远景已清晰地展现在我们眼前。如果因为干细胞研究，尤其是胚胎干细胞研究有可能被用于以克隆人为目的就对其横加阻挠，我们将会错过千载难逢的发展良机。毫无疑问，克隆人是一种有损人类尊严的行为，由于它还有可能损害人类基因的多样性，并最终导致把人本身作为手段而不是作为目的，我们有足够的道德理由对它加以反对。但是，我们也不能因为胚胎干细胞研究有可能被用于以克隆人为目的而禁止这种研究，就像我们不能因为菜刀有可能被用于杀人就禁止菜刀的生产一样。只要胚胎干细胞研究不将人体-动物的生殖细胞相融合从而损害人的价值与尊严，只要胚胎干细胞研究不用于以克隆人为目的，就应当得到鼓励与支持。当这种研究纯粹出于医学的需要，并有可能最终治疗千千万万人的疾病的时候就更应当如此。如果各国依据人类尊严原则对这类研究进行严格审查和规范，就不至于出现滥用这种技术的局面。他律是为自律的无效而准备的。虽然游戏离不开规则，但我们不能因为有少数人不遵守规则就放弃游戏本身。对胚胎干细胞和其他干细胞研究，我们也应采取这种态度。

（四）器官移植与人格同一性问题

人格同一性问题不仅是个哲学问题，而且是现实的伦理问题，甚至是人们经常碰到的法律问题。器官移植技术使这一问题比以往任何时候都更加尖锐和复杂。当某个人被移植了肾脏,我们通常并不认为这个人成了另外一个人,这个人也不会因此而改变自己的身份以及在家庭和社会中的角色。但是,如果这个人的许多重要器官都是移植的异体器官,这个人是否还是原来的人呢?他(她)的身份是否需要改变呢?许多人可能会说,这个人还是原来的人,他的身份没有必要改变,因为他的人格基础——大脑并没有改变。然而,人格显然并不等于大脑,人也不等于大脑。人的身体对人的界定并非无关紧要。已有证据表明,人的意识过程是人脑与其他器官协同作用的结果。两年前,德国的科学家发现人的腹部有过去未曾发现的一些神经细胞与大脑的意识活动密切相关。这一发现不仅使我们有必要重新审视传统的人格理论,而且能使我们解释为何心情紧张会引起胃部不适,人吃得过饱反而不利于思考,甚至印证了法国现象学哲学家的一个基本观点:人的身体是意识化的身体,人的意识是身体参与的意识。脱离身体去谈人格,与脱离意识去谈论人格一样站不住脚。黑格尔说,人格是一连串的行为,而不说人格是一连串的意识活动,已或多或少考虑到了人格的这一特性。下述例子进一步证明了一些重要器官的移植对人格的可能影响。

有个病人在移植了一个因车祸而导致严重脑损伤的死者的心脏之后,性情大变,甚至连饮食习惯都改变了。她原来不喜欢喝咖啡,移植心脏之后变得很爱喝咖啡。她百思不得其解。后来她向提供心脏的死者家属询问其生前饮食习惯,才得知那个死者生前很爱喝咖啡。

类似例子还可举出一些。它们表明了,器官移植可以影响乃至改变人的习性和性格特征,但影响的程度可能因人而异。这一点在理论上讲不难理解。因为人本是一个完整而又开放的系统,某个人因某个器官的衰竭而不得不接受器官移植,意味着原来身体的完整性遭到了破坏,他(她)作为个人的统一性被打破了。他(她)的有机体的各个部分必须改变原有生命信息的传输方式,并且调整原来的生命节奏,才能保证各个部分的和谐,从而使它们作为有机整体发挥效能。早在十八世纪,法国百科全书派的狄德罗就在《达朗贝的梦》中描绘过一个"珊瑚人",这个人可以分化为不同部分,这些部分可以像机械的零件一样留存起来,然后又可以重新变成有机整体。这种富有想象力的设想在今天还没有完全实现,但已经在部分地实现。从逻辑上讲,只要我们能在体外培养各种器官,甚至培养大脑的各种组织,并且解决免疫排斥和移植技术的困难,拼装一个新人是完全可能的。我们关心的是,用大部分异体器官或新培养的器官移植给一个病人,这个"新拼装出来的人"是否还是原来的人?人体无疑服从机械运动的规律,但不仅仅服从这种规律,因为其中还有许多比机械运动更加复杂的运动形式。因此,器官移植绝不是新的器官与原来的有机体的机械相加。如果一个人的大部分器官都被置换了,这个人必定获得了新的生理素质,这个人作为肉体显然不同于以前的那个人,如上所述,他(她)的心理素质也必定在一定程度上发生变化。然而,我们的社会之所以不会因此宣布他(她)的身份无效,更不会要求司法机关重新鉴定这个人的身份,是因为这个人还保持着人格的同一性。问题是,我们是根据什么来判定一个人的人格同一性呢?一个人被改变到什么程度我们才说他的人格同一性彻底改变了呢?

  第一个问题是近代哲学家笛卡尔、巴特勒和洛克等人早就提出的问题。笛卡尔认为,人是心身结合体,心灵是一个独立存在的实体,这个实体的本性就是思想,他把这个思想的实体称为自我。在他那里,人格要通过思想来规定,这里所说的思想是广义的思想,相当于我们今天所说的"意识"。他声称,我思想多久,我就存在多久,我何时停止了思想,我就何时停止了存在。这样,人格同一性问题最终归结为自我的同一性或思想的同一性问题。按照这种逻辑,人格同一性是不受身体影响的,人被置换了器官并不影响人格的同一。那么,自我的同一性又靠什么保证呢?对笛卡尔来说,"人们之所以在日常生活中体验到自我的同一性,倒不是因为自我一成不变,而是因为自我处于不断的生成过程中,并且新的我与过去的我是同质"。洛克区分了人的同一性与人格同一性。他认为,人的同一性乃是由于不断生灭的诸多物质分子，连续地和同一的有组织的身体具有生命的联系，因而参加着同一的继续的生命。因此，"人的同一性在于一个组织适当的身体，而且这个身体中的各个物质分子虽在不断地变化着，可是那些分子同这个身体都联为一体，属一种共同的生命组织，而且这个身体无论你从哪一刹那来观察它，它以后仍是要继续着与此刹那相同的组织"。人格同一性则是指有理性的存在物的同一性，它仅仅在于意识，这个意识在回忆过去的行动或思想时，它追忆到多远的程度，人格同一性也就达到多远的程度。现在的自我就是以前的自我，而且以前反省自我的那个自我，也就是现在反省自我的这个自我。显而易见，按照洛克的逻辑，人的同一性要根据身体来判断，而人格同一性要根据意识，特别是记忆来规定。我们不难发现，洛克将两个逻辑上包容的概念看成两个并列的概念，人的同一性应当包含人格的同一性，而不是与人格同一性相并列的东西，前者比后者外延更广。洛克对两种同一性所做的区分无疑有一定的合理性，但如果遵循洛克的观点，就会得出，只要身体相同，一个人仍是以前的那个人的结论。这样一来，一个人哪怕换了大脑也应被视为同一个人，但一个失去记忆的人的人格便不再是以前的人格，他（她）的财产继承权和婚姻家庭关系应当发生相应的改变。这两个结论显然是相互矛盾的。不过洛克的解释倒是可以为下面这个案件的判决提供理论上的支持：

1998年美国德克萨斯州法院决定对女囚塔克尔执行死刑，但死刑判决是在13年前做的。在此后的13年中，塔克尔不断改过迁善，洗心革面，变成了虔诚的基督徒。德州法院的决定在美国社会引起了民众的广泛关注和舆论的普遍指责。许多人认为，现时的塔克尔与以前的塔克尔已判若两人，她的心理与人格已大大改变，因此不应对她执行死刑。

一些民众出于人道考虑，要求取消对塔克尔的死刑执行是可以理解的，许多国家采取缓刑制度，本身就承认了罪犯是可以改过自新的。但我们并不能由此断定这个人的人格同一性已彻底改变。人无论是从生理上讲还是从心理上讲都是不断变化的，人的可变化性本身就是人的定义的一部分。正如恩格尔哈特教授所说,当个人具有人格特征时,当他们具有自我意识和理性并且拥有最低限度的道德感时,他们就是人格存在。每个人的人格特征都不相同,因为它们不仅包含不同的生理素质,而且包含不同的心理素质和社会文化素质。人格同一性就是由这些方面共同决定的。即使以后真有科学家敢冒天下之大不韪而克隆人,被克隆出来的人与原来的人只有生理上的相似性,他们不可能具有相同的人格,因为他们毕竟是两个不同的个体,诞生的时间不一样,年龄不一样,面对的社会文化环境也不会绝对相同,接收的信息也不可能相同,每个人的自我学习能力也会有这样那样的差别。人格不是僵死不动的实体,而是一个不断生成的过程。大脑主要组织的连续性为一个人的人格同一性提供了物质条件。虽然它本身并不等于人格同一性,但它的消失意味着人的消失和死亡,即便这个人还有原来那个人的躯体和面部特征。

因此,当将来某一天,人类能成功地移植大脑,我们仍然以被移植过来的大脑作为人格同一性存在的条件。假如两个人出了交通事故,一个人的大脑严重受损,另一个人的大半个身子受了严重的损伤,一个合乎逻辑的想法是将后者的大脑移植到前者的身体上。这个拼凑出来的人将继承谁的身份呢?他无疑应当继承那个保存了大脑的人的身份。从技术上讲,移植大脑的难题最终是可能解决的,特别是将来能够用更精密的机器人进行手术之后,移植可以达到快速而准确的程度,并能随时修改手术方案。如果能解决免疫排斥的难题,人类离这一目标就为期不远了。早在二十世纪八十年代,南非的一个医疗小组曾做过移植猴子脑袋的实验,尽管被移植脑袋的猴子存活的时间很短,但它预示着器官移植的最后堡垒将被攻克。

在此,我们关注的是这一工作的社会伦理意义。脑袋移植既是打破原来的生命的相对完整性(因为原来的生命体如果是十分完整的,就不应当进行移植),又是重建生命的新的完整性。大脑和新的身体的内在联系通过移植而被建立起来,它们作为有机整体继承了原来的大脑所接受和处理的全部自然的、社会的和文化的信息,它们的内部调适过程也是被"修改"的过程,只是这种"修改"还是局部的而不是实质性的,由存活下来的头脑保存的心理社会文化特征并没有根本改变,所以其体现的人格只是受到了一些影响而未彻底改变。至于"换脑人"的神话,它在不远的将来应当不是神话,而是技术上可行的具体可能性。但在现实生活中这是不可接受的,因为不是为了抢救一个人的生命,而是为了其他目的而将两个人的脑袋互换,既无现实的必要也不能获得伦理上的支持,它只能算是思想试验,并且这种试验也许带有"意念杀人"或"意念伤害"的性质。然而,它提出的问题与脑袋移植手术提出的问题是一致的,即保持人格同一性需要具备哪些条件?一个人的人格变化到何种程度,这个人才不再是这个人?这两个问题之所以重要,是因为它们不仅涉及现实的法律问题,而且涉及几乎所有社会交往活动的本体论基础。

有的学者依据裂脑人存在的事实断言,一个人的人格是双重的甚至是多重的,传统的人格同一性图景与事实不符[①]。如果真是这样,一个人一辈子就需要不断确认身份,所有罪犯都不必为以前的罪过而承担责任,法律的追溯力都是无效的。仔细想一想,我们就会发现那些学者其实犯了一个致命的逻辑错误,他们举的例子都是人类的反常现象,我们不能因为这种反常现象来断定人类本来就是这样或者应该这样。比如说,一个马达突然发出了古怪的响声,我们难道就可以说这个马达本来就要发出这种古怪的响声?我们之所以说某人是瞎子,而不说一块石头是瞎子,恰恰是因为人本来就应当有视力。在精神病学的病例中,我们的确可以发现有的患者用右手把袜子穿上,左手又莫名其妙地把它脱下来,有的患者想用右手拥抱妻子,左手又将妻子推开。但这些病态现象并不能证明人本来就有双重的人格。如果把它们视为正常人格状态,那就意味着每个人一生下来就应该朝这样的方向发展。这样一来,人的交往乃至生存都会难以继续下去。

既然断言一个人同时具有双重或多重人格没有令人信服的根据,那么,我们就不应当把器官移植后的人格变化视为一个被隐蔽的人格

---

① 沈亚生:《人格同一性的思辨》,载《哲学研究》2000 年第 3 期,第 31—38 页。

在新的条件下的实现。人格的同一性是以人的单一性为条件的。从生物学上讲,人格的同一性基于一个人在遗传上的独一无二性,遗传上的连续性,他的自我发展能力。人格在本体上的连续性以生理-心理的连续性为前提。所以,器官移植的限度是,只要最大限度地维持一个人的生理和心理因素的连续性,我们就保持了他(她)的人格同一性基础,否则就等于取消了这个人的存在。随着脑科学的发展,将来无疑能移植大脑的某些部分,恢复大脑的某些功能。由于中枢神经系统对人的意识至关重要,对人格同一性至关重要,因而改变中枢神经系统的移植在伦理上很可能不被接受,如果真有一天人类能够完成这种手术的话。

参考文献

1. *Medizin und Ethik*, Hrsg. von Hans-Martin Sass, Philipp Reclam jun, Stuttgart, 1994.
2. "Ethische und rechtliche Fragen der Gentechnologie und der Reproduktionsmedizin", Hrsg. von Volkmar Braun, *Dietmar Mieth*, Klaus Steigleder, J. Schweitzer, Verlag München, 1987.
3. *Ethik in den Wissenschaften*, Hrsg. von Klaus Steigleder, Attempto Verlag, Tübingen, 1990.
4. R. Fox. "Organ Transplantation: Sociocultural Aspects"; R. Howard & R. Najarian, "Organ Transplantation: Medical Perspective"; R. McCormick, "Organ Transplantation: Ethical Principles"; in *Encyclopedia of Bioethics*, Vol II. ed. by W. Reich, The Free Press, New York, 1978.
5. Archie J. Bahm, *Why be Moral?* World Books, Albuqueruque, 1992.
6. *Questions of Right and Wrong*, ed. by Edwin C. Hui, Regent College, 1994.
7. H. Tristam Engelhardt Jr., *The Foundations of Bioethics*, Oxford University Press, Oxford, 1986.
8. *Biomedical Ethics*, ed. by T. Mappe & J. Zembaty, McGrew-Hill, 1981.
9. 邱仁宗:《生命伦理学》,上海:上海人民出版社,1987年。
10. 张华夏:《现代科学与伦理世界》,长沙:湖南教育出版社,1999年。
11. 夏穗生:《器官移植》,见《中国大百科全书·现代医学》卷1,北京:中国大百科全书出版社,1993年。
12. 《免疫排斥》,见《中国大百科全书·生物学》卷2,北京:中国大百科全书出版社,1992年。
13. 洛克:《人类理解研究》,关文运译,北京:商务印书馆,1983年。

14. 康德:《实践理性批判》,关文运译,北京:商务印书馆,1960年。
15. 罗尔斯:《正义论》,何怀宏、何包钢、廖申白译,北京:中国社会科学出版社,1997年。
16. 沈亚生:《人格同一性的思辨》,载《哲学研究》2000年第3期。

三、荣辱之辨与赏罚体系的合理重建①

中国的道德体系就像中国的社会经济结构一样正处于弥合"断裂"、重建新机的历史时期。一方面,它需要对"文化大革命"造成的无文化现象进行"历史清淤",并以此为出发点为日益市场化的新的社会组织形式提供价值导向;另一方面,它需要在不断反省历史的过程中返本归根地恢复文化的道德含义②,从而使伦理命令不再沦为经济活动和其他社会活动的工具,而是成为正人心济世事的内在根据。然而,道德体系的复杂性使我们必须对它的构成和机理做仔细的辨析,以便为它的合理重建寻找可靠的基础。本文拟从"荣辱"这一古老的伦理范畴入手对我们的赏罚体系进行初步的检讨,并试图为这种体系的合理重建寻求合理的方式。

(一)

荣辱是最古老的伦理范畴之一。自从人组成了真正意义上的社会并在群体生活的规则下生活,人就有了荣辱感,因为人正是通过荣辱感而享有人在社会化过程中的最初尊严。在一个崇尚气节、崇拜英雄的时代,这种荣辱感更是达到了空前的程度。在个人和人类发展中,荣辱都关乎人生之大本。从个体意识的成长看,儿童的社会化过

---

① 本文原载于《云南大学学报》(社会科学版)2004年第6期。——编者注
② 汪堂家:《"文化"释义的可能性——与建构主义对话》,载《复旦学报》1999年第3期。

程既是儿童学会遵守道德规则的过程,也是培养儿童的荣辱感的过程,道德教育的成功很大程度上取决于荣辱感的形成。当儿童没有通过家庭、学校而建立起知荣辱、辨是非的健全心理机制时,他对社会规则的认同将出现严重障碍。美国心理学家科尔伯格(Lawrence Kohlberg)对儿童的道德发展过程所做的实验研究令人信服地证明了这一点。

从历史上看,荣辱问题就像善恶、勇敢、节制等问题一样很早就成了学者讨论的问题。早在赫西俄德的《神谱》中就有"美德、声誉与财富为伍","羞耻跟随贫穷,自信伴着富裕"的说法[①]。此后的许多西方大思想家也都或多或少触及这一问题。在中国历史上,"知耻"与"无耻"始终是评判行为好坏的道德标准,寡廉鲜耻被看作道德沦丧、世风衰微的明显标志。《尚书·说命下》中已有"其心愧耻"一词。《礼记》曰:"物,耻足以振之;国,耻足以兴之。"《孟子·尽心上》有"人不可以无耻"的训导。《左传·昭公五年》有"耻匹夫,不无务,况耻国乎"之语。中国古代的思想家们之所以特别强调"耻"的重要性,是因为他们深刻地认识到,"知耻"是道德人格的基础,是维护人的自尊的重要条件,因而也是淳化风气的重要条件。

那么,何为荣辱呢?荣辱与荣辱感有何区别呢?它们在人的社会生活,特别是道德生活中起什么样的作用呢?我们的赏罚体系与人的荣辱感之间有什么样的内在关联呢?对这类问题的回答不仅意味着一个独立的研究领域的出现,而且意味着为我们的社会寻找一个合理的评价体系。

荣辱是荣誉和耻辱的合称,前者是社会舆论或公认权威对个人或集体行为的褒扬,后者是社会对个人或集体行为的贬损。在一个公正合理的评价体系中,社会对个人或集体的褒奖越高,通过荣誉而认定的社会价值就越大,个人或集体从中得到的价值感就越高;反之,公众的指责越激烈,个人或集体的社会价值就越低,个人或集体的耻辱也越大。从道德的意义上讲,当个人对荣誉产生情感上的满足时便产生

[①] 赫西俄德:《工作与时日 神谱》,张竹明、蒋平译,北京:商务印书馆,1991年,第10页。

荣誉感;当个人对耻辱感到自惭和痛心时便产生廉耻心。

从词源上看,英文和法文的"荣誉"一词都来源于拉丁文,它既可表示人的行为的内在道德价值,又可表示社会声望,也可表示"头衔""勋章""奖品""称号""学位""礼仪""尊严"和"仰慕";由于荣誉的授予往往与某种仪式联系在一起,所以又可引申为"盛典""荣典"等。"耻辱"在古英语中写成 scamu,古德语则写成 scoma,本指"该受指责之事",后来进一步引申为由于意识到自己或与自己密切相关的人或群体的行为或立场有缺点或不正当而产生的内心痛苦。

在中国,最早将"荣""辱"对置起来的当推孟子。他将"仁"视为荣辱的试金石,认为"仁则荣,不仁则辱"(《孟子·公孙丑上》)。后来,荀子对"荣""辱"进行了专门探讨。在他看来,"荣辱之大分,安危利害之常体;先义而后利者荣,先利而后义者辱"(《荀子·荣辱》)。荣有"义荣"与"势荣"之分,辱有"义辱"与"势辱"之别。"义荣"是因"意志修,德行厚,知虑明"等人格的内在价值而获得的荣誉;"势荣"是因"爵列尊,贡禄厚,形执胜"等外在因素而获得的荣誉。"义辱"是因"流淫污侵,犯分乱理,骄暴贪利"等恶劣行径而招致的耻辱;"势辱"是因受到诬陷、强暴和欺凌而招致的耻辱。直到今天,这一区分仍有十分重要的意义。

诚如英文 honor 一词的古义所表现的那样,荣誉代表着社会舆论或公共权威对某个人或集体的行为所赋予的精神价值。它既可以通过奖品、奖金、奖状、奖章来体现,也可以通过勋章、头衔、封号、谥号和称号来体现,还可以通过社会舆论的赞扬来体现。五花八门的竞赛,名目繁多的评比,各式各样的庆典,数不胜数的封赏,无一不是对荣誉的肯定。这些荣誉或用来肯定人的成就,或用来表彰个人的贡献,或用来称道他(她)的才智,或用来赞扬他(她)的品德,或同时兼具这几种目的。不管荣誉采取哪一种形式,其社会功能主要在于鼓励先进,鞭策后进,凝聚人心。然而,只有当荣誉被用来赞扬人的优秀品德,它才具有道德意义,才可以成为道德荣誉,即荀子所说的"义荣",除此之外,皆为"势荣"。"势荣"无疑能给人带来成就感,但不能使人获得道德情感上的满足。一个演员得了奥斯卡奖,其荣誉显然不代表道德价值,而一个人因舍己救人而得到的荣誉则来自其行为的道德价值。虽然这两种荣誉都能激起别人的崇敬、羡慕乃至崇拜,但在前一种情况下,人们崇敬的是人的才华,在后一种情况下,人们崇敬的是人的品格。在现实生活中,我们每每发现,人的荣誉与其行为的价值并不一致。有些人的行为很有价值,却没有得到什么荣誉;有些人的行为没有什么价值,反倒得到了很高的荣誉。当一个社会的荣誉与成员的行为价值发生严重背离,这个社会的价值体系和评价体系便出现了危机。

与荣誉不同的是,耻辱是人的自我价值感遭到损害或人的自尊受到打击时产生的情感。根据是否诉诸道德原则或道德观念,羞耻感可分为道德羞耻感和自然羞耻感。自然羞耻感是指某个人因生理缺陷或某些方面的无能在遭到嘲笑和轻蔑时而产生的羞耻感。由于这种羞耻感并非由人的过失所造成,因而不具有道德意义。道德羞耻感则是因某个人在意识到自己的过错并由此觉得自己缺乏本应具有的品德时产生的羞耻感,如一个士兵在战斗中表现怯懦而产生的羞耻感。再如,一个窃贼在逃跑时摔断了腿,他留下的残疾可能会使他深感羞耻,这种羞耻不仅是源于生理的缺陷,而且源于人格和道德品质的缺陷,别人的轻蔑和鄙夷会使他感到无地自容,以致见到别人时产生懊悔、痛苦和难堪的情绪。

此外,羞耻感还有个人羞耻感与集体羞耻感之分。如果说个人羞耻感产生于个人的自尊和价值受到贬损,那么,集体羞耻感则产生于集体荣誉的受损或集体价值的贬低。一个集体的成员是否把某个人所蒙受的耻辱视为集体的耻辱取决于该集体的团结程度以及该成员在集体生活中的地位。一般说来,一个人的集体观念愈强,他对集体羞耻感的体验愈深,他(她)要求雪耻的愿望则愈强。由于一个集体具有区别于另一个集体(在此,我把国家视为放大的集体)的标志(如原始部落的图腾,现代国家的国旗、国徽等),当这个标志遭到外人贬损时,该集体成员就会产生集体羞耻感。

斯宾诺莎在谈到羞耻时指出:"羞耻正如怜悯一样,虽不是一种德性,但就其表示一个人因具有羞耻之情,而会产生过高尚生活的愿望而言,亦可说是善的……因此,一个人对于他感到的羞耻,虽在他是一种痛苦,但比起那毫无过高尚生活的愿望的无耻之人,终究是圆满多了。"①斯宾诺莎的论断无疑符合这样的事实:缺乏羞耻之心会使人陷入麻木,激发羞耻之心会使人改过迁善。中国无数的仁人志士之所以不断倡导"教耻为先",是因为他们懂得"知耻振邦"的道理,忍辱负重、卧薪尝胆莫不是因为"耻"在起作用。马克思甚至说:"耻辱是内向的愤怒。如果整个国家真正感到了耻辱,那它就会像一只蜷伏下来的狮子准备向前扑去。"②也是出于同样的原因,龚自珍反复强调一个社会要兴民风、厚德泽就必须"养人之廉""去人之耻",要"催助天下廉耻"。

与羞耻相应,荣誉的作用也是双重的。一方面,它既可以激发人的热情,也可以给人以忍耐和毅力;它可以增强人的自尊与自信,也可以激励人努力奋发。只要不是把荣誉转变为虚荣,只要是以正当的方式去追求荣誉,那么追求荣誉对社会的发展就具有积极的意义。即便是先贤圣哲,即便是性情淡泊的隐士,也并非不顾自己的名誉,至少他们把贤达和淡泊本身视为荣誉。斯宾诺莎甚至说,那些声称不爱荣誉的人也总不会忘记把自己的名字写在书的封面上。另一方面,对荣誉受损的担心可以促使人发展自己的某种能力和品质,也可以使人检点和约束那些有可能导致荣誉受损的行为。一名运动员可能为了保护已经获得的荣誉而顽强拼搏,一名军人可能为给自己的勋章增光添彩而舍生忘死,一个劳动模范可能为了保持先进而再接再厉,一个胆小如鼠的人可能害怕被说成是怯懦而奋勇争先③。

---

① 斯宾诺莎:《伦理学》,贺麟译,北京:商务印书馆,1997年,第215页。
② 《马克思恩格斯全集》第1卷,北京:人民出版社,1975年,第407页。
③ 汪堂家:《道德情感与道德判断》,载陈根法主编:《心灵的秩序——道德哲学理论与实践》,上海:复旦大学出版社,1997年,第35—96页。拙作的部分观点和材料是我的立论基础,因此本文不得不予以适当采用。

(二)

一个社会的赏罚体系不仅要体现这个社会的正义要求,而且要以制度化的形式体现这个社会的荣辱观。只有当赏罚体系有利于维护社会公正时,这一体系才是合理的,也只有当赏罚体系能够从根本上激发民众的荣辱感时,这一体系才可能实现抑恶扬善、祛邪扶正的目的。从表面上看,赏罚体系,即奖励体系和惩罚体系,是两个互不相属的体系,实质上它们反映了价值认定方面的两个极端情形并在现实生活中共同发展,有时甚至彼此会发生微妙的影响。奖赏体系旨在确认个人或群体对社会的独特贡献,它是对个人或群体的正面价值的认定,并且它们所认定的价值超出社会平均价值;惩罚体系则是对个人或群体对社会造成的损害的确认,并以社会权威的名义将个人或群体的负面价值宣示出来。奖赏和惩罚均应成为一种社会行为而不应成为一种个人行为。当奖赏仅由某个人确定时,奖赏实质上很难实现对个人或群体的独特价值进行客观认定的目的,因此,即便是古代的皇帝在进行大的封赏时也不会忘记要举行某种仪式并诏告天下。当惩罚成为一种个人行为时,它便失去了惩罚的意义,而是演变为一种报复,并且这种报复会因报复者的随心所欲的情绪性反应给社会正义的维护带来损害。因此,一种健全公正的法律制度首先意味着杜绝私刑的发生。当一个社会大量存在私刑现象时,这个社会的法律体系便存在严重的问题,其根源不仅在于民众的无知,而且也在于执法机构的公正性并未得到认可。

合理的赏罚体系有赖于公正的评价体系的建立。赏罚制度的确立不仅使评价成为必要,而且使评价成为基础。就像我们在惩罚罪犯之前首先要确认其行为已经构成犯罪,并且要有客观有效的量刑标准一样,我们在奖励某个人或团体之前,也必须对这个人或团体的行为及其影响进行可比性评价。然而,评价需要特定的标准,而不同领域的标准又是不同的。由于职业的千差万别,每一种职业对自身都有不同的要求,制定这些标准虽然是专家们的工作,但这些标准只有成为客观化的公开的东西并为公众所遵从时才有普遍的效力。因此,制定标准既是运用专门知识和智慧的过程,也是集思广益获得公众认可的过程。如果评价标准只是某个人的主观想法或是偶然采用的谋利工具,那么,即便这种标准甚为科学,它也不能发挥评价标准的作用。因此,任何时候,我们都得承认这样一个事实:标准是在对标准的维护中显示其力量的。

那么,合理的标准如何确立呢?要回答这个问题,我们首先要明确的是,此处所说的评价标准仅仅涉及个人的行为,并且常常涉及与道德相关的行为。与质量论证体系不同的是,行为评价的对象不是一个被动的东西,而是能以各种方式影响评价者,甚至左右评价者的人。在对产品的质量进行鉴定评估时,我们比较容易展开量化的标准,评价者比较容易保持客观的立场,而对行为的评价却要涉及动机和后果等许多不确定的因素,并且容易受评价者的情感好恶和价值观念的影响,被评价者也会常常千方百计地利用这些影响去获得有利于自身的评价,更有甚者,一些被评价者为了争逐某种荣誉或某种利益,常常会在评价之前、评价之中或在评价之后通过压制对方、毁损对方来确立自己的相对优势。在我们这个社会中,这类情形(如奖励的评比)非常普遍。因此,要确立公正合理的评价体系,首先就要预防性地考虑到影响评价标准发挥效力的主要因素并附带制定对破坏评价标准的行为进行处罚的相关条款,以维护评价标准的权威地位。

毫无疑问,合理的评价标准必须满足客观性和科学性的要求,制定标准时的任何偏私都有悖于社会公正;同时,评价标准必须是可核查并经得起核查的东西。作为标准的东西必须是公开的东西,因而是可供合理修正并能体现普遍意志的东西。然而,有了好的评价标准并不等于有了公正的评价体系。事实表明,对评价体系的挑战每每来自评价者内部。由于评价者是评价标准的直接运用者,他(她)的主观好恶会对评价结果产生重大影响,因而当评价者本身不遵守评价规则或不合理地运用规则时,评价的公正性将是有疑问的。在一个社会中,法官、裁判、评审团成员唯有不断置于公众的评判之下才能忠实地履行自己的职责,换言之,评价者本身只有不断接受评价才能保证评价者在评价时保持不受外界影响。然而,这只是必要条件而不是充分条件。事实上,一个评价体系中有人既当"运动员"又当"裁判员",将使评价体系本身失去信誉,这也是评价体系中最糟糕的情形。评价者持身严正是保证公正评价的道德要求,只有这样,评价的伦理与伦理的评价才会走向统一。

合理的评价体系必须使评价者、评价标准的制定者与评价标准的维护者(监督者、护法者)相互分离、相互制约。评价者之所以要与制定者相分离,是因为两者需要不同的知识与经验,而知识的缺乏和经验的不足都足以导致评价的失误,同时,评价标准的制定者与标准的运用者一旦合而为一,就易导致个人出于自己的偏私而制定有利于自己的标准,这样一来,标准的客观有效性就会遭到损害。从评价的实践看,虽然评价标准的制定不能脱离一个社会的具体状况,但它又必须独立于个人的具体经验并且超越于这种经验。在某种意义上,唯有当制定标准时做到为标准而标准,才能保证标准的客观性。

在评价者和评价标准的制定者之外之所以要设立独立的"护法者",即评价标准的维护者,是因为评价者本身只有接受别人的评价和监督才能从制度上保证评价的公正性,从根本上说,"权利需要权利来制约"的理论依然适用于评价体系的建立过程。此外,评价标准的维护者不仅要纠正评价标准的不恰当运用,而且要对评价标准进行审查。标准只有付诸运用才能成为标准,并且需要在保持相对稳定性的同时随社会的进步而做相应的修订。然而,评价标准的维护者只能对评价标准的修订提出建议,而不能越俎代庖地去改变评价标准本身。在一些社会中,评价体系的混乱首先表现为评价标准的模糊不清,表现为标准的制定和解释过程的主观随意性,表现为评价标准的制定者-评价者-护法者这种具有制衡和稳定机制的三维结构被缩合为"统一体",通俗地说,一些"裁判员"既成了"运动员"又成了游戏规则的制定者。正因如此,评奖过程常常成为一些人的自我授奖过程,成为通过逐奖而争名夺利的过程。这种通过不规范的评价体系而实现的"名利双收",又反过来导致了评奖活动的泛滥。与此相应的是漫无节制的罚款以及能给评判者带来间接利益的其他名目繁多的处罚。社会的腐败由此反映出来,而且由此进一步滋长。从这种意义上讲,赏罚体系的危机既是价值失范的表现,也是道德的危机。

（三）

为了克服赏罚体系的危机,我们需要对赏罚体系进行合理化,而一个社会的赏罚体系的合理化不仅取决于评价体系的合理化,而且取决于这种赏罚体系是否能满足社会正义的要求。然而,事实恰恰如卢梭所说:"当正直的人对一切人都遵守正义的原则,却没有人对他遵守时,正义的法则就只不过造成了坏人的幸福和正直的人的不幸罢了。"①因此,赏罚体系必须通过社会的普遍的约定和法制的强制力量来保障。当人的名誉权可以通过完备的法律来维护时,当不当的赏罚可以通过法律本身来纠正时,健全的赏罚体系才有可能实现。

但是,赏罚本身并不是目的,而是增进人的荣辱感的手段,并且只能是这样的手段。纲纪之功贵在运用,赏罚之能旨在荣辱。赏罚得当能使人趋荣恶辱;赏罚不当则使人混淆荣辱,虚骄自恣或弃善从恶。因此,合理的社会不仅要赏罚分明,而且要赏罚有度。一个有功不赏,有过不罚,无功受禄,有罪逍遥的社会必然导致五德不修,价值失范,导致荣辱颠倒,恶欲猖狂。反之,滥用赏罚或赏罚无度也可能使赏罚本身失去价值。事实正如霍尔巴赫所说:"论功行赏,等于火上加油;无功受奖,等于火上泼水;完全不奖,等于让火焰自行熄灭。"②有小功而重赏不仅反映了道德本身的无奈,而且易使人夸大功绩,望利而行;有小过而课以严刑则体现了一个社会的道德体系的软弱无力,使人不知德性的力量,而仅怀对严刑峻法的恐惧。究其实,这是社会成员"廉

---

① 卢梭:《社会契约论》,何兆武译,北京:商务印书馆,1997年,第49页。
② 霍尔巴赫:《自然政治论》,陈太先、眭茂译,北京:商务印书馆,1994年,第327页。

耻丧尽"，失去道德自觉，非有外在力量的刺激和强制才能遵守行为规范的反常现象，也是仁道衰微、礼义颓废的征兆。因此，要淳化社会风气，荡除蝇营蚁附之流，只有赏罚适中，才能使人真正做到孔子所说的"行己有耻"。赏罚在社会生活中所起作用的大小，在相当大的程度上是以人的廉耻心为基础的。在一个"廉耻风衰，君师道丧"（王夫之《黄书·大正第六》）的社会中，严厉的惩罚虽能起作用于一时，但难以使社会长治久安。如能广泛培养人的道德自觉，使人知耻力行，虽奖一人而仍能扬社会之正气，虽罚一人而仍能抑颓风于流俗。因此，败坏人的廉耻无异于败坏人的灵魂，而败坏人的灵魂无异于铲除正义观念和正义原则得以发挥作用的土壤，在这种情况下，即便靠警察来统治也无济于事。

由于奖励与荣誉之间有着内在的关联，并且可能具有政治、军事、科技、文化、宗教、伦理、教育乃至意识形态的意义，我们在设立重大奖项时必须综合考虑各种因素的可能影响并且尽可能制定详细的、可资操作的明确标准，建立可供检查、可供监督的评奖程序，仔细斟酌能真正激发人的荣誉感并能体现社会普遍意志的奖励方式。

如果听任于实利主义的横行，许多人就会被笼罩在瓜分荣誉并进而瓜分利益的阴影之中，追名就会成为逐利的手段，奖赏就会成为利益的分配，沽名钓誉者就会热衷于蝇营狗苟式的利益计算，工于计算者就会把荣誉变成可供批发和零售的商品。一旦荣誉商品化，在许多领域中就会存在着瓜分荣誉的尖锐斗争，奖赏的滥用则使奖励本身成为馈赠礼品的特殊形式。一旦荣誉商品化，奖励在许多领域中就会逐渐失去那种使人卓然独立、超拔平凡的精神力量，失去那种凝聚人心、催人奋进的内在动力，失去那种涵养人心、敦风厚俗的伦理意义，因而也在很大程度上取消了奖励之为奖励的存在理由。我认为，我们在建立合理的奖励体系时必须避免下述情形：

（1）避免将奖励与报酬混为一谈。众所周知，在当今社会里，哪里有劳动组织，哪里就有奖励活动，奖励似乎成了人人可以获得的东西，比如，在所有单位里相当一部分劳动报酬是以奖金的名义来分发的。当人人都可以获得奖金时,奖金其实不是真正意义上的奖金,而是体现劳动者的付出与所得之间相对等价的工资关系,因而起不到增进人的荣誉感的作用。

(2) 尽可能避免以奖励的方式促使个人尽义务。义务之所以成为义务就在于它是外在的强制和内心的"应当",用康德的话说,"义务是一种尊重法则而且必须照此而行的行为"①。在合理化的社会结构中,个人各司其职,各尽其责是对人的起码要求。因此,真正合理的做法不是对履行义务的人进行奖励,而是对不履行义务的人进行惩罚。只有当人完成了自己的义务并且对公共生活领域做出了远远超出自己应尽义务的贡献时才应给予奖励。否则,义务非但不会成为义务,相反会成为不尽义务者要求获得额外补偿的讨价还价的手段。

(3) 避免评奖活动中的变相交易行为和滥奖行为。在一个法制完备的社会中,评奖活动是在法律的规范下进行的非常严肃的活动,任何个人都无权将某项奖励指定给某人,提名者、评判者和申请者的严格分离以及公众舆论的广泛监督,使得评奖活动既是一种专业活动又是一种透明的公开活动。

然而,不公正的奖励体系还要通过公正的惩罚来消除。惩罚有法律上的惩罚、行政上的惩罚和道德上的惩罚。但这些惩罚的目的不仅在于维护社会正义,而且在于"催助天下之廉耻"(龚自珍语),使人自知自重,自尊自惜。当惩罚能使人知耻止耻时,人就能以羞恶之心来约束自己的行为;当人不以受罚为耻,或对受罚麻木不仁时,惩罚只能起警示他人,让人畏惧的作用,而不能铲除受罚者继续为恶或继续犯错的心理根源。惩罚的有效性取决于它的公正性,滥罚就像滥奖一样,只能破坏大众的廉耻心。只有不公正的惩罚行为本身受到惩罚时,民众才会相信惩罚的道义力量。治罪显然不止是把罪犯关进监狱或强制劳动就万事大吉。如果只是束缚罪犯的身体而不能束缚罪犯的灵魂,如果罪犯不能洗心革面,他很可能在回归社会后继续犯罪,当罪犯越惩越多并且不以犯罪为耻时,监狱足可以成为犯罪的学校,众

---

① 周辅成:《西方伦理学名著选辑》下卷,北京:商务印书馆,1987年,第369页。

多罪犯的"共在"既使他们减轻了心理的畏惧,也使他们交流犯罪的经验变得十分方便。因此,不能唤起廉耻心的简单治罪,至多起隔离罪犯的作用,而不能洗刷罪恶的灵魂。只有感化和教化才能固人心人性之大本。

四、《人生哲学》[①]前言

　　古往今来,人不仅不断探问外部世界,而且不断探问自己。这两种探问相互依存,彼此促进,它们贯穿着人的历史,开启着人的意识,引领着人的行为,显示出人对自己和自己生活的世界的殷殷关切。也许,正因为人聚天地之精华,涵万物之奥秘,人反比其他事物更难以穷究,更难以洞明,更难以规定。人的规定可能恰恰在于他的不可规定。人虽是大千世界千百万年进化的最高成就,但人也在不断地谋划自己,成就自己,完善自己。人一旦停止这种完善就意味着人的终结。人生理的精巧不让于大自然的鬼斧神工,人心灵的幽深有如宇宙之邈远。人的眼睛不像鹰眼那样敏锐,近察微观之"秋毫",远眺六合之运演;人无鱼儿之水性,却可翔五洋之海底;人无鸟儿之翅膀,却可遨游于九天。人的智慧既在于人能通过技术的力量不断创造出器具从而延长自己的感官,也在于能在向世界的无限开放中精心设计并力图操控自己的未来。人文化着自然,也文化着自己。人充满了矛盾并且制造出矛盾。人迁想妙得,却难有对自己的完整认知;人极尽天下之雄奇,却屡屡干天下之蠢事:世界上没有一种动物像人那样在残害整个生命世界的同时也残害着自己——人的自我毁灭能力的增长远远高于人的自我完善能力的提高。基于此,我们不得不诚实地宣告,人的奇迹中总是隐含着人的荒诞。

　　"人是什么?"这是千古不灭的问题。为回答这个问题,多少人殚思竭虑,但都不过揭示了人的冰山之一角。有人说,人是两脚扁平的

---

① 陈根法、汪堂家:《人生哲学》,上海:复旦大学出版社,2005年。

无羽毛的动物;也有人说,人是会说话的动物;又有人说,人是理性的生物;还有人说,人是社会化的动物;更有人说,人是能制造工具进行劳动的动物;甚至有人说,人是能超越自己存在的动物。如此之多的人的定义构成了人的历史,它们是人的不同特性的活生生的展示,也是人对自己的不同规定。但是,一切规定都是限定。不能限定不能范围的东西只是正在形成的东西,因而是不成其为"东西"的东西。相对于其他动植物而言,人是已成者,相对于人为自己设置的理想而言,人是未成者,人处于"已成"与"未成"之间。人的无限开放与无限创造性不断丰富着人的内涵,也决定了"人"的不可完成性。人的个体性因为人的死亡而成为完成了的东西,人的类性则是不可完成的东西,并且人的类性长存于个体性的不断消逝之中。人的类性的完成、人的界说的完满意味着人的绝灭。我们一代又一代的人所做的努力既是为了有限个体的幸福,也是为了防止"人"的界说的完成。从生物学意义上的人到哲学意义上的人,从人类学意义上的人到社会学意义上的人,都没有给人提供一个人的完整图景。人的破碎形象不仅是时代分裂的象征,是灵肉分裂乃至精神分裂的象征,而且是人的知识缺乏完整性和统一性的体现。这一点源于人的本性。有缺陷,不完满恰恰是人的本性。人的自我克服,自我完善和自我超越乃是成为人的一般可能性的条件。就此而论,我们对"人是什么"这一问题做出一劳永逸的回答不啻是一种奢望,因为事实正如荀子在论及人性时所言,人之为人须"求之而后得,为之而后成,积之而后高,尽之而后圣"(《荀子·性恶》)。

然而,这并不意味着提出"人是什么"这类问题毫无意义。实质上提出这一问题本身曾是人类认识史上的重要成就。它把人的目光从天国转向人间,从外在的自然转向人的内在自然。它引导人迷途知返,时时不忘倾听自己的声音,关注自己生命的律动。不论是对人的诱惑和喟叹,还是对人的礼赞与讴歌,人对自己的诱导处处流露着人对人的依依不尽的情怀。诚如康德所说,"我能知道什么,我应当做什么,我可以希望什么"这类问题无不与"人是什么"相关联。人所涉及的生活世界的所有问题归根到底也是人的问题。人迄今为止创造的一切物质财富和精神成果显耀着人的潜能和价值,而这种潜能和价值发挥到何种程度取决于人的自我认识的深度与广度。

毋庸讳言,"人是什么"这一古老设问方式本身就掩盖了人的问题的特殊性。一般说来,人的设问方式已经预定了回答问题的方式。就提问形式而言,问"人是什么"与问"杯子是什么""牛是什么""化石是什么""花是什么"没有什么两样。在日常语言里,"是什么"的问题总是牵涉到事物的确定不移的形式或本质,当我们面对这一问题时,我们脑海里总是浮现出物的可见形态或不可见的性质与功用。这首先意味着把某物看作区别于他物的独立存在者,它有着别人也可以把握的确定性。但是,一旦我们用提问物的形式来提问人时,我们已把人降格为万物中的一物,这里也隐含着我们可以用观察物的方式去观察人,用思考物的方式去思考人,用对待物的方式去对待人。这显然不是人希望看到的,但事实上它是普遍存在的状况。人不是普普通通的物,他是唯一能总揽万类、统摄万物,同时能自我探问、自我改造的存在者。人通过提问和解答而存在。但人的存在的特殊性首先在于他是"自做"出来的,是自己设计和塑造出来的,人的这种不定性反映在人通过不定的生活来成就自己。在一定意义讲,人想成为什么人,人就能成为什么。所以,雅斯贝尔斯常给自己提出的问题不是"人是什么",而是"人想成为什么","人能成为什么"。

人即人的生活。"人是什么"要通过人的感觉、感受、情感、体验、思想与行为等表现出来,我们只能对人进行说明,难以对人进行定义。因此,"人是什么"的问题其实应该转变成"人如何成为人"的问题。人成为他自己不仅意味着成为血肉之躯,而且要成为明是非、辨善恶、知美丑的主体,成为具有知、情、意的存在者。动物只图生存,只有人能够生活。每个人从生到死都在对自己进行界定,我们可以说人一生就是人的注解。鉴于此,我们应把对人的追问落实到对生活的洞察上来。但生活不是盲目的游戏,而是有目的的寻求。脱离了这种寻求,人将迷失于现实而丢掉对现实生活的敏感。面对多歧的前路,人寻求什么呢？人如果不想使自己迷失于感情的杂多，埋葬于世事的纷乱，他就必须为自己营造理想的王国。在这个王国里，人找到了自己生存的意义，确定了自己的生活目标，接下来的工作是根据客观条件和自己的需要调整这种目标并找到达成目标的合理途径。

那些饱受生活困顿、磨难、不幸和灾变的人不是被命运推动着艰难地前行，就是被自己的意志激励着去超越过去，抗争于不断涌现的不测事件。有些人在这种抗争中消磨了自己的意志；有些人在这种抗争中更加富有挑战精神；也有些人在这种抗争中赢得了一个充满色彩和赞美的将来；还有些人在这种抗争中终结了自己的一生。后一种人占了人类的多数，他们也许在别人眼里平淡无奇，也许在劳作和繁衍中生生息息，但他们过着真实的脚踏实地的生活。如果人们对这种生活有所自觉并在这种自觉中发现生活的目的和理想，他们就不会被盲目的热情所左右，也不会奔趋于无谓的纷争，更不会委身于以自己的意志为全民意志的专制者，而是清楚地意识到自己对生活世界的价值以及自己在生活世界中的位置。横陈于他们面前妨碍他们为自己定向的障碍，不再是蝇头小利的诱惑，也不是某个超然物外的神力，而是自己的能力缺乏足够的施展机会。因此，一个社会的大多数人的自觉对于有理想的文明生活具有决定意义。只有当多数人醒悟的文明共同体为确保个人的自由而合理的人生选择提供广泛的可能性时，广大民众的人生幸福才能通过制度化的方式得到保证。

人是历史的产物，因而能问"我们从何处来"。人的概念的历史性本身说明了不同时代的人对自身怀有不同的意象和期待，也说明了历史本身即是人的"类性"的展开。我们不仅现在是而且曾经是我们自己。动物无历史，只有人有历史。历史不但丰富我们的生活而且为我们的生活提供了根基。历史不但为我们造型，而且提醒我们注意生活中蛰伏的危机。但我们也要提防现实中存在的为历史而生活的倾向。尼采在谈到以历史为目的人时指出，向过去的观看迫使他们走向将来，鼓励他们的勇气，更长久地与生活角力，燃起希望，认为公正的事物还会来，幸福正坐在他们正走上去的山的后边。这些历史的人相信,生存的意义在它的"程序"的过程中会显现出来①。以历史为目的的人把对历史的向往视为自己的圭臬,于是,历史在生活中成了未来,现在则成了历史的纽结。他们孜孜于往古的回忆,津津于旧事的咀嚼,营营于失落园的补建。生存似乎是在用死者打倒生者,生活似乎是现在的自我否定。对这类人来说,人生的万全之策是仅仅当一个自然或社会遗产的消费者,而不必成为遗产的增加者、赠予者,他们洋洋自得于盘剥历史的生活方式,根本不必为了后代的生活操心,当然,也就谈不上为子孙后代奉献新的生活遗产。相反,祖辈的遗产成了争夺的对象,而不是生活理念的逻辑展览。当然,这是许多民族都曾有过的经历,也是一代又一代人不曾自觉的生活方式。但是,这是人自己加给自己的不成熟状态,是错把摇篮当舞台。人是历史的产物,但这不意味着人应当永远成为历史的享用者。人尊重历史的最好方式是在历史既有成就的基础上以创造的精神向未来开放。

从某种意义上讲,人也是未来的产物,因而人能问"我们往何处去"。动物有预感,但没有未来。人的未来性不仅表现在每个人都曾有过美好的憧憬,有过对幸福生活的热切向往,而且表现在人能为自己设置不同的生活目标,展示不同的生活前景,选择不同的生活道路。人怎样向往,人就朝那个方向努力。人的生活态度常常决定他从哪些方面发挥自己的潜能,培养自己的兴趣。在某些时候,人的职业选择甚至是别人不经意暗示的结果。人对自己的定向是人谋划的动机,也是人主动地自我规定、自我限制、自我选择的先决条件。但人的定向是通过未来来设置现在,它把人从当下的无时间性中,从懵懵懂懂的状态中拖出来。时间永远是为将来设定的,也只有对将来才有意义。人从将来来审视自己,是把自己作为尚不完全的人生来打量,来对待。未来对许多人来说意味着不确定性,意味着选择的可能性,也意味着挑战。人在挑战中进退,世界在挑战中进步。有人可能会说,一些人并没有未来,他们根本不在乎有没有未来,因为世上毕竟存在绝望者,存在毁弃礼法无法企求的犬儒。这种人似乎始终处于"无所谓"的生

---

① 参尼采:《历史对于人生的利弊》,姚可昆译,北京:商务印书馆,1998年。

活状态并随生活的波涛自涌自息。他们也许享有对现实的艰险处变不惊的美名,但他们面临困难与危险时的"不动心"是以无视生活的真实性为基础的。他们生活在自我幻觉中并试图通过抹去未来去达到心灵的无纷扰状态。其实,这种人也并非没有未来,他们曾经有过梦想,有过期盼,用心理分析的语言说,他们曾有过做白日梦的年龄,因此,克尔凯郭尔和斯宾塞等人才认为人的成长都经历过形而上的阶段。

追问"人从何处来"与探问"人往何处去"都表现了人的形而上的本性。它们虽然涉及人生的两端,但这是为人生的不确定性赋予确定性,为有待于用生活去充实人的理念注入意义。1891年,法国画家高更带着同样的期待到波利尼西寻找生活的意义,他预感死期将至,为了表现生活的神秘,他作了一幅画,内容涵盖从生到死的全部生活,题为:"我们从何处来?我们是什么?我们往何处去?"当我们审视人生,思考人的困境、命运以及人在宇宙中的地位之时,我们也常常提出高更提出过的问题。一位亲历过奥斯维辛集中营的教授说,"世界上没有什么像认识生活中的意义那样帮助我们生存下去"。我们忙忙碌碌,汲汲营营,也许不会直接追问人生的意义这一似乎抽象的问题,但是,当我们自问"什么样的生活才是值得过的生活",当我们面对数不尽的疾病、战争、贫困与不公而自问"我们为何受苦,世界为何不公,痛苦和悲剧何以革除"时,当我们问别人"如果有来生,你是否还愿像今生一样生活"时,我们已在一定程度上触及了生活的意义问题。鉴于对生活意义的追求与人的精神健全密切相关,爱因斯坦甚至说:"认为生活无意义的人只是不幸,而且几乎不适合生活。"

对"人往何处去?"这一问题的回答过程即是人生选择的过程。选择是对人生可能性的确认,人的尊严与自由是追求的最高可能性。但对人的生活来说,对自己的合理规定就像自由本身一样重要。真实的自由不仅属于思想而且属于生活。把思想的自由等同于生活的自由不仅自欺欺人,而且把我们置于自由的空洞抽象中,其结果非但没有把个人引向高尚的社会生活,相反,每每使人以极端化的方式用个人意志代替公众的意愿。思想的自由及其无损他人的表现方式，无疑为生活的自由拓展了广阔的空间，并为人生追求设定了高悬的理想。但是，只有当自由不仅是思想的随意涌现，而且是生活的合理选择时，才是文明进步的标尺。选择意味着多种多样的可能性，意味着可遇而不可求的广泛机会，意味着人必须为放弃某个机会而懊恼。如果社会只给人一种成长的可能性，人生选择就不成其为选择。人生的自由意味着自己为自己创造发展的机会，意味着自己为自己开辟生活的前景。人生道路的选择展现在生活的可能性中。因此，与庸俗的自由观念相反，人生的自由不应被理解为主观任性，而要理解为孔子所说的"随心所欲，不逾矩"，理解为古希腊意义上的自律。有些人把自由仅仅理解为"随心所欲"，以满足个人私心不断膨胀的需要，而没有看到不同个人的"随心所欲"恰恰是社会冲突的祸根。只有在合理规范下的"随心所欲"，才能保证个人之间的相安无事，才能保证一个人的欲求不被另一个人的欲求所淹没。

  的确，人的欲求多种多样，人的欲求的自由表达常被不少人视为人的解放的自然结果。但是，人的自我反思向人提出了生活的合理化问题：人如果不想被自己的欲求引向自我毁灭的地步，就必须分清哪些欲求是合理的，哪些欲求是不合理的，哪些欲求是有害的。因此，真正的人生幸福要求人的合理自制。自制不是让人无所企求，而是让人适度地合理欲求，人应该欲求一切合理的当下，并了解欲望的合理方式以及应当什么时候满足这种欲求。今天是人的欲求被全面开发的时代，欲求被纳入技术的体系之中，被以技术的方式煽动起来，控制起来，并被日益标准化。随着消费社会的到来，人的欲求不仅成了消费的推动力，而且成了可供出售的商品，这种商品反过来控制人的行为。从此，人的生活被卷入机械的复制之中。与过去的任何时代相比，现代社会是一个最能通过人的物化来转移或掩盖人生痛苦的社会，也是一个最追求物质享乐以及精神幸福的社会，是一个最能自由表达自己的喜怒哀乐和爱憎困惑的社会，也是一个人的精神最被物质欲望慢慢剥蚀的社会。这个社会里，人的精神支出超过了精神的积累，人的生理需求也因此无法得到精神生活的合理平衡。物质生活的多样性并不必然带来精神的深刻性，并以此使人走出平庸的生活。虽然现代社会为我们提供了多种多样的可能性，但在现实和可能的生活中，我们总希望多一些温馨，多一些安全，多一分和美，多一点个性，多一些自由与尊严，同时，每每忘记选择生活和人生机遇是同一过程的两面。机遇需要发现，更需要把握。当我们自逐于宿命的荒原，我们往往屈从于生活对我们的选择。我们今天面临的境况仿佛不是我们选择生活，而是生活选择我们——我们的生命，我们的教育、职业、文化环境、审美态度，我们与他人的交往方式，等等。思想需要孤独，但现代人最害怕的恰恰是孤独，害怕与众不同的独特品格和生活方式。普遍的趋同意识正通过抹杀个性和取消孤独来取消思想。

显而易见，我们的个人感受、体验、情感思索已经成为社会经验的一部分，它们也许自失于不同社会成员的共同感觉的洪流，但很少像灵光闪烁在繁星朗照的夜空。历史的经验告诉我们，在生活道路上踽踽独行的思想者其实并不孤独和寂寞，他们总是与历史的经验相依相伴，与诚实的精灵和鸣对答，与无暇沉思但勤于劳作的人们娓娓交谈。带着劳动者的执着，在纸上耕耘的学者与在大地上耕耘的人们走到了一起，他们以不同的方式在进行类似的耕种：撒播理想的种子，点燃生活的希望，通过人的潜能的发挥与保养促进大地的自我敞开。

农人和思想者的"精神"代表着两种独特的文化，也代表着两种富有创造性的生活方式，因为他们分别通过对大地和心田的开发和保护留下了自己独特的踪迹。在一种合理的社会里，勤于肢体者也可以像勤于思考者一样过一种自觉的生活，勤于思考者也可以并且应当像勤于肢体者一样展示生命的活力。当我们脱离动物界并不同程度地生活于自觉之中，我们便在不同程度地知心知性，也在不同程度地尽心尽性。今天随着职业对生活方式的影响逐渐减弱，生活的固定模式似乎渐趋瓦解，但人们关于生活的统一和统一的生活的观念非但一直没有消失，反而被广告控制的社会所加强，至少对受制于特定意识形态或沉迷于时尚的人来说是如此。

然而,如果我们把对生活统一的观察理解为标准化的生活方式,或把某个人的意志作为普遍意志强加给大众,要人们按一种模式去安排衣食住行,甚至按一种模式去进行标准化的思想,那么,我们就面临制造灰色世界的危险,面临扼杀生命活力的危险。

五、文化的人生[①]

人是文化的创造者,又是文化的产物。生活在不同文化背景下的人不仅有不同的语言、服装、饮食习惯这些似乎反映人的本性的东西,而且具有不同观念、思想和行为方式,正是这些能体现人的内在本性的东西把不同文化处境中的人区分了开来。这一事实证明,文化对于我们并不是无关紧要的东西,它影响我们的心灵,甚至影响我们的血肉,以致可以说,文化为我们造型。这一事实也表明,不管个人的性格特征和外表方面如何千差万别,大家通过拥有共同的文化尤其是它所体现的基本生活信念、态度、宗教、信仰、道德观念,而拥有了某种共同的品格和精神气质,并且建立了相应的精神联系。

随着环境日益成为人的作品,不仅人所面对的自然越来越带有人的烙印并越来越缩退到文化的边缘,而且人越来越生活在自己的产品中,这些产品反过来影响我们的意识、生活和行为方式并决定我们能接触多远的世界、多深的世界以及以多快的速度接触世界。这就意味着产品的文化特性,自然的文化特性,甚至动植物呈现的文化特性,把我们置于一种文化圈中,圈子的核心无疑是人的思维,依次往外的是人的身体,人的居室,以及与此相关的家庭关系;人的公共生活空间、社会关系、政治经济、教育等相关的活动领域;被人改造、耕种过的土地以及人造的或被人改造过的自然事物,包括人吃的动植物。今天,人所食用的植物绝大部分是在历史上经人栽培过或者改造过的东西,

---

[①] 本文系《人生哲学》第一章。载陈根法、汪堂家:《人生哲学》,上海:复旦大学出版社,2005年。

我们吃的动物越来越多地出于人工养殖或喂养，我们甚至通过基因工程改变物种。现在绝大部分没有被人接触过、研究过、命名过的生物只存在于深海中。人触目所及似乎都是被人"文化"了的东西，人的自然变成了"文化"了的自然，或用更抽象一点的话说，是"人化了的自然"。人在"文化"自然的同时也"文化"自己，特别是"文化"了人与人的关系，因为这种关系随着前所未有的通信工具、交通工具、分析工具和认识技巧的发明而朝更深、更广的方面发展。在测谎器和类似仪器发明之前，在多种精神分析技巧发明之前，人很难在另一个人不主动袒露自己心声的情况下真正了解他的内心世界；与此同时发生的是，经济活动也是或多或少的文化活动，经济活动扩展到哪里，它所附带的文化也就传播到那里，以致我们有理由说，经济的全球化也在一定程度上带来了文化的全球化。

比如说，麦当劳和肯德基开到哪里，就将美国的文化带到了哪里，因为它们带去的不仅是一种特殊的食品和特殊的饮食方式，也带去了一种体现美国文化的装饰，带去了一种标准化的生产和经营理念，甚至带去了一段历史和人们对了解这段历史的渴望。由此看来，我们的确不能孤立地看待某种经济行为，甚至不能孤立地看待人生的某种事件。我们需要把它们放在宏远的文化背景中去加以考察。从某种程度上说，文化中蕴涵着生活的秘密，也蕴涵着人之为人的秘密。文化是了解人的钥匙。

那么，何为文化？文化何为？人生怎样反映出自身的文化特性呢？我们怎样成为文化的造型人和文化的受惠者呢？当我们从不同文化中汲取养料时，我们是否也给我们所源出的文化印入了我们的痕迹，融入了我们的新创呢？文化对于人生究竟有什么意义呢？

（一）人是文化的作品

迄今为止，关于文化的定义不下二百六十种。对文化的歧见不仅反映了文化概念的复杂性，而且表明它本来就具有丰富的内涵，因为对文化的不同定义都从某个侧面揭示了它的特点。由于人始终是文化的焦点,也是文化的意义之所在,我们只有把文化视为人的本性的自我开展,才可能把握文化的变迁与人的演进的内在关联。也只有这样,人才能体会到人的本性并不是一个静态的实体,也不是一成不变的功能,更不是由某个超然的东西安放到人身上的形式,而是基于思想与劳作的自我塑造的文化过程。正如德国哲学家卡西尔所说:"人不可能过着他的生活而不表达他的生活。"①文化无疑是人的生活的表达,但又不仅仅是这样的表达,它还是人的普遍本性得以延续的载体,是在守成与开放、继承与发展之间进行分配的力量。"作为一个整体的人类文化,可以被称之为人不断自我解放的历程。语言、艺术、宗教、科学是这一历程中的不同阶段。在所有这些阶段中,人都发现并且证实了一种新的力量——建设一个自己的世界,一个'理想'世界的力量。"②"何为文化?"与"文化何为?"是同一个问题的两面,对后一问题的回答常常决定对前一问题的回答,就像我们要了解"何为电话"可以从电话的用处中去索解一样。因此,在以下论述中,作者将不断回到"文化何为"这一问题上来。

"文化"在汉语里是一个外延广泛、内涵丰富的古词,至少可以溯源到汉代。用这个词去对译 culture(英文)、kultur(德文)和 culture(法文)是从日本人开始的。这种译法只是部分反映了十八世纪之前西方人对 culture 的看法。十九世纪时,中国学者沿用了日本人的译法,但文化的符号学意义大大削弱了,文化所包含的道德含义也大大削弱了,文化成了不再包括科学而是外在于科学并与科学并列的东西。在"文化大革命"期间,文化非但没有被奉为人之为人的价值体现,相反被视为一切罪恶的渊薮,以致人们以"人穷怪屋脊"的态度去砸烂一切历史文化遗产,而作为文化的活生生的体现和守护者的知识分子也被迫接受灵魂的改造并被迫成为不讲"文化"之人。二十世纪八十年代的改革开放是在文化的荒地上进行的。因此,当人的物质欲

---

① 卡西尔:《人论》,甘阳译,上海:上海译文出版社,1985年,第283页。
② 同上书,第288页。

望被全面煽动起来之后,我们似乎找不到多少可以制衡的力量对这些欲望进行限制、规范、疏导和定向。面对汹涌而来的西学思潮,对遭到极大破坏的祖辈的文化遗产,人们感到茫然不知所措。即使在今天,逐步认识文化对于人生意义的有识之士们也不得不面对这样一种局面:文化正在沦为人为实现某种物质偶然采用的工具,今天人们常说的"文化搭台,经济唱戏"就是这一趋势合乎逻辑的结果。

实际上,中国是最早具备文化自觉的国家之一。虽然把"文"与"化"结合起来只是汉代的事情,但是天之"文"与人之"文"在中国典籍中早就成了相互对待的东西(《易经》说"小利有攸往,天文也;文明以止,人文也;观乎天文以察时变,观乎人文以化成天下")。从词源学上讲,"文"是象形字,"文"与"纹"是相通的,可用来表示鸟兽之迹,也可用来表示木头、石头的纹理,还可用来表示人体的纹理(《左传·隐公元年》说"仲子生而有文在其手"),甚至可用来表示在身上刺画图案,即"文身"。用现代的术语,"文"一开始被用来表示自然事物的"痕迹"。人对天之"文"的认识先于对人之"文"的理解。"文"的含义的变化与人创造和运用符号的活动密切相关。由强调天人相感到明白天人相分,"文"字的适用范围不断改变。从用"文"统称天之"迹"和人之"迹"到"文"表示诗书礼乐(司马光在《传家集》中对"文"做了这样的解说:"古之所谓文者,乃诗书礼乐之文,升降进退之容,弦歌雅颂之声,非今之所谓文也——今之所谓文者,古之'辞'也"),或用"文"表示非武力的活动(文武对举),精神的力量被渐渐发现,规范和典章制度的力量被渐渐发现。当刘向正式提出"文化"概念,宣称"文化不改",并号召"以文德化人"时,"文化"的教化意义已经非常明显。南齐王融也在《曲水诗序》中说,"设神理以量俗,敷文化以柔远"。因此,从时间上说,中国"文化"一词的古义远比同期西文的 culture、Kultur 丰富。这是"文化"自觉充分发展的结果,这种文化的内觉为人的理性本质之开展奠定了不可移易的基础。

然而,刘向时代的"文化"概念与西方十八世纪之前的 culture、Kultur 概念只有部分相合之处。近代西文的 culture 源于拉丁文的

cultura(分词形式是cultum),原意指"保护""耕种""栽培""居住"。从已有材料看,"culture"由谁首先使用尚难查考。但可以认定的是,"文化"与农业最早紧密联系在一起,人首先"文化"自然,进而"文化"自身。农业(agricultura)的本义即是对土地的"文化",教化(cultura animi)的本义乃是对灵魂的"文化"。在这里,"文化"一词首先指"保护"。因为在拉丁思维里,保护与开发并存。在"文化"(动词)某物时,如果只有开发而无保护,"文化"不成其为"文化";但是,只有保护而无开发,保护不仅会失去意义而且会葬送自己。因此,在十七世纪,西方人在使用"文化"概念时,特别强调"文化"是对肉体、灵魂和精神能力的训练,直到今天,法国人仍将体育称为 culture physique,即身体的文化。在某些时候文化也专指道德境界的提升。虽然从时间上看,西方人给"文化"赋予道德含义远远晚于中国人,但我们应该特别留意西方人给"文化"赋予的两种意义,即"保护"与"栽培"。直到中世纪晚期,西方人仍然强调这样的观点:正如人只有耕种土地并保护土地才能指望丰收,人只有仔细开发并精心保护自己的自然素质才能完善自己并有所收获。从这种意义上讲,"文化"成了人为追求完美而对自然所作的补充。但在文艺复兴之后,"cultura"的古义渐渐淡化,cultura 成了人的理性本质之体现。随着十八世纪西方学者停止使用拉丁文写作,在英、法、德、意、西、葡等语言系统中相当于 cultura 的词汇已被学者广泛采用,以诠释人类发展并超越自己的纯粹本性的全部活动及成果。但我们不要忘记西方不同的语言系统对"文化"一词赋予了并不完全相同的意义,考察这些意义乃是比较语言学和文化语言学的任务。就像古代中国人将"人文"与"天文"对举一样,近代西方人常将"文化"与"自然"对置。

到十九世纪初,近代西文"文化"概念大致有以下意义:(1)耕种,栽培。也指有别于自然活动和状态的人类活动及其状态,这种意义接近中国"人文"一词的早期意义。(2)社会制度或制度化的行为规范。此义较接近《论语·子罕》中的"文"的含义(《论语·子罕》说"文王既没,文不在兹乎",在此,"文"显然指礼乐制度)。(3)个人品质或特性,在这一点上，中国"文人"一词的"文"也已包含西方的"Kultur"（如"文人"在《毛传》中被称为"文德之人"）。(4)个人修养、素养或学问，中国人所说的"文质彬彬，然后君子""斯文""文雅"多少与此相合。(5)人的理智状态和人性的高度发展。(6)人的道德价值或以道德规范去敦风化俗。(7)教育或训练。(8)人的技术活动、组织活动，等等[1]。

上述概括自然不足以反映十九世纪之前西方的"文化"概念的全部发展，但它提示了"文化"的主要进路。从上述"文化"规定中，我们可以发现：(1)西方的"文化"概念，在相当长的时期里并没有中国"文化"中的"文"字所传达的符号学意义。(2)西方的"文化"概念，在相当长的时间里并没有被直接用于表示文字系统或以文字形式出现的精神产品。但在康德和赫尔德之后，西方的"文化"概念被赋予了更多的道德含义。康德把文化理解为人的"合目的性"的活动，理解为这种活动所创造的生活世界，人在这一世界中具有自由自决的能力，一旦自律成了人的意愿和行为的可能性，以道德为中坚的文化生活就能将人的外在自然和内在自然发展起来。在这里，自然不再是单纯的手段，它本身即是自由目的之原则（可参见康德《判断力批判》§83）。因此，康德把道德观念视为文化的重要因素，而文化则被看作自律行为的条件。

与康德相比，赫尔德对"文化"的分析更为具体。他认为文化有主观规定和客观规定。根据客观规定，文化可以批判性地用于表示社会制度。文化也可用来表示风纪，或表示摆脱专制政府的意志。康德在考察"文化"概念时，时时考虑人的行为的道德根据。赫尔德则通过与自然的比较考察"文化"概念，认为就像植物有生长、开花、结果和消亡一样，文化也有生灭的过程。中国的《文心雕龙》有"文胜于质"之说，赫尔德则提出了文化高于自然的观点。但他认为文化并非按人类的计划而形成，而是随人性的成长而成长。文化是民众的生活方式，正是通过这种生活方式，以理性和道德公正为经纬的一般人性才能展开自己。

---

[1] O. Schwemmer, "Kultur", in *Enzyklopädie Philosophie und Wissenschaftstheorie*, Bd. Hrsg. von Jürgen Mittelstraß, Wissenschaftsverlag, Manheim/wien/Zürich, S. 508–510.

赫尔德的文化规定大大拓展了文化概念的外延，并在很大程度上主导了"文化"概念的未来发展。十九世纪关于文化与自然的争论，二十世纪关于精英文化与大众文化的争论、关于文化普遍性与特殊性的争论，几乎都能从赫尔德那里发现它的源头。如今，几乎没有一个概念像"文化"概念那样模糊不清。在许多人眼里，"文化"要么是知识体系，要么是特定地域、特定民族奉行的价值观念的总称，要么是哲学、文学、艺术、历史等人文社会科学部门的总称，要么是受某种宗教、某种价值观和意识形态支配的生活方式，要么是指以图书馆、博物馆、影院、电视台、广播电台、出版社、广告公司、影像公司、软件生产商为支柱的"文化"产业，甚至连茶、酒、食后面也加上"文化"二字。但无论在中国还是在西方，绝大部分人仍然把科学与文化对置，而没有把科学视为文化的重要因素，于是才有所谓的"人文"精神与科学精神的对立，对"文化"的历史理解与"文化"的现代意识之间似乎出现了难以调和的矛盾。"文化"世界的四分五裂使得"文化"观念形形色色。但是，"文化"概念的历史性与现代性，可以在对人和世界的理性本质的重新阐释中获得统一。这种统一不但能将"文化"释义的可能性放在深远的背景之下，而且可以重构"文化"的结构。

文化不是世界的外在形式，也不是过时的保守的行为方式，更不是昙花一现的前卫作品。文化毋宁是生活世界本身，它包含先人的遗存，更包含新时代的创造，它把世界变成了可居住的世界，把世界变成了人的世界。在文化中，人得以超越他所创造的事物，同时也通过事物获得一种客观性。人在事物中注入了人的主观性，人也在"文化"世界中"文化"了自己。

从这种文化观出发，我们有必要回到"文化"一词的古义，并将这种古义放在人与世界的新型关系中加以阐发，因为在每个时代，人与世界的关系是不同的，是文化造就了不同的世界。我们这个时代的文化概念的肤浅性就在于没有把历史的演进看成文化的展开，没有把文化的发展看作人的理性本质，特别是人的道德价值的发挥。文化的

"耕种"意义在于肯定了人的"发现"与"制作"的重要性。"文化"作为"耕种"是社会存在的先决条件,是"闲暇",即希腊意义上的"学校"(英文的 school 源于希腊文的 skhole,即闲暇)存在的先决条件,因而也是"科学"亦即"知识"(英文的 science 源于拉丁文的 scire,指"认识""知识",今天的德文 Wissenschaft 仍然保留了这一用法)存在的先决条件。作为"耕种"和"培植"的文化始于对世界的发现,作为知识形态的文化始于对心灵力量的发现。人与世界的认识关系是通过符号建立的,因此,人对世界的"文化"过程也是对世界的符号化过程。符号是人的"痕迹",这种"痕迹"与动物的"痕迹"的不同之处在于,动物的"痕迹"至多只是"记号",并且与满足自己的本能联系在一起。动物能作"记号"(如老虎通过粪便来圈定自己的王国,狗以粪便来引路),但不能制造符号。符号的存在意味着符号所代表的事物的消失,记号则始终与记号所提示的东西一同存在。记号不能把当下与遥远的过去、未来联结起来,符号却可以做到这一点,因而能提供使创造活动得以可能、使文化活动得以可能的想象空间。

从符号的观点去理解文化有助于对文化做完整的理解,这恰恰与中国人对"文"的古义的运用相契合。"文"的意义从鸟兽之"迹"向人之"迹"的过渡,向文字、辞章、德化、社会制度的过渡,正好反映了中国人将符号与记号分离开来,并突显"文化"是以道德为津梁的符号化过程。在我们看来,西方"文化"的古义与今义的综合与中国"文化"的古义基本上是一致的。如果了解这一点,我们就不能不接受中国古人的文化诠释——世界即人文(《易经》上的"人"实际上有"人世""人间"之意)。然而在承认文化的符号本性的基础上,对世界多重性的认识以及对世界与自然的区分,可以为我们说明文化的统一性并进而回答文化的全球化问题找到一个基本立足点。不管人以什么方式(如哲学的、宗教的、科学的方式)去认识世界,人都有一种世界图景,"这种世界图景是一种建构。这一点不仅适用于我们的生物知识,而且适用于意识过程"①。但这个世界图景是什么呢?是人给自然建构的网络,自

---

① Jürgen Mittelstraß, "Wir müssen nicht töten", *Bild der Wissenschaft*, 9/1996.

然因为这个网络而成为世界,这个网络就是符号的网络。如今,这个网络越来越厚重,以至于人只能通过符号与世界打交道,德国哲学家密特西特拉斯(Jürgen Mittelstraß)的话说,"我们并不直接认识我们的世界,我们总是通过符号来感受我们的世界"①。

符号是什么呢?符号不是神经系统的结果,也不是神经系统本身,更不是世界本身。符号是人之"迹",是人之"文",是人在自己与自然之间设置的一种间接性。它是自然物、人造物和人自身的指代者。因为它的存在,人能在小世界中认识大世界,就像莱布尼茨的单子反映宇宙的面貌一样;因为它的存在,人能在小天地中制作大天地,就像达·芬奇在画室中既描写世界又艺术地设计世界一样。因此,文化首先意味自然的符号化,世界是属于人并被人罩上符号之网、被人和其他生命共同拥有的世界。当自然被发现之时,世界还只是哥伦布的世界,亦即通过精神力量的发现而打开的世界,当哥伦布的世界被开垦、被耕种、被解释,即被文化之时,世界便变成了莱布尼茨的世界,当莱布尼茨的世界不仅被理解,而且被改制,被人理性地、艺术地设置时,它便成了列奥那多的世界(Leonardo-welt,此处借用密特西特拉斯教授的术语,列奥那多是众所周知的达·芬奇的名字)②,成了需要艺术家和工程师来设计和制造,需要文学家、艺术家来美化,需要史学家和哲学家来批评和理想化的世界。

那么,符号是什么呢?不同的学者、不同的符号学家可能对符号有不尽相同的认识,但大家都普遍公认符号不同于记号:如前所述,创造和使用符号是人的特性,而动物只能作记号,从广义上讲,人创造的一切东西都可理解为符号。从狭义上讲,凡能起指代作用并能传达意义的痕迹都可以称为符号。在古希腊,"符号"一词最早源于"抛弃",它表现了"符号"的任意性特点。记号只有私人性,符号则有公共性。符号既可以是声音,也可以是形象。当亚里士多德说,文字是言

---

① Jürgen Mittelstraß, "Wir müssen nicht töten", *Bild der Wissenschaft*, 9/1996.
② Jürgen Mittelstraß, *Leonardo-Welt*, Suhrkamp Verlag, Frankfurt am Main, 1992, S. 11-20.

语的符号,言语是心境的符号时,他已经确认了作为符号的两种素材。中世纪西方人对符号有一个经典性的解释:符号是用一物来指代另一物。它的出现最早是为了方便表达、交流和公共生活。搬运符号仿佛在搬运一个世界,因为符号能打破时空的限制,把一个人未感知的东西告知别人,把已经过去了的东西告知现在和将来。声音符号是符号的原始形式,动物发出的信号中已经包含符号的萌芽。当老鼠遇到了危险,甚至在走向死亡的瞬间,都能向同伴发出信号;一头狼发现了猎物会很快将信息反馈给同伴,并用信号协调合围的方式。许多喜欢过群居生活的动物都有自己的声音信号,用来规避危险,获取食物,"谈情说爱"或进行嬉戏。鸟儿、猴子和猩猩是使用声音信号的天才。但所有其他动物都不能像人一样发明工具,并用工具制造有意义的痕迹。从使用声音信号转向使用图形符号是生命历程中一次决定性的飞跃,它不仅改变了思维,而且改变了联络方式,扩大了人的活动范围。动物没有历史,只有人有历史,因为只有人能通过符号保留历史,从而与历史交流。动物只生活在现在,人则不仅生活在现在,而且能生活在过去与将来,并能以集体的方式生活在将来,因为他能用符号的方式谋划、规划将来。动物有对未来的本能预感(如大象可以因预感死期将至而做好准备),但只有人以集体方式为未来操心并协调对于未来的立场与行动,这一切都多亏了符号这一神奇的东西才得以实现。如今,符号的涵盖面越来越大,种类越来越多,以致色彩、图形本身及其变化都可成为符号。随着数字化时代的到来,一切符号都可还原为数字符号,以致我们不能不承认笛卡尔和莱布尼茨早就设想的普遍语言,实质上不过是数字符号的特殊形式。

但是,我们还需要了解符号的一般特性,这些一般特性不仅反映了人与生活世界的错综复杂的意义关系,而且反映了人如何历史地把自己的传统、能力、习俗和思想融进了对象世界。按照著名哲学家和神学家蒂利希在《宗教符号》[①]一文中的概括,符号有四个基本特性:

---

① Paul Tillich,"The Religious Symbol", in *Dadalus*, pp.3-21, Summer 1958, Vol.87, NO.3, *The Proceedings of the American Academy of Arts and Sciences*.

象征性、可感性、内在力量和可接受性。第一种特性意味着,指向符号的内在态度并不针对符号本身,而是针对被符号化的东西。而被符号化的东西又可以作为另一个东西的符号,比如,文字可以作为言语的符号,而言语又是意义的符号。再如国徽、国旗、国歌是国家的象征,它体现了一国的尊严与主权。但是,符号的象征意义可以因时而异,因人群而异。比如,纳粹的标志对于纳粹德国的党卫军来说具有神圣的意味,对我们这个时代具有正义感的人来说,那象征着彻头彻尾的罪恶。

第二种特性即可感性,很容易理解。人有多种多样的观念、理想,有多种多样的信念、信仰和思想体系,它们本身是无形的,不可见的。它们通过符号被固定下来,并为所有人所感知。在这种情况下,符号可以使主观的东西客观化,使个人的东西变成群体的东西,普遍适用的东西。符号的东西当然不一定是具象的东西,有些抽象的概念甚至也可以作为符号使用。例如"上帝"对真正信仰基督教的人来说意味着"信、望、爱",标志着对人的终极关怀,而"法西斯主义"则是罪恶的符号。符号需要物质载体,也需要特定的形式,但选择什么样的物质载体丝毫不影响符号的意义,而仅仅影响人们接受或感知符号的方式和效果。"花"这个符号通过什么音质来体现并不改变它的意义,用什么颜色的笔来写,用什么样的字体,用笔写,用刀刻,还是用灯饰来表现,都不影响花之为花的意义。但对学习这个"符号"的儿童来说,将真实的花与"花"这个词联系起来,无疑是最好的接受方式。而学习这个字的目的恰恰是要人们离开真实的花而想到花。人通过给所有事物命名而将它们综合成一个符号的世界,这个世界的丰富程度反映了人对实际事物了解的广度与深度。从这种意义上说,符号仿佛是人心的镜子。

符号的第三种特性是它具有一种内在力量。蒂利希认为这种特点最为重要,因为正是这种特性将符号与记号区分开来。记号可以随意互换,符号却不能随意互换。比如说,两个人到森林中去探险,分头去找自然景观,为了知道彼此的行踪,两人约定作一些记号。但下一次出去探险却可以改别的记号。符号则不同,它本质上是集体的财富,个人无法随意更改。它虽是人创造的,甚至可以说是约定的,但它反过来可以影响个人行为,乃至对个人行为起范导作用。符号出于必然性,记号则不具有这种必然性。随着人的认识能力的演化,人从神活世界观转向了技术性世界观,相应地,外在世界越来越失去了神秘色彩。符号一开始也被涂上了这样的色彩,从许多原始部落中,人们可以发现符号既被用于驱邪,也被用于唤起一种超自然的力量,它给人带来安慰,更让人感到恐惧。在所有宗教生活中,符号的象征性有时仿佛具有魔力。它可以让人为之奉献,为之牺牲,它可以牢牢地控制人的心灵,甚至煽起人的狂热,因此,所有教派都尽其所能地动用符号的这种特性。在人类进入科学技术时代以后,人经历了不断的启蒙,世界的神秘光环慢慢消失了,符号不再具有很多象征意味,在绝大部分时候,它在人心中不再提示一种超验的力量,而是指称可以感知或可以凭理智加以理解的东西,因此,人与世界的关系通过符号而变得更加确定,更加平实。

符号的第四个特点是它的可接受性。如果"符号"只是个人的东西,那么,严格地讲不能算作符号,而只能作为记号。按蒂利希的看法,我们不能说一个东西只有首先成为符号,然后才能为人所接受。恰恰相反,符号成为符号的过程与它被人接受的过程是同一过程的两个方面。符号根植于社会并受社会的支持。因此,我们在考察符号的特点时,始终不能忘记符号的社会向度。个人可以满足自己的需要"制造"一个记号,但它不能称作符号。创造符号是一种社会行为,即使它一开始是由个人提出来的。比如,可能有许多人设计了不同的国徽的图案,但这些图案中只有一种被选为国徽,并得到国家权威的确认,即使确认者只是某个专制的领导者,他也不得不以全体人民的名义来"颁布"他的确定并力求得到社会的普遍接受。我们无须研究符号的接受史,而只需看看我们的儿童如何认字,学生如何熟悉"红绿灯"这种交通标识,以及观众对电影、时装和广告的接受过程,就可以体会到符号与群体生活的深刻联系。一个群体往往能从它的符号中认出自己,并不断把其希冀、愿望、情感和思想融入符号,个人对群体的认同感越强烈,他与指代这种群体符号的精神联系越是密切,这种符号也就越能成为集体生活不可或缺的一部分。

实际上,早在二十世纪初,卡西尔就曾断定人是符号的动物。不管人的文化生活形式如何复杂多样,它们都不过是符号形式而已,因为所有文化都离不开思维和行为,而思维和行为都是一种符号化过程,人类生活的丰富性和全部发展都能用这一过程来解释。对此,卡西尔的论述具有无可争辩的逻辑力量。"人不再生活在一个单纯的物理宇宙中,而是生活在一个符号宇宙之中。语言、神话、艺术和宗教则是这个符号宇宙的各部分,它们是织成符号之网的不同丝线,是人类经验交织网。人类在思想和经验之中取得的一切进步都使这些符号之网更为精巧和牢固。人不能直接地面对实在,他不可能仿佛是面对面地直观实在了。人的符号活动能力进展多少,物理实在似乎也就相应地退却多少。在某种意义上说,人是在不断地与自身打交道而不是在应付事物本身。他是如此的使自己被包围在语言的形式、艺术的想象、神话的符号以及宗教的仪式之中,以致除非凭借这些人为媒介物的中介,他就不可能看见或认识任何东西。"①

大量的动物心理学和儿童心理学的研究表明,人与动物的一个重要区别在于,动物只是使用信号或记号,人则能创造、学习、使用符号。一条狗、一只猫、一只猩猩能在某种叫声与某种食品之间建立固定的联系,它们甚至懂得情绪性的语言,区分人的表情,根据人的语调做出反应,但它们不了解每个事物都可以有一个名称,更不了解不同名称之间可以建立无穷多样的联系,而一个稍稍正常的儿童却可以做到这一点。一只猩猩经过一番训练也许能对象征性的奖赏做出反应,但这些反应与人在听到鼓励性的话时所产生的心理效应远远不能相提并论。人所使用的符号与动物使用的信号或记号不同的地方是,符号仅仅具有功能性价值,它不是物理世界的一部分,而记号或信号是物理世界的一部分。符号属于意义的世界,它是人的群体约定俗成的产物,不管符号如何变化,也不管用来制造这些符号的材料是什么(例

---

① 卡西尔:《人论》,甘阳译,上海:上海译文出版社,1985年,第33页。

如,你是用红笔还是用黑笔画出某种符号,都不影响人们运用它进行交流),只要人们赋予它们约定俗成的意义,它们都能用来表达和交流人与人之间相互理解和领会的情感与思想。人从单纯的物理世界走入符号的世界是人的智力发展的具有决定意义的一步,因为这意味着一个能发挥自己想象力的自由世界,一个无需与实物打交道的智慧世界展现在人的眼前。人脑装不下外部世界的任何实物,但它能装得下表示这些实物的无数符号,并让它们自由分解与组合,从而创造一个独立于外部世界的心灵世界。美国家喻户晓的著名作家和教育家海伦·凯勒(Helan Keller)的成长过程,无可辩驳地证明了对符号的运用如何成为人的智力发展和文化创造的关键。凯勒一岁半就双目失明,双耳失聪,并且没有言语能力,在女教师莎利文小姐的精心教育下,她渐渐学会了语言并经过14年的努力考上了哈佛大学,最终成了世界闻名的大作家和教育家。她的学习过程表明,认识到符号与实物的对应性、非对应性、多样性、易变性、任意性,使人看到了一个普遍化的世界,一个能给自己立规,也给外界立规的世界。通过这个世界,人不必借行为与每件外物打交道,而只需借符号的中介与外界打交道并创造外界所没有的新东西,这是一切神话、宗教、艺术、科学、文学、哲学,总之是一切文化活动的先决条件。

进而言之,人的符号化特性既表现在人与现实的认识关系中,也表现在人与历史的认识关系中。人对现实的文化也就是对世界的符号化。从宽泛的意义上讲,人的每一件作品,每一种创造,人对自然界的每一点改变,都是一种反映人的意愿、渗透人的智慧、显示人的力量的符号,就连人本身也成了这样的符号。毫无疑问,人与历史的认识关系,体现在人能将历史上发生的社会事件和先人留下的每一点遗迹与自然事件和自然痕迹区分开来,对今天的人来说,人所生活的自然环境与他所理解的历史事件是两种不同类型的事件。历史上的文献记载和通过考古而发现的每一个遗址,每一件物品,每一点遗迹,都可以作为符号来理解,因为它们能给现代人提供一种意义的世界。动物没有自觉的历史,只有人才有这种历史,这是因为只有人能把历史作为符号化的事件。人通过历史符号建立了与历史的联系,他不仅通过认识自己的生物学特点,如基因、图谱、遗传性疾病、体质特征、人种特征,了解到人的历史性,并确立了自己与先人的关系,而且通过阅读考古成果、文字资料,甚至通过倾听老人的传说和家谱(在一些原始部落中,口述族谱是确定血缘联系的一种重要方式)来了解自己的由来,了解人类的普遍经验。从这种意义上讲,历史学即是人学,确切些说,是追溯人的进程、描述人的旧貌、开启人的意义的学问。不管当代人以什么样的眼光去看待历史的符号,他都力图借此获得人的完整图景,并把历史符号作为集体追忆的工具。就像回忆是人生活的警示和经验一样,我们借历史符号而进行的追忆是人的精神财富,它不但帮助我们保留关于自己的知识,获取新生活的智慧,而且可以唤起我们对真实性的追求,并且使我们认识到真实性有多种多样的存在方式,如经验的真实、逻辑的真实、艺术的真实与历史的真实是不尽相同的真实。

人的符号化特性不仅表现在人与历史的认识关系中,而且表现在人与未来的认识关系中。从巫术、占卜到《圣经》中的《但以理书》,从形形色色的预言到现代意义上的未来学,人莫不借符号指涉未来,显示自己对未来的担忧、希冀或恐惧。动物有预感,人则有先见;动物有近忧,人则有远虑。但只有人才有未来。蛤蟆通过空气的温度感到雨将降临,候鸟根据秋天的寒意感到冬天的到来,老鼠甚至能根据大地的细微变化预感地震的发生,但这一切都是靠感官的灵敏对即将发生的事情做出的本能反应。人却可以借仪器,借对已有资料的分析和判断来预测未来,对天气和地震的预报,对经济前景的预测莫不是通过符号的中介进行的。人不但生活在现实里,而且生活在想象中,生活在希望里。与其他动物不同的是,人不但预测未来而且试图塑造未来,控制未来。人制订多种多样的计划,确定多种多样的生活目标,都无非是为了给自己的工作与生活定向,为自己的发展立据。对人来说,未来意味着新的可能性,人无法改变历史的节奏,但可以谋划自己的未来。对未来的兴趣可以减轻现实生活的压力,也可以让人规避可能发生的灾难。人仿佛长了两个触角，一个伸向历史，一个伸向未来。前者帮人寻根，后者帮人探路。人因为有根，身心得以安息；人因为探路，而强化了安全感并找到新生活的前景。人的自我更新、自我完善都离不开对现状的不满，离不开人对更完善境界的展望。历史上，许多思想家描述的乌托邦并非毫无意义的空想，它们向人表明人在遥远的未来还有更值得一过的生活。各种宗教先知的预言，虽然不曾应验，但可能在以近乎荒诞的符号形式提醒人们对当下的生存状况保持警惕，为未来可能出现的情况做好准备。

  人的符号化特性主要体现在人的语言中。语言不只是交流的工具，它也是人的群体性和亲和性的表现，是人性的自我开敞。我们常常根据一个人所操的语言，根据他说话的口音来判断他来自某地，这一事实表明我们已把语言视作识别群体身份的标志。不但如此，我们还能从语言的结构看出思维的结构，因为语言是思想的载体，也是思想的手段，我们对比一下汉语和德语的语法结构就可大致明了两个民族的思维习惯和特点。这就是我们要把语言视为了解民族性格窗口的原因所在。由于语言本身不单单是文化创造的工具，也是文化本身的主要因素，我们学习语言就不能为学习语言而学习语言，也就是说，不能把它看作外在于文化的东西，而要把它看作文化精神的体现者。脱离一国的文化去学习一国的语言，不仅是荒唐的，而且每每事倍功半。中国的外语教学之所以是一种不太成功的教学，主要是因为人们把外语看作生活之外的知识，看作脱离文化背景的孤零零的单词和语法。结果，绝大部分学生学了十几年的外语还不能灵活运用。维特根斯坦说过，"语言是现实的图画"，至少从自然语言的角度看，这一论断不无道理。从人站立和坐着的姿势到人讲话时的手势，从言语到哑语，从舞蹈、音乐、绘画和建筑到通常使用的文字，语言无不是人的精神世界的真实展现。即使是看似平淡无奇的人名，也往往折射出一个时代的风貌，凝聚着取名者的期待，反映出上一辈人的心态，在某些时候，一个好的人名甚至可以成为人生的暗示和导引。在宗族意识和谱系观念强烈的地方，人名则是辈分的提示，是血缘的密码，是群体的印迹。父母们查遍字典或搜索枯肠给子女们取名,是在隐隐约约设计子女的未来,他们希望子女用自己的一生去给自己的名字赋予充实而美好的内容。这样,名字仿佛成了人生的外壳,生活成了名字的注解。在大部分时候,性别的差异都反映在人的名字里。但最令人感兴趣的是,不同的时代有不同的命名方式。古代的妇女地位低下,许多人有姓无名;"文化大革命"中政治挂帅,许多人名都打上了时代的烙印;开放之后,人名则反映了更多个性,更多的审美情趣,更多的外来文化色彩。

从语言的角度看,人更是通过符号化的力量揭示了世界的奥秘。从数学语言到逻辑符号,从设计图纸到计算机软件,从交通标识、产品商标、行业会标、通信密码到影视手法,都表明人如何生活在一个符号的世界中,为符号所包围,为符号所感染和浸润,为符号所牵制和诱导。脱离了符号,我们的社会生活将陷入全面混乱中,因为社会生活越复杂,越是需要以符号来标明它的规则。在西方,从毕达哥拉斯开始,人们就认识到,数学是人类思想的向导和世界的本性,世界只有通过数学符号才会变成一个井井有条的,能为人类理解的世界;伽利略干脆说,自然是用数学的语言写成的;笛卡尔则号召我们去阅读世界这本大书;存在主义哲学家雅斯贝尔斯甚至声称,世界是他者的手稿,一般的阅读难以理解,只有存在方能破译。把世界视为充满文字符号的书本并不只是学者的隐喻,而是抓住了世界只有被符号化才能真正为人所把握这一认识论的根本,因为世界的秩序与心灵的秩序具有一致性,而秩序是不能靠我们的日常经验来把握的。只有理智通过符号的运演,才能把我们提升到普遍,从而担当起探求秩序的使命。

不仅外在世界被罩了符号之网,人的心灵也因符号的存在而变得丰富起来,生动起来。今天,大概没有人能够否认,脱离了符号(主要是言语与文字),人就不再是人;脱离了符号,人就只能过一种情绪化的本能的生活,而无法过一种文化的生活。所以,心理学家们都没有忘记从语言的角度去治疗心理疾患,即使是强调泛性欲主义的心理学家弗洛伊德也不得不把梦境作为心灵语言的隐喻形式。法国哲学家德里达曾经援引卢梭对内在的声音和外在的声音、内在的文字和外在

的文字的区分,指出了用文字的眼光,符号学的眼光去看待心灵生活的重要性:

> 自然的声音、自然神圣的声音与神灵的铭文和启示融合为一,我们应当不断返身倾听这种声音,在其中娓娓交谈,在其符号之间款款对话,在其书页之内自问自答。
>
> 我们可以说,自然仿佛将它的全部壮美展现在我们的眼前,将它的文本借我们讨论……因此,我合上所有的书本。只有一本书向所有的眼睛打开。那就是自然之书。正是在这本伟大的杰作中,我学会了侍奉和崇拜它的作者。①

心灵也是印着千万种符号的书本。这个书本不但能为他人阅读,而且能够自我阅读。心灵通过符号显露自己,也通过符号给外物排序,更为基本的是,人的想象、欲求、情感、意志和思考都是符号化的过程,从某种意义上讲,心灵生活就是涌动着的符号之流。亚里士多德指出,"言语是心境的符号,文字是言语的符号"②,这正好说明了符号与心灵生活的本质关联。对人来说,符号似乎也越来越融入观察之中,人的感官虽没有动物敏锐,但他用理论化的方式或者说用符号的方式弥补它的不足。通俗地讲,人能用理论的眼睛,带着理论的框架去观察世界。譬如说,大气云图不过是些符号,气象学家却能从中看出阴晴雨雪;X光片不过是黑白相间的图形,医生却能读出病人的病灶所在;实验数据不过是些特殊符号,科学家却能看出物质的变化。如果这些还只是证明只有具备专业知识人的才具备"理论化的"眼睛,那么,下述事实可以说明所有正常人都能用"理论化的"眼睛进行观察:看到杯中的筷子发生弯曲,人们大都知道这是假象;看到电视机上的广告,人们都知道这并不是真实的实物,而不过是代表事物的符号而已。

然而,最令人惊异的是,符号不但影响感觉,而且影响情绪与思

---

① 德里达:《论文字学》,汪堂家译,上海:上海译文出版社,1999年,第23页。
② 亚里士多德:《解释篇》,1.16 a3。

想,它激起欲望,预示享乐,传递情感,表达希冀。我们且不说各式各样的象征对原始思维的影响,仅看文字如何影响人的情感、动机和行为,就可以明白符号对人生的支配作用究竟有多大。黄色小说可以败坏灵魂,优美诗歌可以陶冶情操,死亡通知可以撕肝裂肺,庄严誓词可以撼人心魂,鸿雁传书可以寄托情怀,悼亡之作可以催人泪下。一篇美文就是一道心灵的风景,一纸诬告却可以置人于死地。古今中外甚至有文字杀人之说,还有什么比这一点更能说明文字的暴虐,说明人受符号的宰制呢? 也许,我们今天确实需要反思人的符号本性,把人从文字的迷信中拯救出来,但我们因此就能逃脱文字的约束吗? 文字早已进入了人的灵魂深处,成了灵魂的一部分,成了人的生存状态的一部分。

正是基于对语言在人类生活中的重要性的认识,海德格尔断言,"语言是存在之家"。家意味着什么呢? 意味着精神的依归,意味着身体的安全与保护,意味着关起门来的自主与自由。它是人可以出得去而又能回得来的地方,是使浮泛的生活生根的地方,是使人为之经营,为之操持,为之奋斗,为之泛起离愁别绪的地方,是使人在外有所企望,有所挂怀,有所依据亦有所担忧的地方,是使人能够出去表现私心而又不至于无所顾忌的地方。人因为有家而变得完整起来,也因为有家而尝到了人生百味。语言配得上"家"的称号吗? 就语言之外无思想,语言之外无文明来说,人的确要通过语言站出来生存,也要借语言才能显示自己的存在,借语言超越当下性、个别性、暂时性。对人的统治首先是语言的统治,文化的优势首先表现为语言的优势。而语言的死亡也意味着一种文化的死亡。因此,所有侵略者、殖民者、种族灭绝者都会念念不忘消灭别人的语言,因为他们懂得灭绝一种语言其实是灭绝一种精神。无论是希特勒,日本军国主义还是早期在亚非大陆进行殖民统治的集团,都把语言统治视为殖民化的真正完成,他们打到哪里,哪里的人就必须学习他们的语言,使用他们的语言。直至今天,一些欧洲国家尤其是法国和德国都对自己的语言特性保持高度的敏感,而一些非洲和拉丁美洲国家以及部分亚洲国家都尝到过丧失语言特性的滋味，一些美洲和大洋洲的土著人被迫因语言的无力而与传统诀别。殖民者无法改变他们的人种，但可以改变他们的灵魂，改变他们的思维模式和行为模式，从而为自己的统治打下基础。今天那些土著人除了沦为保护对象之外别无选择，他们已被从原有的土地上连根拔起，摆在他们面前的命运是：要么自生自灭，要么适应新的土壤改变原来的习性。还有什么比人失去家园更令人痛心呢？如果语言真是存在之家的话，那么，强迫人永远放弃自己的语言的确是一件让人永远失去自尊、丧失根基的事情，因为它使人在文化精神上陷入了空空荡荡的境地。在后殖民化时代，一些国家是否会重蹈殖民时代的覆辙，再次被迫放弃自己的语言呢？

语言不仅是民族的财富，是一种生长独特文化的土壤，而且是塑造国民性的基本素材，是维系人的情感与群体意识的一种力量。时至今日，中国的很多乡民仍然把游子归家时不愿讲家乡话称为忘本，这与其说属于保守和不够开化，还不如说，他们真正体会到语言是存在之根的道理。对于阔别家乡而又心系家乡的人来说，送来乡音即是送来一份乡情；对侨居异国而又眷恋故土的人来说，温习母语就是还一份乡愿。难怪许多人把抛弃母语视为精神的游离和人的蜕变。晚清学者辜鸿铭在《春秋大义》中指出："在我看来，要评估一种文明的价值，我们最终要提的问题并不是它已经建设并且能够建设多么庞大的城市，多么华丽的房舍，多么美丽的道路，也不是它已经创造并且能够创造多么漂亮而称心的家具，多么灵巧而实用的器物、工具和仪器，甚至不是它创造了什么样的制度、艺术与科学，为了评估一种文明的价值，我们必须提出的问题是，它形成了什么样的人，什么样的男女。事实上，正是一种文明所形成的男女——人的类型——表明了这种文明的本质与品格，也可以说，表明了这种文明的灵魂。如果说一种文明的男女表明了这种文明的价值与本质，品格与灵魂，那么，这种文明中的男女所操的语言就表明了这种文明的男女的本质、品格与灵魂。"[1]

---

[1] Ku Hung Ming, *The Spirit of the Chinese People*, Peking: The Commercial Press Work LTD, 1912, p.1.

法国人在谈到文学作品时常说："文如其人。"这句话未必是普遍的真理，但一些心理学家根据笔迹来判定人的性格并取得成功，多少反映了语言或多或少是人类心灵的图画。至少，语言能在相当大的程度上体现某种文化的精神与价值。今天，随着人类生活的世界越来越成为技术化的世界，技术的语言正在改变日常语言的结构，也改变了人们的习惯与思维，甚至改变了不同文化背景下的人相互沟通与交流的方式。从根本上讲，它是以改变语言的个性化特征为基础的，同时，它也在很大程度上要求人放弃自己的主观性与任意性，个人的情感与意志在这里无用武之地。你一旦进入技术语言的世界，你就被卷入客观符号的洪流，任其驱使，随其漂流，但这不是说你在技术语言面前无能为力，而是说，你只能运用自己的理性与这种语言打交道，这恰恰与文字、艺术的语言形成鲜明的对照。技术语言是对世界的标准化，人通过这种语言与事物打交道，也被迫使自己适应标准化的要求，他的思想与行事方式也不能不受到标准化的影响。

　　技术语言的广泛使用以及能在多大程度上被恰当地使用，反映了人对物理世界的控制能力。技术语言的更新，反映了人对世界操控能力和认识手段的更新。如果事物有目的的话，人仿佛要运用技术语言与外部事物进行交流与沟通，他不仅通过这种语言将自己的想法灌输到对象中去，而且通过这种语言倾听对象的回声。无论是通过探测器收集遥远星体的信息，还是通过声呐探测海洋中运动的物体，无论是通过钻探南极冰层来了解气候的变迁，还是基因工程中对动植物基因的测序，无论是古生物学对化石的分析，还是通过岩层的钻探来了解大地的构造，人都是在使用表面上相异而实质上相同的技术语言与自然进行对话，这也是文化与自然的对话。

　　技术语言既在人与自然之间建立了屏障，从而使自然在某种程度上失真，又在使自然更多地打开自己，解除遮蔽，向人传递更多的秘密。技术语言越是丰富，人与自然沟通的途径越是多样化，人影响自然过程或者说人对自然的文化过程越是明显。技术语言把人的意识带到万物中去，又将事物的信息从深处带到人的面前。随着人类通信由地球通信向宇宙通信过渡,人与自然进行沟通的技术语言将越来越成为人际语言,随着声控计算机和日常语言的机器翻译日臻成熟,自然语言(日常语言)和人工语言(技术语言)的界限将越来越模糊。在这样一个技术力量无所不在的时代,技术语言对人性的影响是显而易见的。人是向未来开放的存在,因而也是不确定的存在,人的面前的确充满了各种各样的可能性。人对自己何去何从需要根据人的现实状况和人的最好前景相应地改变自己的定向。技术及其语言正在为人的重新定向创造良好的条件。

首先,技术力量正在打破人的绝对本质的神话,也在打破人的绝对完整性的神话。如今,人的活动范围越来越受制于技术,人不得不跟着技术奔跑,技术把人纳入了没有尽头的竞争中,它使人意识到这个世界没有永远的胜利者,失败迟早都在等待个人的到来。于是,人们都被迫把自己扮演成参加竞技的运动员。到了一定的时候,你就得由运动员变成观众。技术的确有分裂人的危险,它甚至影响对人的界定。因为技术丰富人的生活,丰富人的语言,当然也丰富人的内心,但前提条件是,人在广泛采用技术的同时没有丧失对技术的控制能力,也没有因技术语言的广泛运用而丧失情感语言、交际语言。黑格尔说过,情感中自有理智不可说明的因素。如果任理智运用的技术语言不断侵占或取代情感语言,如果让情感语言不断技术化,我们就有丧失情感语言的危险,在那种情况下,马尔库塞笔下的"单向度的人"就真有可能出现。毕竟在人类的历史上,人的自我认识的成果之一就是确定人有相对完整性,其条件之一是人有相对完整的语言系统,尽管这个系统本身具有开放性。人工语言系统被用于了解自然的奥秘,自然语言系统被用于人与人的交往,并显示人际生活的奥秘。诚然,后者蕴涵着人工语言的起源,并且反过来不断从人工语言中借用新的词汇。譬如,"硬件"与"软件"曾几何时不过是少数电脑专家使用的语言,但近些年来不断成为日常生活的用语,甚至成为一种政治语言;"基因"十多年前还是少数生物学家的用语,如今几乎成了生活语言的一部分,当转基因食品纷纷端上人的餐桌而其安全性并未得到充分验证时,当有些种子公司给种子植入"自杀基因"从而使其失去繁殖能力,使农民们会永远向种子公司购买种子时,欧洲人从这个词想到的就不只是这种技术语言所昭示的诱人前景,而是对自身存在的忧虑、对世界生态的忧虑。这的确是一种出自生命本真状态的忧虑,因而也是一种不无道理的忧虑。

然而,我们的确不必因噎废食。毫无疑问,技术因素正越来越多地介入人与自然的关系,也越来越多地介于人与人的关系。技术工具与技术产品越来越多地进入日常生活,当然意味着日常语言在某种程度上的技术化,但技术始终是人的技术,人是技术的创造者、使用者,当然应当成为技术的主人。技术本身不承认绝对封闭、绝对完整的东西,技术向人打开自然,它也需要人不断打开自己。因此,技术语言随着技术产品向生活世界的渗透是不可避免的,并且作为人的本质力量的表现因而反映了人的内在需要的技术本身没有过错,技术无须为它的不合理运用负责。技术的不合理运用带来的消极后果是人自身造成的。从逻辑上讲,人能用技术的方式弥补技术的缺陷,能用新的完善的技术取代旧的不完善的技术。技术的完善是无止境的,就像人自身的完善是无止境的一样。如果人认为自己达到了绝对完善的状态,那就无异于人的终结。因此,只要人给技术以合理的定向,技术语言就不大可能成为冷冰冰的支配世界的语言。人能为这种合理定向做些什么呢?诚然,人首先要做并且能够做的是为技术语言在生活中的应用设定界限,从而为情感语言留下地盘。由于技术语言的膨胀的确是人的工具理性的膨胀,人其次要做并且能够做的是为工具理性设定界限。由此我们可以真切地体会到哲学家康德为纯粹理性和实践理性划界的意义。

其实,技术语言只能侵蚀或掩盖情感语言,而无法真正取消情感语言,这不仅因为情感与意志是一种显示人的生命力的活动,而且是因为它们本身有一种冲破藩篱的能力。但技术语言的蚕食可以把情感与意志逼到死角,让它有朝一日以火山般喷发的方式摧毁心灵的防护。因为人的相对完整性要求人不时以情感的声音说话,因此,人需要从技术语言中抽身出来,不时地融入情感的语言和人际的语言中去。我们与其说是通过技术语言,还不如说是通过情感语言与人际语言来勾画人的图景,因而,人的自我认识和自我完善归根到底还要落实到被人的情感、意志、理性等表现出来的完整精神世界中来,落实到人与人的交往世界中来。可以设想,假如我们整天停留于技术的语言中,用技术的语言说话,用技术的语言思考,一年到头都厕身于工具世界中而不与人交往,我们是否还能作为完整的人出现?我们是否是在把自己作为自然对象而不是作为人来对待?我们在将世界技术化的同时是否在将自身技术化?

其次,技术力量及其语言使人越来越成为人的作品。在科学和技术分离的古代,科学探索满足了少数人好奇的需要、求知的需要、求智的需要、但绝大部分不是为了直接解决生活的实际问题,也就是说,不是为了实用而科学。因此,除少数知识精英以外,科学并未成为日常生活的需要,也没有从根本上改变常人的生活方式。技术的情形却不同。技术在古代被称为技艺,它源于生活的需要并相应地改变了人的生活,但技术发明的主体仍是少数匠人。普通人通过他们发明的工具方便了生活,美化了生活,同时也创造出更多的物质财富,但技术并未完全把人从自然界分离出来,人仍然要靠天吃饭,靠自然力的赐予,受自然力的摆布,人本身受技术的改变是微乎其微的。到了近代,科学与技术开始结合起来。一方面,是科学的技术化,另一方面是技术的科学化。前者是指科学研究越来越仰仗技术手段的发明与创新,因为除基础理论之外,应用科学需要多种技术手段来进行观察、发现、验证、统计、设计、测量、控制,等等。没有望远镜,天文学的发展是不可思议的;没有显微镜,生物学就只能停留在非常原始的水平上;没有加速器,微观世界就难以揭示。技术的科学化则是指技术的重大发明与创新需要科学的基础理论作后盾。且不说,不少发明一开始只是些理论构想,技术只是这些构想的具体化,许多技术问题是从理论科学引申而来,一些发现与发明是理论成果的转化。另有一些技术问题的解决需要借助数学来建立理论模型:没有爱因斯坦对质量和能量的转换关系所做的理论研究,就不可能有核能广泛的利用。没有数理逻辑的发展就不可能有今天的电子计算机,甚至一些精密仪器的制造,这种看似纯技术性的工作最终也离不开理论问题的解决,更不要说机器人、航天飞机、宇宙探测器、超高速计算机这些一样复杂的技术产品了。

今天科学的技术化和技术的科学化倾向与日俱增。它给人本身带来的革命性变化,既在于理论知识与实践知识的性质发生了变化,特别是它们之间的鸿沟已经不再明显,又在于人的智慧和能力越来越依赖知识的进步,也在于人的生存环境越来越技术化。这一点首先表现在人与人的关系越来越包含科学技术与生活世界的关系,这是因为人的交往与交流不断受到技术因素的影响,人的时间和空间观念因为远程通信和运输手段的发展而改变。相距遥远的人们不仅因技术而且为了技术而走到一起,交往的国际性促进了技术的国际性,技术的国际性反过来巩固了人的国际性、文化的国际性。现在,我们可以在某一个国际化的都市买到全世界的产品,吃到全世界的东西,看到五湖四海的人。人们越来越有全球眼光,也越来越受到全球性文化的感染,并且比过去更有宽容的精神。不同文化兼收并蓄的人不仅心中装着五洲的风云,而且他的头脑仿佛装着"文化的联合国"。文化的多样性及其相互融合不可能不影响人的思想与行为。科学技术全面地进入人的世界,既把人与自然更广泛地隔离开来,又把人们的利益更紧密地联系在一起。当人们不得不共同面对科学技术的衍生物——全球环境的持续恶化时,他们自然比以往任何时候都有着更多的共同利益。

但是,这还只是问题的一个方面。对工业化国家的人来说,人简直生活在一个技术的环境中,不仅人的衣食住行越来越离不开技术,人的学习与工作也越来越离不开技术,人本身也越来越成为技术的作品。基因工程的出现不仅使人外部形态的改变成为可能,而且能改变人的遗传特性。在人类漫长的进化史中,技术对人的生理、心理的影响主要出现在十九世纪和二十世纪的生物学和医学领域。人生产的药物不仅仅减轻人的痛苦,还可以改变人的体态、人的特性、人的精神状态。众所周知,今天的整形外科可以完全改变人的外貌,器官移植手术则可以置换除大脑之外的所有人体器官,南非医生成功地移植猴脑,为未来人脑的移植开启了现实的可能性,从而为那些因严重事故或疾病而丧失躯体功能的人带来福音。对人来说,这还只是有形的变化,新的技术正在带来许多看不见的变化。从逻辑上讲,人的性格也可以用技术的方式加以改变,不远的将来人脑的某些部分可以被人工芯片所代替,从而为精神病人的行为控制、提高人的学习效率、信息的储存与加工能力开辟广阔的前景。如果说试管婴儿标志着人制作人的开始,那么,克隆技术的出现为人复制人这一引起可怕想象的人类远景提供了现实条件。一旦克隆人不加限制地成为现实,人的自然生殖就变得没有必要,建立在性爱基础上的传统家庭、以家庭为细胞的传统社会及其伦理观念将遭到毁灭性破坏,更为严重的是一旦人可以像制造其他产品那样复制人,一部分人就可以被另一部分人操纵,成为另一部分人的工具,生命的价值就可以降低为物的价值,人将不再拥有人的尊严。至于人会不会因为非自然的复制而无法抵抗变性细菌和病毒的侵袭从而导致人类的自我毁灭,我们今天还很难想象这样的事情。1998年3月2日,美国科学家宣布他们已用猴子的胚胎细胞克隆了猴子,这就意味着用成年猴子的身体细胞克隆猴子有了现实的可能。这些科学家预计"不出五年,克隆技术就可以应用到人类身上"[①]。仅有法律的禁止似乎并不足以遏制部分科学家在知识方面的好奇心。只有他们的内在自觉和强烈的人类责任感才可以规范科学家的不合理的尝试。当某一天某个实验小组突然宣布他们已经克隆出了人时,我们该做何反应呢?

当然,最能体现人越来越成为技术作品的倾向反映在这样的事实上:人正在试图控制自己的进化过程,自己掌握自己的命运,乃至创造"新人类"。随着分子生物学和基因工程的发展,人正在通过人工选择来代替自然选择,从而打断了自然的进程。毫无疑问,这会导致许

[①] 李承群:《无性生殖扰动世界》,载《中国青年报》1998年3月8日。

多人担忧人类对自然过程的过分干预将会破坏自然界原本脆弱的平衡,但它带来的实际利益和诱人前景始终成为这一工作的巨大推动力。科学家们不仅把自然作为一本大书,而且把人本身作为一本大书来阅读,这本大书是用基因语言写成的,如今正在进行的国际大型合作科研项目人类基因组的测序和基因谱的绘制工作,就是要将人类基因的 30 亿对核酸分子的秘密展现在我们的面前,它的意义不仅在于人能由此掌握生老病死的秘密,而且在于它为人的自我设计和自我改造提供了基本条件。从逻辑上讲,凡是人能想到的事情都有可能发生。众所周知,转基因植物和转基因动物已经大量开发出来,其中以转基因大豆、玉米、棉花最多,并且已批量进入商品市场,它们对环境的长远影响尚未得到充分的验证,人们是在缺乏足够精神准备的情况下迎接这些新事物的。基因的剪接和重组技术使人类能够将一种植物的基因注入另一种植物,从而打破了植物物种的界限,同时人也能将植物的基因"注入"动物或将动物的基因"注入"植物,从而拆除了动物与植物之间的堡垒,这样,人就可以大规模提高动植物的产量并改善动植物的品质。二十世纪七十年代末,德国科学家已能使同一株植物既长西红柿又长土豆,从而宣告了人可以创造自然界所没有的新物种。八十年代,一种能散发咖啡香味的猪在欧洲诞生,标志着人能开始按自己的意愿改造动物物种,也标志着人与动物之间的界限也有可能打破。可以设想,假如没有伦理限制,植物和其他动物的基因有可能被用于改造人类自身,因为这在理论上是完全可能的。譬如,把花的基因"注入"人体,使人体能散发花的香味,一旦人人都成了"香妃",香水大概会属于多余的东西。把狗的基因"注入"人体,使人具备狗的听觉与嗅觉;把虎与熊的基因"注入"人体,使人具有虎背熊腰;把鹰的基因"注入"人体,使人具备鹰的视力。这样,古代的千里眼的神话、顺风耳的神话、狮身人面的神话都有可能成为现实。但愿这一大胆想象不会成为现实,因为随着人的统一性、完整性的消失,人作为人已不复存在,随着人具备其他动物的基因,人的体能、形态,乃至性格、气质都会发生重大改变,人之为人的尊严将遭到削弱,甚至有可能把人贬低到物的地位。

有人可能会说,上述想象如果成为现实,实质上符合人的优生原则。从古至今,人从来都没打算放弃成为"超人"的理想。人对自己完善性的追求始终是人类多种努力的最终动因。人的确有许多缺陷,并且这些缺陷(如体能)随着人的智力的进化反而进一步增大了,人需要扭转这一趋势。此外,人还有许多未能治愈的疾病,特别是,遗传性疾病几乎决定了人世世代代都有不可逆转的痛苦。基因工程的发展,使我们不仅有可能对这些疾病做出诊断或对一些疾病的出现提供"预警",从而为疾病的有效预防提供可能,而且能够治愈原来无望治愈的疾病,甚至清除某些致命病的基因,或"修改"人的某些基因使人更不易被一些有害病毒和细菌所侵袭,就像眼下培养的那些抗病虫害的玉米和蔬菜那样。但基因工程给人的远景带来的根本影响仍然在于,它既能纠正病人体内的某些基因缺陷,使他本人受益,也能将新基因"注入"生殖细胞,使他的子孙后代受益从而改变人的进化方向,还能改进人的许多特征,比如,使人更高大强壮而又不肥胖、不笨拙,使人更聪明,更富有想象力,甚至使人的性格气质都发生改变。如果允许,基因工程在不太遥远的将来能使女人个个美若天仙,男人个个英俊潇洒。总有一天,人能像改良其他物种那样改良自己的身体和智能,那时,一部分人将成为人类体形设计师,还有一部分人将成为体能设计师,也有一部分人将成为人的智能设计师。综合了许多人种优势的新人种将有可能产生。这就意味着改良和生产人的工厂有可能出现。我们的生死将有可能重新界定,我们的生死过程也变得更容易操控。现在,确定这样做对人是福还是祸似乎为时尚早。人的自我设计、自我改良、自我塑造不仅取决于技术条件,还取决于人怎样使用这些技术条件,怎样确定合理地使用这些技术的范围、条件和目标。

最后,技术并不必然使人变得丑陋,使世界变得不合理。相反,对技术的合理定向可以使人和人的生活充满审美情趣,使人变得更加自由。我们不应当把技术作为宰制人的东西,人应当始终成为技术的主人。人虽然越来越成为技术的作品,但他归根到底是人的作品,因为,人可以决定创造什么样的技术，也可以决定把已有技术用于为人谋福利还是用于人的自我毁灭。人有能力创造技术，也有能力控制技术的运用，问题取决于这种技术落在什么样的人手里。那种试图通过限制技术的发展来创造一个合理社会的想法，不仅不切实际，而且不利于人类自身的利益。技术从来就可以作两方面的运用，就像一把刀可以用来切菜也可用于杀人一样，但我们不能因为它有可能用于杀人就干脆禁止生产一切刀具。同样，原子能的发现本身没有错误，但究竟是把它用于造原子弹还是把它用于发电，取决于人们的政治意志和军事选择。虽然，人类走错了第一步造出了原子弹，但他还可以防止自己走错第二步，即防止使用原子弹。因此，我们在警惕和防止技术的不合理使用的同时，需要对人类合理地运用技术抱有信心，因为这是我们不放弃任何一项旨在规范人类技术活动的重要努力。今天，我们的确要防止将一切灾难归结为技术本身的倾向演变为对技术发展的不分青红皂白的唾骂和阻碍，也要防止技术迷狂的出现。对技术万能的迷信不但会滋长人的狂妄，而且会妨碍一部分人去发展自己的能力。因为他们指望一切都由技术去解决，懒得去运用自己的才智。比如，一部分人离开了电脑就无法工作，因为他们已经丧失了计算能力，人的记忆能力也因此得不到锻炼而走向退化。在某些发达国家，我们还可以发现有部分医生甚至懒于提高自己的综合诊断能力，有的人就连简单的开处方也得查查电脑。人的生活越是技术化，人的工作越是技术化，人越是需要保持对技术的相对独立性，因为只有这样人才能比较清醒地评估某项技术的价值和前景，寻找合理地运用技术的方式。人对于情感的需要，对于审美的需要，对于道德的需要，使我们不能把自己变成单纯的技术处理对象，否则人就会把自己变成自然物品，人就会陷入某些哲学家担心的境地：技术对人的全面统治而导致无家可归的状态。

人不是生理的机器，因此不能用单纯的技术眼光来看待。人要过一种温馨的充满亲情的生活，自然不能通过一些早期浪漫主义者所宣扬的那种弃绝科学与技术的方式来实现，而要在迎接技术、发展技术的同时把人性的因素注入技术的世界中,从而使技术充满人味与情味,换言之,使每一件技术作品变成符合人的审美情趣的艺术作品,我们发展技术时始终不要忘记关注人的情感需要,技术作品不应成为隔绝人心人情的屏障,而要为人心的亲近,为相互倾注贴己的感觉提供手段。把真的追求与美的观照结合起来,有助于我们实现这一目标。这就要求技术人员应当向达·芬奇学习,用艺术的精神,用生气灌注的灵魂去融入技术的作品。工程师虽然不一定能具备艺术家的全部素质,但他至少要有艺术的素养,有审美的眼光和美的理想。如果我们把弗洛姆的"无意识"概念换成"审美情感",他的下面这段话就可以用来说明技术时代人的本性和人的远景:

> 在任何一种文化中,人本身具有一切潜能;他既是个原始人,又是食肉的动物,既是一个食人者,又是一个偶像崇拜者。同时,他也是一个具有理性、爱情和正义能力的存在……意识代表了社会的人,代表了个人所被抛入的历史状况所造成的偶然局限性。无意识代表了植根于宇宙中的普遍的人,完整的人;它体现了人本身的植物性与动物性,体现了人的精神;体现了人类的过去到人类生存的策略;体现了人类的未来即人将成为全面的人那一天的到来,人成为"自然化"的人,而自然则成为"人化"的自然。①

"人化的自然"绝不应当是丑陋的自然,而应是按美的规律来改造,并真正符合美的规律的自然。今天,技术无所不在,婴儿尚未出生就已感受到技术对自己生命过程的干预和监护,而父母也能通过技术与胎儿进行交流。新生的婴儿通过技术方式来到技术世界,在技术的环境中长大。今天的婴儿很早就在观察和学习多种多样器具和五花八门的电器的使用,六七岁的孩子就以极大的好奇心和惊人的模仿能力在摆弄电脑键盘或操纵电视遥控装置,电动或智能玩具,如芭比娃

---

① Erich Fromm, *Beyond the Chains of Illusion* (Abacus edition), Sphere Books Ltd., 1980, p. 120.

娃,使他们很早就感到技术的产品比现实中的儿童或动物更能给他们带来快乐。这一方面培养和强化了他们的技术意识,另一方面也减弱了他们与人的联系,少数儿童甚至由此生活在一种虚拟的世界中,对他们来说这个世界反比现实世界更为真实,更为有趣,更为美丽。然而,有理性的人却不能不阻止这一现象的发生。它给我们提出了技术环境的合理利用问题,也给我们提出了技术的世界是否会让人不断远离人的世界的问题,提出了技术世界是否会变成另一个支配人意识的自在世界,从而使人丧失自主性的问题。遗憾的是,现在有许多人仍是以技术的方式来回答这样的问题。显而易见,这不是一个技术问题,而是一个要靠人文理想、德性智慧和审美眼光才能综合解决的问题。

一方面,技术的创造不只是把技术作为人的感官的延伸,他也把技术看作显示自然进程、改变自然进行的方式,看作显示人的力量与智慧的符号,看作方便人的生活、减轻人的劳动,因而也使人享受更多闲暇的手段。在这一过程中,省时省力的欲望,或确切些说,人的懒惰反倒推动人想方设法以心力去节省体力,避免操劳。这无疑会使更多的人加入精神财富的创造中去。它从根本上改变了体力劳动与脑力劳动的对比,并使教育与文化活动成为一种泽被四方、惠及万众的普遍事业。也许,总有一天,随着网上免费大学的普及,教师将从社会上消失,或者说,必须改变教师的身份或改行从事教育软件的设计工作,或成为传统教育思想的检讨者、改进者,成为新的教育理念的创造者、设计者,从某种意义上讲,也成为新人类的设计者,这是一项比具体的技术工作更为复杂,更富有挑战性,更能表示对人的关怀的事业。技术本身在任何时候只能作为手段或工具服务于人本身的这一崇高目标。因此,不应由技术规定我们如何生活,而是要根据我们的生活理想去发展和宰制我们的技术。技术不应用作限制人的自由的手段,而是要使人获得比以前更多的自由。这就意味着,技术不应是单一的,而要保持它的多样性,只有创造多样性,人才能有所选择,只有当人面临多种多样的选择并能自主地进行选择,人才有自由可言。如果我们的面前只有一种可能性,只有一条早已规定好的生活道路,只有一种发展模式,我们就谈不上选择,当然,也谈不上尊严与自由,因为选择起码意味着两种可能性。如果我们工作的背景除了要么屈从于既定的命运要么走向死亡就别无选择,我们创造新技术又有什么意义呢?被迫地而不是出于自由的乐趣去创造技术就像自掘坟墓一样使人战栗。

另一方面,技术的使用者离不开现有的条件,离不开自己厕身其中、融身其中的政治经济制度和文化背景,他们的价值观有时可以决定朝什么方向去开发技术。从这种意义上讲,技术也是一个国家的国民性格的一种体现。穷兵黩武的国家必然要把最好的技术、最优秀的人才投入武器系统的开发中去,希特勒德国就是最好的典型例证。在和平时代,国计民生无疑是显示技术力量的舞台,民众从技术的实效和美观中来体会技术的益处和情趣。在一个压抑个性、掩饰情感的地方,兴建的技术设施必然色调单一,造型死板,在一个秉持客户至上的理念的地方,工程师和其他技术人员就会仔细研究人的需要,了解人的情趣和审美理想,并千方百计满足消费者的个性化要求。这样,技术本身就会成为充满生气的工具,成为民众福祉的物质承担者,成为美的巡礼,力的激扬,智的显露。这样的技术就能植根于民众的生活中,给生活带来积极的意义。技术的伟力甚至可以改变人参与社会事务的方式以及社会成员组织的方式。人本质上是喜欢技术的,但开发和使用技术的人需要承担对技术的道德责任,需要内在地确保将技术用于增进人类的福利,而不是把技术用于危害人的健康乃至生命。我们不难想象,当基因工程专家培育了一种新生物"杀人蜂"然后将它放到自然界置人于死地时,人们对这种技术是何等的恐惧。

在基因工程技术飞速发展的同时,人们也感受到另一种技术对人类生活方式和思维方式的深刻影响,这就是已经大大改变世界面貌的信息技术。这一技术正在将我们的世界变成信息化的世界,但这个世界正在陷入这样的危机:由于意见和知识越来越难以区分,媒体占据了人的意识空间,驾驭着人的感觉经验,甚至控制着人的思想。

由于信息的真假越来越难以分辨,随着技术媒体进入多个角落,影响着人类生活的方方面面,我们很容易成为媒体的俘虏。如果我们不保持清晰的头脑和自主的判断力,我们甚至可能成为它的牺牲品。在当今世界,某些军火集团为了扩大自己的武器销售常常利用媒体制造紧张气氛或煽动战争情绪,我们也总能发现一些人利用虚假信息操控公众的意志,左右他们的好恶。在某些情况下,公正的舆论可以制止战争,不公的舆论则制造战争或扩大战争,许多人的生活和生命安全将由此受到这样那样的影响。所以,在当今世界,谁控制了媒体,谁也就在一定程度上控制了公众的情感与意志。不仅一些统治者深知这一点,而且一些商人或利益集团也深知这一点。我们只要看看时装发布会或听听一些广告发布者如何"预言"一年的服装流行色或流行款式,就可知道,他们的"预言"其实是他们精心设计的,不是因为大家出于共同的心理预期和喜好争相购买某种颜色的服装或款式的衣服,从而使某类服装流行起来,而是因为大家听从了发布者的吹嘘,受发布者引导去纷纷购买某类服装,从而使这类服装流行起来。这里隐含着理性的"诡计",总是通过媒体对公众的控制或心理暗示而发挥作用,它使人们不仅成为流行文化的消费者、制造者,而且使他们成为受流行文化控制的人,有时也成为这种文化的受害者。没有一个时代像现在这样使人淹没于信息的洪流中,也没有一个时代像现在这样使人成为文化的作品。人越来越远离自然,意味着人越来越仰仗文化的滋养,也越来越受制于流行的意见。人似乎越来越有"弹性",在生理和心理方面似乎越来越有可塑性,但我们生活于其中的这种标准化的时代又要求我们按同一种模式塑造自己,我们穿流行的服装,吃流行的食品,听流行的音乐,想流行的问题,做流行的运动。不管我们如何置身于时代发展的进程之外,我们都不能无视一个事关人类前途的倾向:如今,人正在分为两类,一类是制造信息的专家,另一类是对信息的真假性缺乏辨别力的消费者。虽然信息社会比以往任何时候更能体现文化的符号特性,但是,一旦这个社会的广大成员缺乏辨别意见与知识的能力,一旦大部分人在信息世界中听任专家的摆布,那么,专家的邪恶将可能导致世界的瘫痪和毁灭,至少对媒体和专家的依赖将使人失去思考的能力,从而使一部分人变得更加愚蠢。

今天，我们无可否认的是，电子信息世界和专家世界正日益扩大。由于知识本身越来越以电子信息的形式出现，人对电子信息的依赖日益增加就直接意味着自我掌握的知识的日益减少。当电子信息世界允诺一种无须漫长学习过程的天堂般的知识王国时，我们就不得不从知识的侏儒变成信息巨人。在荧屏和头脑的共生中，信息传输的意见与知识的界限已显得模糊不清，如果人不能审查通过信息传输的知识的可靠性，他就不得不相信信息，这种审查对制度化的教育，对作为认识形式的文化具有决定意义，因为它决定了以知识为基础的、旧的认识自主性观念是否转向认识的非自主性观念。如前所述，自由的媒体正在改变控制结构，随着人在媒体中以图景世界代替世界图景，我们本想通过图景来控制事物，现在图画反而控制了我们。通过网络呈现的艺术成了没有艺术家和艺术作品的艺术，知识分子成了没有理解力的知识分子，思想成了没有头脑的思想，心灵成了无主体的心灵——人怎样选择，世界就怎样向你呈现。

也许，有人会说，现在断言人将为媒体所控制有点杞人忧天，但以宏远的心思谨慎地规划文化的未来不仅可以防止新的愚蠢，而且可以为理性地对待理性的产物——由科学支撑的日益技术化的世界——创造一种氛围。只有恢复"文化"的古典意义，只有"以文德化人"，科学才不会丧失它的道德形式。从根本意义上讲，科学与文化并不是相互反对的，相反，科学本质上是文化。科学是文化的直接现实，也是文化所体现的人的理性本质的存在形式。基于这种理解，可以断言，使科学脱离文化本身就是一种无文化现象。

从建构主义观点看，既然我们的世界是列奥那多的世界，是符号之网的世界，是人工产品的世界，那么作为人的本性的逻辑结果，文化可以通过认识形式、制度形式和道德形式来表现它们的统一性。文化的统一性根源于人的理性本质的统一性和列奥那多世界的统一性。

人是流动的文化，"人的转变也是文化的转变"[①]。人在文化的发

---

① Jürgen Mittelstraß, "Culture and Science", *European Review*, Vol. 4, 1996, pp. 293-300.

展中实现自己的本性,也在文化的发展中走向自由状态。就文化的道德形式而言,无论你属于哪一个民族,属于哪一种宗教,你都与其他"文化共同体"分享了某些共同理念以及维系一个文化共同体所需要的普遍有效的道德规范,如不要杀人,不要强奸,不要撒谎,忠诚、正直、诚实、守信是几乎所有社会的道德要求,非洲哲学家科瓦斯·威瑞都(Kwasi Wiredu)甚至认为,所有人在生物学上的相似性而不是亲缘关系为不同民族发展相互理解的概念并在多样性中获得普遍性提供了基础。他把这种最普遍的道德规则称为 sympathetic impartiality(即同情性的公平),并认为这种有效的规则可以促进不同民族的利益的和谐(威瑞都把它称为"黄金规则"或"黄金律")。因此,文化的某些道德形式本身就具有全球意义。

就文化的认识形式而言,不同民族的哲学、文学、艺术作品虽然千姿百态,但几乎没有一个民族的这类作品完全不能为其他有文字的民族所理解;这一事实表明,真正的哲学、文学、艺术作品自产生之日起就具有全球价值,它们自身已为自身的全球化提供了可能性。作为文化的重要组成部分的科学与技术无疑是人类共同的认识形式,它已经成为并将继续成为人类共同利益的承担者。今天科学技术的影响无处不在,它充分展示了人类共有的理性能力。正如所说,科学不仅是科学家掌握的知识,而且是研究与教育、说明与发现、发明与理解、游戏与解谜、安排与整理、建造与计划、构造与批评,等等。在以科学技术作为生存条件的现代世界上,现代文化渐渐学会了首先通过科学理性继而通过技术理性来确定自己的合理性。正因如此,斯诺才哀叹,在我们的社会(西方社会)中,我们已经丢掉普通文化的伪装。然而,斯诺关于两种文化概念的观点是不能接受的。在他看来,只有人文科学才叫文化,自然科学不是文化,阅读莎士比亚属于文化,学习热力学第二定律则不算文化。斯诺忽视了自然科学本身不仅是古典文化的历史产物,而且深刻体现了人的认识本性,而这恰恰是文化发展的重要条件和人的理性的自我展开。

（二）文化的断裂与人的自救

既然人是文化的产物，并且越来越成为技术的作品，那么，人有什么样的文化环境就像植物有什么样的气候与土壤。人虽然不像一棵树栽在某个地方，而是自我流动的存在，甚至能选择从一种文化环境跑到另一种文化环境，但只要人在某种文化中生活过一段时间，受这种文化的熏陶与滋润，他就或多或少、有意识或无意识地受到这种文化的影响，这种文化的因素就会进入他的血液，进入他的思维与习惯，甚至有可能支配他的行为模式。对于许多移民国外的人来说，融入另一种文化不仅是困难的，有时简直是痛苦的，因为他们必须以另一种文化的规则为规则，以它的习惯为习惯，以它的语言为语言，事实表明，要融入与本民族文化相差很大的另一种文化可以说需要脱胎换骨。从某种意义上讲，它就像蛇蜕皮或蛹变蝴蝶一样乃是一种新生。新生的东西当然未必是更好的东西，它很可能比以前更糟，但它毕竟意味着另一种可能性，意味着开拓新境的机会。当人们从一种文化环境进入另一种文化环境时，只有那些真正"入乡随俗"的人才能融入另一种文化的主流。这并不意味着他们会完全抛弃原有的文化，他们很可能选择做个跨文化的人，或者说做个"文化上的两栖人"。有比较才有鉴别。只有当一个人面对另一种文化冲击的时候才能真正体会到自己一直浸润其中的原有文化的价值与意义，也只有这时，他才会想到文化对自己其实是不可或缺的，文化乃是人的性格的守护神。人缺乏一种文化的支撑，就像自己没有骨骼和皮肤。这就是绝大多数移民都有一个文化上断奶期的原因所在。有些人在国外生活了一辈子还与所在国的文化非常隔膜，少数人甚至到了格格不入的程度，仅用保守和缺乏适应能力似乎难以解释北美的许多华人为何要建那么多唐人街，有些华人一辈子都生活在那里，居然一句英语都不会说。除了教育方面的原因，还包括文化上的那难以割舍的传统，以及那悠悠不绝的故国情怀。唐人街就是一个微缩的中国——一个历史上的中国，它是中华文化的见证，也是中国人要把自己故乡固执地搬往世界各地的见证。它的背后隐含了这样一种意味：文化是民族生命的象征，也是人的民族身份的象征。

多样性的文化造就了多样性的人，单一的文化造就了单一的人。过去，人主要是本民族文化的作品，现在随着不同民族、不同国家文化交流的增多，随着文化全球化潮流的出现，人越来越成为全球文化的集体作品。今天儿童接触的玩具，吃的食品，学习的语言，玩的游戏，听的音乐，跳的舞蹈，看的影视，读的书籍，穿的服装，用的器物，越来越具有国际性，它们涂上了多样性文化的色彩，与它们接触就是在与不同的文化交流，与不同的文化对话。儿童对异族文化的接受远远多于拒绝，吸收远远多于排斥。父母、学校和社会给儿童提供了一个多元文化的环境，非但不会使儿童丧失本民族的文化特性，相反能培养一种虚心纳物的胸怀，培养一种对异族文化的宽容的精神，甚至自小就培养一种全球眼光。当一个人自小就接触了异族的文化，在其中耳濡目染，他（她）长大后不仅会从这种异族文化中认出自己并从本质上保持着对这种文化的亲近感，而且能对来自这种文化的人保持更多的宽容与尊重，能感受这种文化的内在优点，能敞开胸怀学习别人的长处，开阔自己的眼界，扩大自己的文化空间，吸收异族文化中有价值的东西。因此，一个人自小多了解外面的世界，多了解一点外来的文化，不仅可以帮助他（她）懂得如何借异族文化来丰富自己的心灵，塑造自己的人格，改进自己的生活，光大自己的文化，而且可以帮助他（她）保持对外来文化的敏感，并且更好地适应新的文化环境，懂得如何尊重别人的文化背景和价值观念，从而更容易与人沟通，打消猜忌，增强互信，学会在竞争中不失对和谐共存的追求。

但一个人毕竟还有自己的主流价值，这不仅使他认同于自己的群体、民族与国家，而且使他或多或少地反映某种独特民族的品格和精神气质。主流价值不是空中楼阁，也不是凭空产生的，它不是随心所欲地捏造，也不是个人的主观想象。它是一种具有客观效力的东西，它通过个人的活动来体现，同时又范导个人的活动。主流价值源于一个民族的主流文化,它依托这种文化,活化在这种文化中,从这种文化中找到自己的土壤和根据,同时也通过创造性的转换,丰富自己的文化或吸纳外来文化。学习外来文化时,通过将历史与现代的融合推陈出新,或创造一件传统文化中根本就没有的新东西。主流文化就像支撑民族品格的津梁,它未必是看得见摸得着的有形事物,但我们能时时感受到它的存在,体会到它对人的行为和意识的影响。无论是从个人的无意识,还是从集体的无意识或社会的无意识中,从一个民族、一个国家的宗教活动和意识形态中,从社会成员的自我组织方式中,我们都能明显看到主流文化对于人的行为模式的深刻影响。

文化不仅是一种资源,一种财富,而且是一种能动的主导性力量,甚至连提出和解答"什么是文化"这类问题也是文化决定的。至少文化决定了我们如何选择自己打算吸纳的文化以及以什么方式吸纳这种文化。我们从生下来的时候就开始接受祖辈文化的馈赠,我们受惠于这种馈赠,并通过这种馈赠让自己成形。我们越是在国际上旅行,越能发现文化的差异如何影响了人的特点,也越发感到"人是文化的产物"这句话的含义。对大部分人来说,无法选择自己的文化就像无法选择自己的血液。但这并不意味着我们是文化的宿命论者或文化的预成论者。我们虽然不能想象没有文化资源我们会是什么样子,但我们有自由意识,有反思能力和改变自己的能力,每一种文化特点都给我们提供了一种发挥自己潜能的落脚点。我们一开始几乎是不加分别地接受自己的文化遗产,享用已有的文化财富,等到我们长大了,有了足够的理性思考能力,有了更高的鉴别力与判断力,我们逐渐知道,每种文化知识都有各自的特点,但都有某些共同点,人之为人的共同方面是文化共同点的基础,也是处于不同文化背景中的人能够相互了解、相互沟通的可能性的条件。人的共同需要,如安全感需要、饮食需要、男女需要、趋利避害的需要、向生避死的需要、祛病延年的需要、保持健康的需要、相互交往的需要、满足好奇心的需要、爱与被爱的需要以及其他多种多样的肉体和精神的需要,使人们能够创造和享有共同的生活世界,这个世界是不同文化得以共存、得以互渗、得以交流和融合的基本前提，也是它们得以在互动中求发展的源头活水。作为有别于其他动物的类别，人的类性决定了人的共同点远远多于他们的差别，不管人种有何不同，肤色如何有别，也不管他们有什么文化上的心理差别，他们都几乎无一例外地运用自己的能力去满足上述的那些共同需要。人类的文化史表明，人是通过集体的创造来满足人的不同需要。没有人能单独创造一种文化史。与其他物种不同的是，人不但将自己的生物特性代代相传，而且能将自己的创造物即文化留给后人。从这种意义上讲，每个人不仅能为自己工作，为自己的同时代人工作，而且能为未来的人工作，为子孙后代工作。我们所继承的文化财富，是我们的先人世代努力的成果，是人的类性的见证。将先人的文化发扬光大，不只是我们这代人出于实用目的的需要，而且是先人的集体遗嘱，是一代人对另一代人义不容辞的责任。如果先人创造的文化遗产在我们这代人手里不能传世，我们将对子孙后代犯下一桩大罪，也违背了这代人对祖辈所作的无言的承诺，因为子孙不应当只是祖辈生理基因的继承者，还应当是社会特性、民族特性的继承者，而文化恰恰是人的社会特性和民族特性的"基因载体"。这个基因载体不能像身体的基因那样随种族的繁衍自然地继承下来，而要通过下一代人自觉的努力才能传承下去。做一个文化遗产的守护者、继承者就是通过丰富人的民族特性来丰富人的类性，因而也在为人类的未来立据，为未来奠基。

既然文化遗产不能像人的自然基因那样自行流传下去，我们就需要运用自己的意志、勇气和决心，运用自己的聪明才智把文化遗产的继承作为一项需要付出大量心力的神圣使命去完成。只有当我们以僧人继承衣钵的虔诚去继承文化遗产时，我们才配称为一种文明的儿女。与子女继承父母的物质财富不同的是，文化遗产的继承需要人的才气，需要人的知识与慧见，也需要人对集体生活的责任感，需要对子孙后代的责任感。因为它不只是归某个人享用，让某个人欣赏，它还让每个人分享。每个人都是文化基因的传人，它蕴涵一代人对另一代人的嘱托。此外，它需要精心的守护与保养，需要我们为之操持、为之烦心、为之劳神,甚至为之牺牲。这正是一部分人把文化遗产作为外在于自己生活负担的原因。天底下对文化遗产的最好继承方式莫过于非破坏的使用,并在使用中发展。使用本身就是继承,文化遗产越用越新,因为每一代人有每一代人的运用方式,从根本上讲,只有识货之人才能懂得如何恰当地、有效地运用它,并且在运用时融入自己的智慧。从这方面去思去行,文化资源就不像自然资源那样越用越少,而是越用越多。因为文化不只是造器物,它还指多种观念,这些观念"涉及如何做事,涉及传达这些观念所需要的语言,以及做事时使用的各种工具与技巧。这些观念也包括对自我的本性及其目标的多种信念,对宇宙万物的信念。它们包括有关如何做事,如何生存,如何思考与感受的观念以及不要如何做事、生存、思考或感受的观念。文化包括所有工具,不仅包括手工工具,而且包括房子、工厂、城市,包括各种物质对象、观念以及产生和运用它们的各种技巧。它包括所有科学和文化学科,包括历史、哲学和宗教。艺术,如文学、绘画、诗歌、戏剧、舞蹈、音乐和游戏"[1]。作为文化的观念随着时代的变化而变化,因为不同时代的人会对它做出不同的理解和诠释,它的意义随时代的变迁而更新和丰富。

在今天这个汇聚多元文化的时代,中华文化无疑是与我们中国人最切近的东西。它博大精深,源远流长。它那以德化人的独特人文理想,那追求"和而不同"的人际观念,那追求"天人合一"的宇宙观念,那自强不息的人生态度,那高蹈超迈、追求空灵的审美境界,以及其他许多能体现中国人特点的文化财富,综合地影响了中国人的物质生活和精神生活方式,也影响了中国人对外来文化的立场、态度和吸纳的方式。中国文化并不等于汉文化,更不等于儒家文化,它本身是多种文化潮流的汇合,是各个民族共同创造的有机总体。在今天近60个民族中[2],汉族无疑是人口最多、传统最强大的民族,它所代表的文化的

---

[1] Archie J. Bahm, *Why be Moral*? Munshiram Publishers, 1980, p. 32.
[2] 传统说法是中国有五十六个民族,实际上超过此数,原因是台湾地区的好几个少数民族被忽略了,未被计算在内。

确是中华文化的主干,但它一直与其他民族的文化相共存,它的成长与壮大也不断受到其他民族文化的激励与推动。中国文化并非铁板一块,在它的内部,各种观念、信仰、各个民族的风俗习惯、生活方式和社会组织同生共长,相互渗透,相互为用。对人生的关怀,对现实的执着不仅使统治阶层而且使普遍民众对所有文化采取一种实用态度,所谓"有容乃大"表达了中华文化的一种集体判断,而"有德有权"实际上是许多人力图在理论原理与现实变化(包括异质文化的吸收)之间采取中间立场时表现出的权变倾向。这种权变倾向使中华文化的生命力经久不衰,但又不失其基本精神,在绝大部分时候,它是靠文化自身的力量而不是靠征服来同化异族,因为只有文化的力量才能涵养一个民族的品格和精神,并确保对另一个民族的一种潜移默化的影响力。正因为蒙古人和满人在历史上认识到汉文化的优势,他们虽掌握了政权,但不能不屈从于具有顽强生命力的汉文化并让自己融化在这种文化中。尽管决定中华文化强大同化能力的因素多种多样,但它对异族文化的包容和兼收并蓄的能力始终是理解这种文化绵延不绝的一把钥匙。中国文化本身就是以汉文化为主轴的多元文化的混合体,它的海纳百川的胸怀不仅表现在它并不是通过铲除少数民族文化来确立汉文化的崇高地位,而是把它们纳入自己的体系,而且表现对外国文化的接纳上。中国对外来文化顽强抵制的时候恰恰是国力衰弱,文化凋敝,因而也是民众缺乏文化自信的时候。正如莫法有教授所说:"事实上,中国是个多种宗教并存的国家,唯近百余年基督教的传入与西方殖民侵略有瓜葛外,此前的外来宗教大都以和平的方式,通过正常的文化交流途径传入中国。一世纪佛教从印度传入,可以说是中国人自己请进来的,汉明帝派使节前往印度求取佛经,并邀请印度佛教僧人来华传教。"[①]从唐代到清代,基督教曾三度来华传教(唐代的景教、元代的也里可温、明清之际的天主教),并一直得到中国官方的支持。据说,唐贞观九年,当景教传教士阿罗本列到长安时,唐太宗还派宰相房玄龄率仪仗队前去迎接。

---

① 莫法有:《基督教的中国化:历史和现实》,载《复旦学报》1999年第3期。

以上事实表明,闭关自守并非中国文化的固有现象。积弱往往与封闭并行,强大与开放相伴。文化的活力与人的活力总是民族精神的两面。就文化的认识形式而言,尊重多样性,保护多样性是一个民族兴旺发达的标志,也是民族自悟的集中体现。但就世界文化来说,的确存在强势文化和弱势文化之分。殖民主义血与火的历史,不仅巩固了这种区分,而且扩大了这种区分,今天以经济、军事和政治势力为后盾的强势文化无所不在,文化的多样性受到了前所未有的挑战。世界上仅存的约6000种语言正在逐年减少,一些少数民族文化已经消失,也有一些已经到了灭绝的边缘,还有一些正在衰落。就文化的认识形式来说,保护文化的多样性比以往任何时候都更加迫切。我们有足够的理由说,保护文化的多样性就像保护动物的多样性一样重要。正如世界上一旦只有"人类"一种动物将预示着人类自身的灭亡一样,世界上一旦只有一种文化,这种文化离死亡不远矣。今天不少国家对保护自己的文化古迹倾注了极大的热情(这当然不错),而对保护那些活生生的少数民族文化则淡然处之;不少人热衷于贩运、展览和赏玩多种多样的古董,而对传播和保护那些即将消失的少数民族文化却无动于衷。这种寻"死"弃"活"的做法不啻是舍本逐末之举,它导致了一种历史的循环,我们把这种循环称为"文化史的妄想"或"文化史的循环":任凭活的东西不断死去,然后费尽心力让死去的东西活过来;一代人忙于破坏,另一代人则忙于恢复;对一代人没有价值的东西,对另一代人却成了价值连城的东西。人类仿佛在不断的后悔中生活。世界上出现了各种各样的文化史循环。它们首先表现为形形色色的文化复兴运动。虽然这些复兴运动不过是借古典文化或逝去的文化的名义来表达新时代的需要,虽然复兴古代文化实质上因这些文化曾经遭到严重的破坏而无济于事,但它或多或少能唤起人们对久远文化的热情,能推动人们去发现价值,从而为新的时代精神注入新的因素,也为新的社会找到一种制衡力量以防止激进势力走得过远,同时还能为新的精神生活提供根基。从这种意义上讲,各种各样的文化复兴运动既是弥合文化断裂的迫不得已的方式,也是唯一能保持人类历史完整性的被动做法。如果人类能从保护文化多样性上下工夫,如果人类能从防止发生文化史断裂的角度下工夫,我们就可以不至于陷入破坏-重建-破坏的恶性循环中。

今天,保护"文化"的多样性乃是全球文化建设的急务。"全球化"(globalization)一词是美国两位经济学家于十九世纪六十年代提出的,其主旨本是在全球推广美国自由资本主义的基本规则并在此基础上建立统一的全球市场。今天,当我们热衷于讨论文化全球化、伦理全球化的时候,我们不要忘记"全球化"一词产生的这一历史背景。如果文化的全球化意味着以文化的单一性代替文化的多样性、以一种自以为优越的文化去否定和取代其他文化,我们有朝一日会重新陷入"文化史的妄想"之中,其结果只能是把某种文化的霸权推广到全球生活的各个方面,从而把丰富多彩的世界变成单调乏味的世界,世界文化本身也将因缺乏相互激励、相互竞争的内在因素而失去进一步发展的活力。如果文化的全球化意味着求同存异地发掘不同文化的普遍意义和共同价值,并以一般人性为依归,为多样性的文化交流、沟通与理解提供某些基本原则和指导思想,我们理所当然要欢迎和参与这一全球化进程。

同时,我们也面临接续自己文化传统的任务。接续以接受为前提。在世界古老的文化系统中,只有中国文化保持了它的相对连续性,尽管这种连续性也常因这样那样的原因而出现某些方面的短暂间断。文化的展开是精神力量的体现,对智力劳动的尊重为我们接续自己的文化传统开辟了道路;一方面,文化传统活化在我们的语言中,活化在民众的生活方式中,这使我们客观上保留了使古典文化得以生存的土壤。另一方面,作为认识形式和道德形式的文化,常因作为制度形式的文化的彻底改变受到某种程度的损害甚至"断裂"。正如Mittelstraß教授所说,哪里出现文化的停顿,哪里就会出现社会的停滞,哪里的文化就会成为历史,成为陈列品,成为故纸堆。中国一百多年来的外患与内乱,加上"文化大革命"的浩劫,的确使作为认识形式和道德形式的文化受到了破坏。因此,弘扬我们的文化传统不得不由此开始。

　　但是到目前为止,弘扬我们的文化传统还只是一种陈旧的口号,我们还停留在抽象的继承和具体的排斥状态中,我们应当认识到,一方面,中国的现代化包括文化的现代化,而文化的现代化又离不开我们对我国文化传统的深入理解,因为文化传统是我们的思想与生活得以生根的东西,是现代价值观念的活生生的源泉;另一方面,弘扬文化传统又不应仅仅是演几场京戏或建几个寺庙,而应当成为人们的生活态度和深入细致的学术阐释。从古籍的搜罗、整理和阐释到文物的发掘、保护和理解,从城市的规划和建设到人文遗产的开发与利用,都应体现尊重传统和开创新机的基本精神。今天我们几乎每天都要面对文化的传承与文化断裂之间的矛盾,这种矛盾不仅影响我们的学术,而且影响我们的宗教活动、经济活动、日常生活乃至政治运作。就作为认识形式的文化而言,中国文化的断裂表现在许多方面,但最主要的体现在文字的断裂、学术传统的凋敝和文化精神的工具化上(因篇幅所限,此处仅谈第一点)。

　　首先,我们现在生活在用简体字描述的世界上,"四书五经"和其他典籍作为中国人道德观念和价值体系的源泉,如今反不被广大青少年所理解。事实上,我们仿佛成了"垮了的一代"——对现代人来说,古汉语与现代汉语之间似有难以弥合的裂缝,这便是我们所说的文字断裂。中国文字的断裂主要表现为古汉语与现代汉语的距离不断被人为地扩大,其结果是,年轻一代越来越丧失对古汉语的了解,甚至丧失了对繁体字的认知能力。不断出现的汉字简化方案,以人为的方式而不是按语言自身发展的规律将中国语言文字的断裂肯定下来,并依靠行政的力量在全国范围内广泛推广,从而将这种断裂合理化。诚然,汉字简化方案不无合理的一面,因为少数简化字在历史上早就存在,有些字曾出现在五六百年前的文献中,甚至可以追溯得更早。从这种意义上讲,现在出现的简化字不过是把它们自然延续下来。此外实施简化方案的初衷本是为了方便知识的普及和文化的大众化,从而在一定程度上防止书面语与口语的严重分离,防止将前者变成官员及学者的专利品和私有物,因而也防止它像拉丁文一样走上衰微的道路。

然而,汉语之所以没有像拉丁文那样变成死语言,不仅是因为它没有像拉丁文那样仅仅成为学者的语言,而且是因为它既有诗意语言的美感,又有生活语言的朴实,有对我们生活的难以抗拒的规范力,并始终维持着我们这个民族的想象力。很多汉字简化方式是以牺牲汉字的美感为代价的,因为不少被简化后的汉字打破了结构的平衡,损害了偏旁部首之间的匀称与和谐,经常练习书法者一定对此有深切的体会。平心而论,文化的普及和大众化要靠教育而不是靠简化汉字来解决问题。日语将片假名和平假名拼在一起,再加上复杂的语法,其复杂性绝不下于汉语,但日本并未从简化日语的角度去促进文化的普及,而是靠发展教育。从一定意义上说,语言的复杂性是思想精细性的镜子,德语和法语便是证明。简化语言在一定程度上是在简化思维,大规模地简化汉字并不能提高人的文化水准,相反常常降低人的文化品位,因为它在客观上造成了让高文化的人向低文化的人看齐,让低文化的人向无文化的人看齐。以最后一批汉字简化方案为例,其中的不少简化字是从街头巷尾搜罗而来的,而这些字多半出自文盲或半文盲之手。譬如,"菜"字在简化方案中被简化为"芽",后者就不免给人以头重脚轻之感,并且失去了原来的形象性,将这些不规范的汉字列入简化方案,在客观上肯定了文盲随意造字的合理性,并且助长了不规范用字的风气,其结果是,不规范的东西反以规范的面目登堂入室,并普及社会,深入人心,进入历史。这无异于使规范的东西让位于不规范的东西,它实质上是对文盲的鼓励和对规范用字的打击。今天的不规范用字几乎遍布生活的一切领域,其原因多半在此。当文盲们发现自己的不规范汉字居然进入了汉字改革方案,进入了报纸书刊而不是受到人们的耻笑时,其随意造字的热情也就愈加高涨了。

海德格尔有言:"语言乃存在之家。"但这个存在之家并非空洞的外壳,而是思想的凭依和生活的内涵,因为它蕴藏我们祖祖辈辈的辛苦与智慧,潜存着生命的根基和热情。它不仅使我们得以栖身,给我们以安全与温暖,而且使我们感到自由自在。对这样的依归之处,每个人都有责任加以精心守护和保养。

文字是历史的丰碑,汉字亦不例外。它体现了一个民族的精神气质、审美趣味和思考方式,在历史的长河中,它的每一细微变化都足以反映一个时代的社会生活的剧变。相对于几千年的历史来说,汉字的变化速度可算十分缓慢,而在近几十年中,我们却以"大跃进"的方式让文字的变革走过了过去需要上千年的时间才能走完的路程。这种"大跃进"对中国文化的传承和发展未必是一种福音,这是因为:大量简化汉字造成了现代人与古典文化的隔膜。现代人与古人的沟通首先是通过文字进行的,文化的传承作为一个自然历史过程离不开文字的连续性,大量简化汉字破坏了这种连续性。从接受学的角度看,当一篇文章出现了1/5的生字时,读者就必须重新进行文字训练,而繁体字对于许多年轻人来说几乎都是生字。现在,许多年轻人之所以对古书不感兴趣甚至表现出本能的厌恶,正是因为他们在辨认和书写繁体字方面缺乏应有的训练。同时我们的大、中、小学普遍漠视中国古典文化的教育,使好几代人都遭受了不应有的损失。中国的老一辈学者多能使"四书五经"和其他一些中国经典烂熟于胸,至少能领会其中的基本精神,而这些东西恰恰是培养中国人的精神气质的基本要素之一。因此,当我们将"四书五经"和其他学术经典视为无用而不予过问时,我们已在很大程度上丧失了中国人的精神气质,从这种意义上说,我们也就成了不伦不类的中国人。如今,中国社会虽有要求弘扬传统文化的呼声,但这种呼声非常微弱并且流于空洞的外在形式,以致发扬传统变成了唱几句京戏或象征性地开两次会议,对传统经典的学术诠释变成了五花八门的古书今译或只供消遣的漫画,以重构中国学术经典为内容的各种漫画大畅其道,虽然有值得肯定的一面,因为它有利于对古典文化的接受,但这也恰恰反映了中国文化的不幸,因为它反映了现代读者由于语言方面的障碍而丧失了阅读和欣赏各种典籍的能力。照此下去,总有一天,我们中国人只能到日本和韩国去领略中国文化的遗风。

文字是文化的载体,它的断裂必然造成文化的断裂。要防止这种断裂,文字的变革就必须是循序渐进和不露痕迹的自然进程,破坏这一进程是我们自绝于传统的第一步。大规模地简化汉字所造成的文字的断裂,削弱了现代中国人特别是年轻一代对中国悠久文化传统的认同感,同时也削弱了现代人的文化意识和民族精神气质得以生长的历史根基。

从表面上看,大规模地简化汉字可以使我们的辨认和书写变得更加省时省力,但它在文字审美和文化传承方面造成的损失难以弥补。况且,靠简化汉字来普及文化知识几乎是一个舍本逐末之举,因为文盲的多少取决于社会成员的受教育水平,而与汉字笔画的多少没有直接的关系。从长远讲,随着计算机视觉技术的突破,汉字的输入因其一字一个音节有可能比西方拼音文字的输入更加简便,这就使大规模简化汉字失去了意义。如果我们早就将简化汉字的人力、物力和财力用于提高社会成员的文化水平或投入计算机技术的研究,成效也许要大得多。

近年来,繁体字不断在各种场合出现,这决不是单纯的经济因素造成的,它从一个侧面反映了人们重新接续中国文化传统的愿望与要求,因为在一部分人眼里,能写繁体字本身是有文化修养的表现。瞩目将来,台湾终归要与大陆统一,经济的统一无疑是国家统一的基础,但这种统一离不开语言文字的统一,并且这种统一不会有碍文化的多元化趋势。为此,大陆及港澳台地区需要建立一个综合的语言文字委员会来协调汉字的统一工作。让港澳台地区的人民全盘接受简体字并不可取,让大陆人全都使用繁体字亦不现实。唯一合理的选择是,通过深入的研究将部分过繁的字简化,将所有被草率简化的字恢复原状。不管文字统一工作如何进行,我个人认为我们必须遵循三条原则:第一,尽量不破坏文字的审美功能;第二,有利于中国古代文化的传承;第三,必须考虑计算机视觉技术和语言输入技术的突破给汉字输入带来的影响。

总之,中国文字的断裂已是一个不言而喻的事实,这既是中国文化传统断裂的表征,又有碍现代人与古代人的沟通,有碍中国古典文化的传承与发展。中国的现代化既是工业、农业、国防和科学技术的现代化,又是人们的思维方式和行为方式的现代化,同时也是文化学术的现代化。但是,要使现代化成为可能,我们既要与国际接轨,也要与自身的文化传统接轨,脱离了后者,我们将失去现代社会的制衡力量,失去维系现代生活的价值源泉,失去心灵生活的依怙与归属,这几乎是所有现代化国家的教训,也是所有深入研究现代化问题的专家得出的最终结论。

(三)道德形式的文化

就作为道德形式的文化而言,中国文化的断裂在近两个世纪以来是显而易见的。"文化大革命"使这种断裂达到了登峰造极的地步,以致我们可以说我们的改革开放是在一种没有道德准备或文化准备的情况下开始的。市场经济所需要的一些道德准则在中国传统文化中并非不存在,而只是一些没有具体化为典章制度的抽象观念而已,加之,中国的法律制度除了刑法比较发达之外,其他规范人的社会行为,特别是经济行为的法律非常薄弱,这样道德体系本身缺乏一种硬性的制度化框架来支撑。所以,一旦教化的力量稍有松弛,各种无德现象张狂肆虐,以致到了难以收拾的地步。在这种情况下,统治者除了采取高压政策和对人的物质欲求(包括合理的欲求)采取全面遏制之外,似乎找不到任何良方妙药来防止社会制度趋于崩溃。其结果便是,要么民众委身于奴性的精神统治,要么以无道德本身为道德。前者造成了民众生命力的日趋委顿,造成了社会的全面退化,也造成了统治阶级把自己置于任何道德约束之外;后者造成了社会道德的全面沦丧,造成了社会的合作关系的瓦解,也造成了人们以虚无主义的态度去对待一切文化遗产,特别是道德遗产。于是,社会成了恶欲膨胀、邪念日炽的狼虎之地。由于人的经济行为是社会发展的主要行为之一,它所反映的人伦关系也必然影响其他社会关系,因而,一旦人的经济行为不受任何道德规则约束,经济生活本身必然陷入紊乱状态,经济效率自然因为人的力量的相互抵消而无法提高。从这种意义上说,发达的市场经济也必须是讲求道德的经济,否则市场经济就只能停留在缺乏效率的低级阶段,甚至沦为争夺利益时进行野蛮搏杀的境地。

道德本身是随时代的变化而变化的,这一点体现了道德的特殊性。但作为中国文化底气的道德原理又有不变的方面,这是道德普遍性和继承性的基本依据。比如说,不问在哪个时代,不问在什么制度下,诚实、守信、尊老爱幼、不偷不抢、不欺不诈、求真务实,都是社会对个人的基本道德要求。中国古人素来强调参天地、赞化育,以"道"的智慧生发"德"的人生。自强不息、刚健有为一直贯穿于中华文化的主流。这与西方人把"德"理解为生生不已的力量可谓异曲同工。在中国古人那里,"德"与"得"相通,初指"获得""占有",后来发展为"外得于人,内得于己"的意思。"外得于人"意味着处理好自己与他人的关系,"内得于己"意味着加强自己的修养。同样,古希腊人早就把实践视为理性的智慧,它与理想的智慧相辅相成。"德性"在拉丁文里就是"力量"的意思,一直到近代,西方人一直继承了这一思想。蒙田说,力量是一切德性的基础,斯宾诺莎则说德性和力量是同一回事,卢梭和康德都把德性看作智慧的力量。由此可见,无论在中国文化还是在西方文化里,德性的本义并不是要培养软弱无力的顺民和奴性十足的绵羊,而恰恰是要人刚健有力,积极有为。伏尔泰和尼采都反复强调,成为懦夫乃是好人的不幸。实质上,他们都力图把力量、勇毅重新确定为道德的内涵。

与此相比,中国古人对德性内涵的发掘同样深入,在某些方面甚至更为全面。如前所述,以德化人乃是中国"文化"一词的基本内涵之一。它凸显了道德的潜移默化的作用,突出了道德与教化的内在联系,以及无声无形而又无所不至的内在影响力。《左传·僖公五年》所说的"德以系中国"可谓中国道德文化的精义。刚正、勇毅、忠烈与坚毅诚然被视为基本美德,但仁爱、谦和、勤俭、自制在中国几千年的封建社会里似乎越来越受到强调,以致封建统治者通过不断强化后者培植委曲求全的顺民。到了晚清时期,中国封建制度已日暮西山,无可救药,道德的演变越来越走向褊狭、畸形、萎靡,整个社会到了僵化、腐烂,以至没有一丝生气的程度。中华大地刀兵四起,内乱不断,外患无穷,人民生活困苦不堪,社会道德江河日下,哪里看得到刚健有为、积极向上的影子。晚清时期,中国已失去了道德底气,它的落后不仅是政制、器具方面的落后,而且是或者说首先是道德的落后,这种落后既是文化断裂的结果也是文化断裂的表现。民众的自信心、自信力因道德的落后丧失殆尽。面对社会的危难,少数仁人志士没有被一些统治者所搽的自欺欺人的脂粉所诓骗,而是清醒地看到了中国社会的唯一出路是改变社会结构,改变民族精神,更新中国人的道德,特别是要培养具备进步道德、智识和品格的新人。鲁迅说:"愿中国青年都摆脱冷气,只是向上走,不必听自暴自弃者流的话。能做事的做事,能发声的发声。有一分热,发一分光,就令萤火一般,也可以在黑暗里发一点光,不必等候炬火。"①这段看似平淡无奇的话其实恰恰是要我们重新接续中华民族积极务实、自强不息的道德传统,重续中华民族的精神气质。这种精神气质一直存在于少数具有道德脊梁的人身上:

> 我们自古以来,就有埋头苦干的人,有拼命硬干的人,有为民请命的人,有舍身求法的人……虽是等于为帝王将相作家谱的所谓"正史",也往往掩不住他们的光耀,这就是中国的脊梁。②

既有脊梁,还得有血肉。自鸦片战争到新中国成立,中华大地历经战火,生灵涂炭,心醉西风者和墨守故纸者都无法挽狂澜于既倒。作为制度形式的文化和作为认识形式的文化都处于残破不堪、风雨飘摇之中。连年的战乱不仅破坏了中国仅有的一点家底,而且破坏了中

---

① 鲁迅:《热风·随感录四十一》,选自《鲁迅选集》第2卷,北京:人民文学出版社,1992年,第128页。
② 鲁迅:《我们中国人失掉自信力了吗?》,选自《鲁迅选集》第4卷,北京:人民文学出版社,1992年,第62页。

国文化的再生能力。新中国成立后,我们本该休养生息,恢复元气,防止动乱,一心建设,然后在此基础上,继续对社会进行启蒙工作,继续进行严复早就指出过的鼓民力、开民智、新民德的工作,因为只有这样才谈得上新国家、新民族、新社会。启蒙者,让人觉悟也。而所有的觉悟都要落实到建立合理的制度(如政治制度、经济制度、教育制度,特别是法律制度)上来。觉悟意味着什么呢? 意味着意识到自己的"苴漏",意识到自己的"败衂",意识到自己的潜能与力量。而在所有觉悟中,伦理的觉悟不可或缺。陈独秀甚至说:"伦理的觉悟,为吾人最后觉悟之最后觉悟。"①但在伦理觉悟中,民众要不断培养自己的理性,并能公开运用自己的理性。按康德的看法,人都有理性,但很多人不经别人的引导就缺乏勇气与决心去加以运用,这是人自己加诸自己的不成熟状态。只要人没有摆脱这种不成熟状态,人就需要不断地启蒙。新中国成立后,我们的启蒙工作远远没有完成,因为启蒙理想有没有实现的一个重要标志是广大民众有没有能力基于自己的理性而进行自主的独立判断。启蒙是一种艰苦细致的建设性工作,而不像拆毁一座房屋那么容易。所以,德国哲学家康德十分正确地指出:"公众只能是很缓慢地获得启蒙。通过一场革命或许很可能实现推翻个人专制以及贪婪心和权势欲的压迫,但绝不能实现思想方式的真正改革,而新的偏见也正如旧的一样,将会成为驾驭缺少思想的广大人群的圈套。"②

遗憾的是,在"大跃进"和"文化大革命"中,许多人似乎生活在一种无理性的状态中,生活在虚幻的世界中,我们缺乏理性的识见是显而易见的。那种把所有错误归咎于某个领导人的做法本身是一种不理性的做法。当许多人把自己矮化为需要某个领导人保护的对象时,他们就必然以某个人的意志为意志,以某个人的思想为思想,以某个人的好恶为好恶。对保护者来说,被保护者的独立思想似乎是危险的;对被保护者来说,独立思想和行动是一件需要胆识和勇气的艰辛

---

① 《陈独秀著作选》第 1 卷,上海:上海人民出版社,1993 年,第 179 页。
② 康德:《历史理性批判文集》,何兆武译,北京:商务印书馆,1990 年,第 24 页。

的事情,甚至是一种需要冒险的事情,在这种情况下,让别人代替自己进行思考,似乎是省心省力之举,这也为今后更大的危险埋下了祸根。即便如此,在广大民众之中总会有少数人拥有自己的思想和特立独行的能力,如果有相对自由的环境,这种思想和能力将影响别人,在民众中传播并鼓舞别人进行精神的冒险。就道德而言,"大跃进"和"文化大革命"非但没有给民众带来启蒙,反倒使民众变得更加蒙昧,以个人崇拜为目的的"造神"运动彻底销蚀了个人独立思想的可能性,也取消了摆脱康德所说的那种不成熟状态的可能性。"大跃进"运动把民众的无知引向了狂热,并为"文化大革命"的到来做了精神上的铺垫,因为许多人居然相信在当时的生产条件下一亩田地可以生产几万斤粮食,这无异于让人生活在绝对的幻想中,生活在不真实的状态中。那是一次集体的催眠,它使中华民族曾经拥有的诚实做人做事的传统美德荡然无存。其结果必然是遍布中国的肉体和精神的饥饿,以及自然环境的极大破坏,因为希望几个月内赶超英美的狂热,使举国上上下下滥砍树木去炼钢铁,造假之风日盛一日,它所培养的懒惰和谎言为后来的更大灾难准备了条件。今天,"除了造假本身不假之外一切皆假"的社会病象是"大跃进"的造假运动的自然延续。它给中华民族造成的道德灾难甚于它所造成的物质灾难。物质灾难造成的损失,可以在比较短的时间里得到弥补,道德灾难造成的恶果却要漫长的努力才能稍稍克服。从总体上看,"大跃进"和"文化大革命"造成的文化断裂首先表现为道德的断裂,具体表现在以下方面。

首先,它混淆了真假,贬损了诚信的价值,使人失去了生活的真实感。自古以来,中华民族一直是注重实际,注重当前的民族,提倡务实精神本是我们这个社会的光荣传统,即使普通民众劳作之余想念来生,即便少数学人在那里谈玄论理,也没能改变中国社会不事空想的国民性格。虽然中国社会亦有世界大同的理想,但在二十世纪以前,始终没有成为,也不可能成为政治动力,广大民众更是把它视为邈远的梦想。安土重迁的自然经济意识使人们关心当下的生活,因此通过煽动政治热情来改变国民性格,或通过给人们允诺一个天堂般的世界来重建国家都是不切实际的。做事本身体现了做人的风格。中国人尽管千差万别,但都普遍关心个人生活处境,关心人与人之间的关系,这种关系如果脱离了诚实和信用,就必然陷入无信任状态,陷入一种低效率的相互猜忌状态,陷入"假作真时真亦假"的状态。"大跃进"和"文化大革命"破坏了中国人求真务实的道德体系,它们在很大程度上以整个社会的名义肯定了造假的合理性。如果说"大跃进"鼓励人们制造假物,那么"文化大革命"则鼓励人们制造假神。一旦一个社会抛弃了求实求真这一人类社会的基本价值观念,其他价值观念也必然遭到扭曲。因为一切道德都是建立在对真实性的要求的基础上,如果诚实得不到肯定和鼓励,撒谎和欺骗反倒大畅其道,整个社会的真道德也自然变成假道德。所以,所有的社会要想保持相对稳定、相对健全的状态,都不能不把求真作为最起码的道德要求,这一要求在社会生活中具体表现为要求人们不要撒谎,不要欺骗。《中庸》早就指出:"诚之者,人之道也。"后来的历代思想家都强调"诚"在道德体系中的基础地位,周敦颐明确指出:"诚,五举之本,百行之源也。"(《通书·诚下》)。皇帝们严惩"欺君之罪",佛教中有"出家人不打诳语"的要求,都突出了"诚"的重要性。既然"诚"为人之本,是道德体系的基础,那么,为了弥合"文化大革命"造成的中国道德文化的断裂,邓小平提出了"实事求是"的思想路线,其本意就是要使人们从"文化大革命"造成的虚假世界中超拔出来,从而重新恢复中华民族求真务实的光荣传统。"实事求是"不仅涉及真,而且涉及善;它不仅是一种科学性的要求,而且是一种道德要求,只有具备真道德的人才能做到"实事求是",因为它本质上体现了人的诚实性。

其次,"文化大革命"给中国道德文化造成的断裂还表现在人们混淆了是非,颠倒了善恶。经历过这场灾难的人不仅记得整个国家如何被一种无法控制的破坏狂热所打倒,而且体会到无政府状态与邪恶势力的合流如何把一个社会拖入苦海之中。在"文革"中,整个国家陷入了疯狂,青年们纷纷自绝于历史,自绝于家庭,"虚无主义"成了社会的意识形态,彻底"决裂"成了青年一代的响亮口号,"封、资、修"成了邪恶的代名词，人们烧古书，或毁古物，或拆古建筑，富裕成了邪恶，贫穷变成光荣，夫妻之间、师生之间、同事之间、上下级之间常被不信任的宫墙所阻隔，许多人极尽造谣诬蔑之能事，欲置别人于死地。过去只有在宫廷斗争中才会出现的相互倾轧和陷害也出现在普通百姓之间。老干部们惶恐度日，知识分子人人自危。善人受欺，恶人当道。污蔑好人，陷害忠良成了铲除异己的手段，即便时任国家主席的刘少奇亦横遭污名和羞辱直至含冤屈死。

"文化大革命"给中华民族造成的最大损失是中国人的道德遭到了毁灭性的打击。因为它动摇了普通百姓立身做人的道德根基，以致我们可以说自1978年开始的改革开放和社会市场化过程是在没有道德准备的情况下开始的，甚至可以说是在道德废墟上开始的。今天随着市场化过程而出现的大量丑恶现象与我们缺乏道德准备有着直接的关联。邓小平倡导物质文明与精神文明一起抓可谓有先见之明，但精神文明建设如果不落实到最最基本的道德建设上来，就不可能取得成功。中华文化的复兴应当首先是道德的复兴，没有这种复兴，再好的物质文明也显得丑陋；没有这种复兴，人就没有基本的价值感，社会就会陷入人对人像狼一样的状态。如果我们生活在一个缺乏基本安全感的社会，生活在一个人人互不信任，甚至相互攻击的社会，我们创造那些物质条件又有什么意义呢？中华民族本是一个重亲情、重伦常关系的民族。但"文化大革命"破坏了这种伦常关系得以生根的土壤，这一方面体现在社会成员被煽动起来相互揭发，每个人都处于他人的敌意般的监视之下，个人生活空间被彻底否决，不仅同事之间而且夫妻之间在当时都要相互提防和监督，从而从根本上破坏了人与人之间的相互信任。加之，讲真话者受到打击，讲假话者受到褒奖，必然造成忠诚在社会道德体系中的无效，造成背信弃义反而成了一种值得肯定的东西。学生揪斗老师，下级镇压上级成了屡见不鲜的现象，人与人之间的相互敬重与礼貌早已荡然无存，结果我们今天不得不承认中国这个礼仪之邦在当时几乎成了野蛮之国。另一方面，"文化大革命"对伦理关系得以存在的土壤的破坏还表现在它贬抑人的基本同情心，人格被侮辱、身心受折磨成了许多老干部和知识分子的家常便饭。挂牌游街者有之,挨打受斗者有之,被逼吃粪喝尿者有之,受折磨而死者有之。不仅人失去了人的尊严,而且人命几成草芥。更糟的是,一些人不仅对此麻木不仁,而且以迫害他人为乐事。这表明相当一部分人已经失去了道德感得以产生的基础,即人的怜悯之心。正如卢梭所说,怜悯是人的最基本情感,它先于所有的反思活动,它通过减少人的自私之心来促进人类群体的自保。人对他人的关切往往是从怜悯开始的。人正是出于怜悯,才去不假思索地安慰那些受苦受难者,也正是出于怜悯,人才去帮助那些需要帮助的人,并由此发展其他的道德关怀。我国的孟子早就把恻隐之心视为"仁"的基本因素,提倡"亲亲而仁民,仁民而爱物"(《孟子·尽心上》)。"老吾老,以及人之老;幼吾幼,以及人之幼"(《孟子·梁惠王上》)早已成为我国民众讲求推己及人的道德要求。孟子主张"由仁义行,而非行仁义",就强调了道德意识的自然发展。如果把这种看法与他所说的"恻隐之心,仁也;道德之心,义也"(《孟子·告子下》)联系起来,就可以发现恻隐之心对于道德发展的重要意义。几千年来,中国人就有扶危济困、助残扶弱的好传统,有一方有难、八方支援的好传统,这与基于恻隐之心的道德情感的充分发展有直接的关系,我们甚至可以说,没有这种道德情感的充分发展,一个合乎人道、尊重人性的社会就不可能形成。人的恻隐之心或同情心虽然是一种自然的情感,但它需要激发和培植,作为道德情感的一个重要方面,它推动了人的慈善行为,生发了人的爱心。它的作用是不可小视的。它是道德生活生气灌注的灵魂。不管道德标准和道德要求如何崇高,也不管它们如何得到了人们的深刻认识和理解,只要它们不能化生为道德情感,它们就难以成为道德行为的动力。"道德情感的作用不仅在于把社会的道德需要变成个人的内心需要,从而把人心凝聚于公共行为准则之下,而且在于它能把内心的理念外化为道德实践,从这种意义上讲,道德情感是道德生活的酵母。它的双向调节既丰富了人们的内心生活,给人带来了心灵的最高满足,也能使人在感到软弱无力时增添了信心与力量,在受到物欲的侵扰时驱散潜在的不良动机,在世风迷乱时坚持自己的道德理想。"①

"文化大革命"破坏了人的道德情感,破坏了人的基本爱心,破坏了人的同情心。正因为此,它把中国主流社会的善良意志,把年轻一代的天然良心连根拔起。我们只要看看一些"红卫兵"如何在坏人的煽动下折磨别人(逼人喝粪水,让人跪在碎玻璃上,或把人吊起来毒打),不分青红皂白地打击别人,只要看看多少人被折磨而死或含冤自杀就可发现,人道精神已被一扫而光,夫妻之情、师生之情,父子、母子、父女、母女之情被政治狂热淹没了:人的天然情感被严重扭曲,生命的价值显得微不足道,许多人丧失了对他人冷暖和苦难的敏感,对世风的衰微不闻不问,有些人变得麻木和残忍。改革开放之后,中国举世瞩目的变化不仅表现在经济、政治方面,而且表现在人的天然情感重新回到了我们的心中,人的冷漠正在被对生命的热爱所代替。但是,要重建人与人的信任,要建立一个充满温情,充满活力的和谐社会,我们还必须做许许多多的工作。其中,一件必不可少的工作是自儿童开始培养人的同情心,培养人们知善恶、辨是非的能力。培养高尚的审美情趣可以冲淡个人的占有冲动,把低级的情感刺激化为高尚的内心享受,对人的正当欲望进行疏导,对人的过剩能量进行转化,对人的邪念予以限制,防止人沉溺于有害身心乃至为祸社会的不健康消遣。

然而,我们要弥合"文化大革命"的道德断裂,还必须好好清理我们的道德遗产,充分利用我们这个民族的道德资源。那些有利于个人积极向上的道德观念,那些有利于促进个人独立人格的形成,有利于促进人的健全发展,促进社会和谐进步,促进人心的充实和人生幸福的道德价值都要发扬光大。

---

① 汪堂家:《道德情感》,载陈根法主编:《心灵的秩序——道德哲学理论与实践》,上海:复旦大学出版社,1998年,第31页。

六、创价的人生[①]

人生价值,从来就是历史观和人生观的重要课题。从某种意义上说,价值观是人生的灵魂,是人的理想和信念的基础,在人的精神生活和物质生活中起规范作用。作为人生的导向,它直接决定着人们的活动目标、人生的目的和行为方式。在社会的转型时期,新旧的交替和价值冲突不断拨动隐藏在人内心深处的东西,鼓荡人的意气,激发人的热情,在社会的舞台上,善恶、美丑、正邪、真伪、荣辱、公私、贵贱、雅俗,争相出场,同台竞技,它们纷然杂陈,交汇于多元化的价值体系。

面对社会的剧变,有人四顾茫然,觉得道路分歧,前途渺茫。他们的痛苦不在于没有选择,而在于不知如何选择,他们置身于万象纷繁的世界,有如刘姥姥置身于让人眼花缭乱的大观园。然而,与刘姥姥不同的是,他们不仅要主动观看,而且被迫参与,被迫选择。他们虽不安于时代那无所选择的宿命,但扰攘不定的心灵面对新生活展示出来的无限可能性,反而因缺乏足够的准备和应对的能力而无所适从。

面对社会的剧变,也有人忘身于事物的追逐,他们奔趋于争夺私人领地的乱途,只顾低头走路,不知抬头看天。他们有拥抱新事物的勇气,但缺乏达至新生活的智慧。他们汲汲于蝇头小利的巧取,却不能在劳作中享有精神生活的温馨与和美。

面对社会的剧变,又有人失足于抽象的解放,他们纵身欲海,放逐私心,声色犬马成了他们唯一的世界,他们在耗竭生命力的投资中搏

[①] 本文系《人生哲学》第二章。载陈根法、汪堂家:《人生哲学》,上海:复旦大学出版社,2005年。

风击浪,却找不到任何恒久的让人心安定的基地。除了等待生命的浑然不觉的衰亡,他们看不到生活中本可以有更好的选择。

面对社会的剧变,还有人固守既有的一切,他们只安旧业,不愿新进,不图有功,但求无过。对他们来说,探索是危险的别名,改革是死亡的象征。因此,他们或以清流自居,抵制任何新观念的传播;或画地为牢,阻挠任何有损自身利益的改革。他们津津乐道"天不变,道亦不变"的古训,举步于祖辈的遗泽之中,徘徊于陈规陋习之内。虽然社会因这种人的存在而维持着传统的张力,但文明的生命将因此而走向萎靡与困顿。

面对社会的剧变,另有人心高志远,处变不惊,他们既有迎接新挑战的勇气,又有明确而合理的人生目标,这些人常被称为时代的弄潮儿。从社会变革中,他们看到的不是自己的部分利益的损益,而是社会为个人展示出来的让人一试身手的无穷机会。因此他们力图从时代的需要出发去规划个人的未来。他们企求的不是个人的荣华富贵和飞黄腾达,而是民族的兴盛和文明的振兴。从他们口中出来的未必是豪言壮语,但他们的合力足以成就一番惊天动地的伟业。他们激荡着时代的浩气,引领着价值的崇高:他们也许不是传统意义上的英雄,而是法国哲学家利奥达所说的知识的英雄、文学的英雄、科学的英雄、思想的英雄或自由的英雄。

同样是人,为何在社会转型时期表现出如此不同,甚至完全相反的生活态度和人生追求呢?是什么在背后支配着人的行为选择呢?仅说一时的动机似乎难以解释个人选择的社会角色。尽管许多人是无意识地跟着感觉走或被时代牵着走,但他们都或多或少面临过很难的人生选择。一个社会越是处在转型时期,就越能给个人提供发展空间和选择余地,人生的际遇就越是取决于个人的价值定向以及个人为此而付出的努力。如果说价值转型是社会转型的镜子,那么,对人的价值形态的审视就是理解时代精神的钥匙。如果转型时期向我们呈现出的是种种社会乱象,我们就更有理由扪心自问:我们是否确立了人生的根基?是否明确了奋进的方向?

（一）审视人的价值形态

在人类历史的长河中，自然、社会和人自身的存在是人类认识的三重对象，人与自然、人与社会、自然与社会的三重关系则构成了人的历史经纬。每个人都加入这种经纬的编织中，他们或特立独行，或分进合击，或协同运演，或相互抵制，或彼此打压，或迷途不返，自绝于文明的进程之外。

以历史的眼光观之，我们看到的常常是这样一幅景象：有的人声名显赫，功高盖世；有的人作恶多端，人天共愤。前者往往被视为正面价值的极致，后者常常被贬为负面价值的原点。是什么造成了对个人评价的如此强烈的反差，以致一类人与另一类人的差别甚至大于人与其他动物的差别呢？

以宇宙的眼光观之，个人之于历史，犹如沙子之于大海，大地朝朝暮暮，个人生生死死，展现在人类整体面前的个人简直如大海浮渣随历史的波涛自涌自息。尽管人类长存于个体的不断消逝之中，但个体依然展示着自己的独特色彩，显示出不同的精神品格，即便愚鲁如残者，也能意识到自我是任何他人无法取消的存在。真可谓一人一世界，一"我"一如来。那么，是什么决定了人与人之间的这种差别？

以社会的眼光观之，"个人怎样表现自己的生活，他们自己就是怎样"[①]，因此，生活是人的展开。但是，生活不仅仅是生存，它还是自我选择的生存，是被理念引导着的生存，是人在"互为"状态中的生存，具体地说，是人通过为自己生存而为他人生存，也是通过为他人生存而为自己生存。就此而言，人是"互为"的存在，是自我与他"我"的相互支撑。人的生存价值不仅体现在这种"互为"中，而且只有通过这种"互为"才能得到确认。即便是千人一面以尊佛面，万众一心以立神心的专制社会，每个人仍能从他人那里找到"互为"的感觉，发现自己生存的价值。唯其如此，古希腊智者派哲学家早就发现，对人而言，最重

[①] 《马克思恩格斯选集》第1卷，北京：人民出版社，1995年，第67页。

要的不是生存,而是生存的价值。但是,生存的价值意味着什么呢?对这一问题的任何尝试性回答首先离不开对"什么是价值"的回答。在此,让我们先从价值谈起。

在日常生活中,我们在面临选择时常常自问:"那件事值得一做吗?"当遭受挫折而痛不欲生时,我们也每每自问:"生活还值得一过吗?"此时,我们虽没有做价值论的思考,但已经触及了价值问题本身。在英文中,价(value)既意味着"有用"和"益处",也意味着"意义"与"评估",它源于拉丁文的 valere,本指"强大"和"优势"。从一开始,"价值"便与"效用"联系在一起,与人的发现联系在一起。当我们说"物有所值",物本身无所谓有用和有益,它总是为人之"用",对人之"益",它永远体现了物与人的关系,在这种关系中,人始终据中心地位。当我们说"物尽其用,人尽其才"时,我们是在说人让物发挥了它的效力,人让人发挥了他(她)的潜能。人能用物,物不用人,人能得物,物方近人。物的物性显示在人的人性中。人要虚心纳物、澄然照物、放心开物、收心敛物,物方能显示物的价值,人方能确立人的尊严。从这种意义上讲,人是一切价值的中心。也正是在这种意义上,我们批判地采纳"人是万物的尺度"的命题。希腊哲学家普罗泰戈拉在使用这一命题时,持有相对主义立场,他强调的是人是存在的事物存在的尺度,是不存在的事物不存在的尺度。我们使用这一命题时强调的是人是价值的创造者和评判者。一个思想健全的人自然都承认物之在不赖于人之在,但也不能不承认物之值取决于它相对于人的有用性和重要。人"物物而不物于物",物随人而独立于人。人在多大程度上运用物决定物在多大程度上满足人。从根本上讲,世界上没有对人绝对无用之物,即便是对人有害有毒之物,如能合理改变和科学运用亦能显示它对人的用处。因此,变废为宝,变无用为有用,化腐朽为神奇,最能体现人作为价值的中心和神奇。法文中有句谚语:"人勤地不懒"(Tant vaut L'homme, tant vaut la terre)。它的字面意思恰是"人有多大价值,地有多大价值","人付出了多少辛劳,地就给人多少回报"。它非常生动地揭示了人对物的价值的决定关系。物之"值"反映在物之

"用"上,而当我们说"一件事值得去做"时,意味着这件事产生的价值足以补偿我们的付出,也意味着完成这件事带来的成果可以满足我们对有用性的期待。物的价值即它的有用性,但有用并不等于合用。合用是认定了的有用,有用是不定的合用。当我们说木头可以用来盖房子时,我们还只是抽象地等待它的价值;当我们说这根房梁需要那么大的木头时,我们已经认定那根木头是合用的。因此,只有在合用中,一个东西的价值才得到了最终的肯定。事物的有用性是由人的需要决定的。正如华兹华斯所说,一朵樱草花对一个农人来说可能只是一朵樱草花,对一个画家来说却是极为有用的描摹对象,因为他看到的是它的内在品质与精神价值。一件道袍之于道人,一件袈裟之于僧人,都蕴涵着神圣的意味和价值。一件信物在别人眼里可能无足轻重,而在情人眼里却是万金难求。一块化石可能被无知之人弃若敝屣,而在一个考古学家心中却是弥足珍贵。

因此,物的价值向有知者敞开。有用之物时时等待发现的眼睛,一切因为它的"有用"离不开"识用"之人,"物到用时方恨少"这句俗话确然道出了需要对于价值的先行性,价值现象仅仅发生于人对他者(他人、他物)的需要中。人不仅通过他者满足自己的需要,人还通过他者制造需要。人与他者的价值的关系是人根据自己的需要进行合目的的选择的结果。通俗地说,一个人发现某物有价值,只是因为该物符合他的兴趣,能"填充"他的需要。玫瑰花在化妆品商人眼里有商业价值,在情侣眼里则有传情达意的价值,在药物学家眼里有治疗疾病的价值。"各种这样的物都是许多属性的总和,因此,可以在不同方面有用。发现这些不同的方面,从而发现多种使用方式,是历史的事情。"① 价值是被需要俘获的物的属性。需要之网向打破了的自然张开。而自然之物和人造之物的有用性,即价值,反过来制造人的需要。一个好的商人不只是满足人的需要,还懂得如何为别人制造新的需要;一个从未听说过移动电话的人大概不会想到有使用移动电话的需要,一个不会游泳的人也不会产生对游泳池的需要,对它们的需要

---

① 马克思:《资本论》第1卷,北京:人民出版社,1975年,第48页。

是一部分人培植起来的。如果我们留意一下日常生活就会发现,心胸狭隘之人仅以自己的需要为需要,心胸豁达之人则能以他人的需要为需要。需要让我们睁开发现价值的眼睛。因此,马克思在谈到价值时指出,"'价值'这个普遍的概念是从人们对待满足他们需要的外界物的关系中产生的"①。价值是一个关系范畴,正如文德尔班所言,它是相对于估价的心灵而言。

从维生素C的发现史中,你就可以领悟为人的需要造就了价值的世界。在历史上,出海远航的英国船员,当初只带面包和咸肉,不知道还必须带蔬菜,结果,许多船员因吃不到蔬菜而患上了坏血病。后来的医学家发现这是缺乏维生素C导致的后果。由于蔬菜不易久藏,人们为了满足航海的需要而尝试到植物种去提取维生素C。维生素C的营养价值和医疗价值通过一个又一个的相关研究而进一步确立。环顾四周,我们感到最不可思议的不是人利用现存事物的有用性,而是人能够为它们命名,能用有用性分解有用性,用一种有用性去替代另一种有用性,用一种有用性转移另一种有用性,亦即用有用性创造有用性。苍鹰能以石头碰碎鸟蛋,水獭能用树枝和泥土筑成水坝,猩猩能用树枝赶出洞中的白蚁,但它们都只能停留于物的直接性,它们不能制造工具来发展自己的官能,来破解事物的秘密。人则不仅以物降物,而且发现物的物性,赋予人以人性,赋予物性和人性以启明万物的神性。

基于这样的认识,中国古人早就把人尊为万物之灵,视人为一切价值的至尊。中国典籍中与西方"价值"一词的古义相近的词是"贵"。孔子提出过"人贵于物"的思想,历代儒家的学说不管如何看待人性,都没有丧失对人为万类之本的关切。《孝经》说:"天地之性人为贵。"荀子说:"水火有气而无生,草木有生而无知,禽兽有知而无义,人有气有生有知亦且有义,故最为天下贵。"(《荀子·王制》)

人贵在何处?人贵在他知道他的高贵,知道他是意义的根源和价值的尺度。他挺立于天地之间,遐想于六合之外。从逻辑上讲,凡是

---

① 《马克思恩格斯全集》第19卷,北京:人民出版社,1965年,第406页。

人能想到的计划,人都可以实现。尽管人以自己为中心难免滋长人的狂妄,但人能克己自制,能意识到自己的有限性并试图创造各种神灵来限制自己的狂妄,来弥补自己的有限性。人栖居在显示着人的聪明才智的世界中,这个世界不单单留下人的印迹,它本身日益成为人的作品。大地因人而有灵气,事物因人而显出价值。人是万物生气灌注的灵魂。

这样来看人,还只是把人放在人与物的关系中。人不但有物的世界,而且有心的世界,还制造了灵的世界。后两重世界把人性提高到物性之上,提高到向人的无限开放的可能性中,在此,我们把个人对自身的价值,称为为我的价值,把个人对他人和社会的价值称为为他的价值。综合言之,既然人是通过自为存在和为他存在而显示出来的全体,那么他的自我价值和为他价值,便成为人在自己生命历程中为不断成就自己而展示出来的两种维度。分而言之,人生的价值这一历久而弥新的课题,只能具体化为每一个看似支离破碎,实则浑然融合的每一个生活状态。

(二) 为我的价值

为我的价值是什么呢?简单地说,它是个体存在对于自身的意义。一个人如果在自己看来都显得毫无意义,他便会走上自暴自弃的道路,绝望是自暴自弃的前奏,自杀是自我价值感的彻底否定。因此,帮助自暴自弃者的最好办法既不是给他提供衣食住行的现存条件,也不是给他提供在我们看来令人惬意的精神氛围,而是帮他超越于当下,看到前景,看到生活的更多可能性,看到自己在面对这些可能性时可以表现出来的潜能和价值,一句话,要帮助他重建信心,重建自我价值感——帮助人自助胜过其他一切。但是,人的为我价值并不是完全孤立的绝对价值,也不是完全封闭的自我对自我的内在关系,亦不是自己满足自己的生理需要的外在关系,更不是霍布斯所说的那种身价。霍布斯在《利维坦》中断言,人的价值或身价正像所有其他东西的价值一样就是他的价格,也就是使用他的力量时,将付与他多少[①]。霍布斯把人的价值与物的价值等量齐观,不仅忽视了人的存在的显而易见的独特性,而且将人贬低到了物的水平。人的为我价值的复杂性在于它取决于人的生命、意识和行为的流变性,并且与人的自我认识和自我评价紧密联系在一起。

人的为我价值是多种多样的,生命价值是为我价值的基础和源泉。人要领略生命的壮美,首先要从自我的生存中去体认。从广泛意义上讲,人像所有动物一样都有求生的本能,也有求生的意志。趋利避害、趋乐避苦则是求生欲望的延伸,因为伤害和痛苦最终与死亡联系着。人对自身安全感的需要是促使人做出各种自卫选择的根本动机。从婴儿对外界的最初反应到成人在面对死亡时的绝望心情,都反映出生存与人的本质的关联。由于生命是人的可能性的最终根据,尊重生命应当成为人的最基本价值观。一个视人命如草芥的社会绝不可能是一个培养良好道德的社会,一个草木皆兵、人人自危的社会,一个人们难以找到安全感的社会,不管如何标榜自己的自由与繁荣,都难以掩饰其滋生罪恶的野蛮性质,当人的生命都难以保全时,其他的一切又有什么意义呢?"留得青山在,不怕没柴烧",这句俗语可以转用来说明珍视生命的价值对于实现人的其他价值的重要性。帕斯卡说过,人是脆弱的芦苇,几滴水珠就可以置人于死地。正因为人如此脆弱,人的生命更显得可贵,更值得珍视。许多人直到有了子女才真正懂得生命的可爱,才懂得天底下任何奇迹都无法与生命的诞生相比拟。因为子女幼小的生命不仅是父母生命的直接延续,而且寄托着父母无限的遐想。正是对生命的热爱,使许多人无论遇到多大的艰难险阻也要顽强地生存下来,这无疑是对自己生命价值的肯定。与此相反,一些自杀者,不管出于什么原因,都经历过生命价值的失落和自我认同的危机。他们体认到生存的痛苦,而看不到生活的希望,他们只感到死亡的驱迫,而想不到死亡时的痛苦,他们以自杀来否认自我存在的价值,也等于取消了他的其他价值的可能性。因此,保护生命、热

[①] 霍布斯:《利维坦》,黎思复、黎廷弼译,北京:商务印书馆,1985年,第64页。

爱生命是维护自我价值的基本前提。

但是,人的生命与动物的生命的不同之处在于,他不仅有肉体的生命,而且有精神的生命,人展现其为我的价值不但在于野蛮其肉体,而且在于文明其精神。人对生命的更多期盼不是源于人对自己体能的认识,而是源于人给生命披上了理性的光辉,给自己的聪明才智赋予了更多的价值。人们之所以用"四肢发达,头脑简单"去形容一些缺乏聪明才智的人,原因就在这里。人有热爱生命的一面,也有毁灭生命的一面。人的这种倾向在儿童时期就已经表现出来。如果你仔细观察就会发现,有些儿童捉到昆虫之后常常折断一只昆虫的腿,看它如何继续爬行,捉到一只蜻蜓后折断一个翅膀,看它能否飞翔。如果没有良善的教育去培养儿童良善的心灵,这种残害动物的行为就可能发展为蔑视生命的价值,而让儿童从小去喂养动物不仅有利于培养儿童的责任感,而且有助于培养对生命的热爱。在这个世界上,人是最了解生命价值的动物,但也恰恰是毁灭生命最多的动物,即使所有食肉动物加起来也无法与人类相比拟,许多食肉动物的食肉种类为数有限,人的食肉种类几乎到了无限制的地步。没有一种动物像人那样自伤自残,也没有一种动物像人类那样容易自杀,更没有一种动物像人类一样自相残杀,烽火连天的战争,层出不穷的谋杀不是显示着人类的丑恶么?

幸运的是,人类渐渐认识到自己的丑恶,并且培养道德来限制这种丑恶。人的为我价值不仅体现在他的生理价值里,而且体现在他的精神价值里,尤其体现在他的道德价值里,因为人毕竟认识到:"人是沧海之一粟,茫无涯际的世界万物中的一点小灰尘,什么也算不得,——而他又是这样深刻的一种本质,它能够认识万物并且能把万物作为被认识了的东西包含于自身之内。他两者都是,又在两者之间。他这摇摆于两者之间的存在,不是一种可以确定的固定不变的现实。"①

人的为我的生命价值就属于这样的现实。人的生命价值主要不

---

① 雅斯贝多斯:《生存哲学》,王玖兴译,上海:上海译文出版社,1994年,第69页。

取决于寿命的长短,而是取决于生命的质量。有些人年纪轻轻就显得精神委顿,暮气沉沉,有些人形体虽老,但心如朝日;有些人寿过古稀,但遗臭万年;有些人英年早逝,却流芳百世。追求长寿本是人类的天性,但它只有与康乐而不是与痛苦相伴,才对人有吸引力。人在祝愿别人"寿比南山不老松"之前总要加上"福如东海长流水",多少反映了人们对生命价值的素朴共识。人有各种各样的活法,有些人追求轰轰烈烈,有些人安于平平淡淡,但几乎没有人喜欢选择痛苦,有些人之所以自愿选择痛苦,那是因为他希望他的选择能给别人带来快乐。人的生命价值离不开他的精神价值;就寿命而言,人比不上乌龟,但人之所以比乌龟具有更高的生命价值,是因为人能去想,人有聪明才智和道德修养,人有自己的尊严。人好生恶死,但反对苟且偷生;动物逃避死亡,人则向死而在。"让生如夏花之灿烂,让死如秋叶之静美",抒发了人对生命价值普遍具有的浪漫情怀。

对生命的这种礼赞终究要落实到人的生物学事实上来。为了说明问题的方便,一些伦理学家将人的生命价值分为外在价值和内在价值,外在价值是人对他人或社会的意义,内在价值是人的生理和精神状况对人的自我维持和发展的意义,后者与人的生理、心理素质有关。当一个人陷入无望缓解的极度痛苦(如晚期癌症病人)中,他(她)之所以觉得生不如死,是因为他觉得生命质量很低;一个无脑儿之所以没有生命价值,是因为它已经不具备成为人的根本条件即意识;而一个无望苏醒的植物人之所以中止"存在",是因为他的生命质量几乎为零。由此可见,人的健康状态和意识状态是衡量人的生命质量的关键因素。

但是,我们常常发现这样的现象:一个人在别人看来明明有着健康的身体和正常的智能却偏偏因为生活的挫折而走上了自杀的道路。原因何在?原因在于,他对自身价值的评价,远远低于他人和社会对其生命价值的评价,甚至把自己看成了无望之人,其根由是他错误地以为自己某个方面的损失是自己全部价值的丧失,一个少女因恋爱失败而自杀就属于这种情形。裴多菲在《自由与爱情》一诗中写道:"生命诚可贵,爱情价更高,若为自由故,两者皆可抛。"显而易见,他把自由看得高于爱情,把爱情看得高于生命。就生命价值的递进律来说,这首诗只反映了部分事实。如果脱离具体的情境对它做抽象的理解,就会导致无视自由和爱情得以存在的基础——生命,甚至为此而蔑视生命。如果人人都以此作为自我评价的标准,如果个人不是出于救世济人的心怀,而仅仅是出于对自身的自由受到限制的抵抗,走到抛弃生命的地步,那么,他就会生活在一种主观任性造成的错觉中。

此处不是进行心理分析的地方。我们只想强调个人的为我价值常常受到自我评价的影响。自卑即源于个人对自我的过低估价,自傲则源于个人对自我的过高估价。前者总是发现自己很孤单,难以和人交往,也难以发现合作对克服个人软弱性的重要意义。"当他面临生活的问题时,他总会高估其中的困难,而低估自己应付问题的能力和旁人的帮助及善意。他曾经发现社会对他很冷漠,从此他即错以为它永远是冷漠的。他更不知道他能用对别人有利的行为来赢取感情和尊敬,因此,他不但怀疑别人,也不能信任自己。"[①]

按照个体心理学家阿德勒的解释,人是在自卑感中成长起来的,他的基本行为都出于自卑感及对自卑感的超越。自卑是一把双刃剑,对个人可以产生双重影响,它既可以毁掉一个人,使人自甘堕落,也可以催人奋进,寻找办法补偿自己的缺陷,从而把自卑感转化为对个人优越性的追求。根据这一解释,我们似乎可以说明,为什么极度的自卑常常可以转化为极端的自傲。或者说,某些人惯常以极端的自傲来掩盖内心中的自卑。

在对自我价值的评估方面,如果说自卑使人总是意识到自己的现在——有缺陷的现在,而看不到未来,那么,自傲总是使人自以为代表未来,并因此丧失现在。目空一切常被我们用来形容极端的自傲,由此滋生的狂妄情绪阻碍个人对别人和自身能力的清醒认识,也使人丧失对别人的真正兴趣,从而失去向别人学习的宝贵机会。对个人来说,自傲造成的损失莫过于合作兴趣和合作能力的降低,由于每种社

[①] 阿德勒:《自卑与超越》,黄光国译,北京:作家出版社,1986年,第19页。

会工作都需要不同程度的合作,具有自傲品格的人只有在那些相对不需要那么多合作精神的地方才容易获得成功,这无疑限制了个人对生活方式的选择,也限制了个人开拓新生活的潜力的发挥。尽管这类人多半具备独立自主的品格,但自傲造成的狭隘眼界和难以容人的心胸,使他容易变成独断专横的"暴君",他在人际关系方面遇到的挫折带来的自卑感反过来使他觉得有必要以故作优越来掩饰。久而久之,他便沉浸于自欺欺人中,忘身于孤芳自赏中。他总是苦心孤诣地以虚假的方式确立自己对他人的优势。在实际生活里,我们的确能看到一些狂傲自大的人是以这种方式行事。自傲与自卑是相通的两极。两者相伴而行,提供了两幅自我价值的歪曲画面。

介于自傲与自卑之间的自我价值感便是自尊。它基于人对自己的肯定性评价。与怯懦、自卑、屈服、顺从这类品格相比,它与勇敢、自豪、独立这类积极品格,一道推动人去直面生活中的多种问题并想方设法去改变自己的环境。通常说来,一个具有自尊心的人不论是独自解决问题,还是为解决问题而积极寻求他人的合作,都始终认定自己是一个有用之人,是一个有聪明才智、有独立人格的人,而不是一个一无是处的废人,即使是一个身心残疾之人,也是残而不废的人,他们有自己独立的人格,有自己的自尊,尊重他们的人格与自尊,也就是在尊重生命的价值。他们保护自己的人格,在他人面前不失自尊,是发挥自己的潜能与价值的基本前提。如果我们以积极的眼光去看残疾人并能创造一种尊重他们的存在价值的环境,他们甚至比常人更能将某个方面的潜能发挥得淋漓尽致,因为他们意识到自己的弱势,并对相比之下的弱势、对别人的评价有着强烈的敏感,如果他们有足够的自尊自强的精神并不断得到别人的鼓励,他们将比较容易找到补偿自己缺陷的办法,并朝能确保自己优势的方向发展自己的才智。古希腊的著名演说家德谟塞那斯原来恰恰是口吃症患者,而像美国总统罗斯福那样患小儿麻痹症的才智卓越、成就非凡的人士更是举不胜举。自尊是人的守护神。即使是罪犯也不是一开始就没有自尊。一个人的失足很可能是从自尊受损开始的。因此,挽救一个走上邪路之人,改造一个罪孽深重的犯人应从恢复他们的自尊开始。教育儿童的大敌莫过于剥夺他的自尊。无论是父母家庭还是学校,最明智的不是通过打击儿童的自尊来改变他的不良行为,相反,要给儿童的自尊培土、浇灌,使他懂得如何恰当地维护自尊,换言之,应当成为儿童自尊的守护者。自尊对人之所以重要,是因为"自尊需要的满足使人有自信的感情,觉得在这个世界上有价值、有实力、有能力、有用处。而这些需要一旦受挫,就会使人产生自卑感、软弱感、无能感,这些又会使人失去基本的信心,要不然就企求得到补偿或者趋向于神经病态"①。除了病态的人之外,几乎所有人都希望得到别人的肯定和尊重,得到自己理想中的社会地位和高度评价。自尊心强的人不是认为自己强于别人,而是相信自己有实力,对自己有信心,即使别人指出了他的缺点,他本人也意识到自己的缺点,他也毫不怀疑自己有能力改正自己的缺点。与此相反,自尊心弱的人往往不在乎别人对他的贬损,因为他习惯了对其缺点和错误的指责和批评,这些指责和批评非但不能触动他的心灵,反而使他对外界的评价更加迟钝。他对自己缺乏足够的信心,也缺乏常人具备的要到社会上实现自我价值的愿望,进取对他来说没有什么意义,因为他表现出来的好坏行为都只能得到负面评价。俗话所说的"破罐子破摔"就是对这类人心态的描述。

  在通常情况下,尽管每个人不能独立解决所有问题,因而需要与人进行合作,但他有能力解决自己的生活问题,即使他一时找不出非常好的解决办法,他也能渐渐学到一些办法或采取权宜之计。一个人不甘落后,不愿给别人带来负担,不愿接受别人的照顾时,照顾他反而会破坏他的独立感,损害他的自尊。一个有强烈自尊心的人在能自己解决问题的情况下,通常不愿接受别人的施舍,甚至把别人的施舍看作对自己的莫大侮辱。一个没有自尊心的人则把施舍看作理所当然,对别人的帮助也不会产生感恩的心情。所以,抱着施舍和恩赐的态度去帮助他人,或使他人感到这是施舍未必是一件好事。最好的办法是别人需要帮助时去帮助他人而又不损害他的自尊。

---

① 马斯洛:《人的潜能与价值》,林方等编译,北京:华夏出版社,1987年,第167—168页。

自尊意味着什么呢？意味着清醒而正确地看待自己作为人的价值与尊严，以积极的态度去对待自己的不足，承担自己对生活的责任。自尊是人的自爱的一个积极的肯定的方面，它表达了健康的情趣、品格和气质。真正懂得自尊的人必然自爱，尊重自己也尊重他人。他了解对自己进行正确的价值评判的重要性。他爱惜自己的名誉，把它看作自我价值的反映，他觉得自己享有美好的名誉，会产生自豪的情绪，体验到生活的充实，感受到人生的魅力。事业意识、进取意识、尊严意识、独立意识、自由意识、参与意识是构成自尊心理的基本要素，也是人形成独立人格的重要条件。真正的自尊者通常对自己提出独立自主的要求，自律而不以己度人，自重而不专横跋扈，自由而不放任自流。在对待事业方面，他把创造性的参与视为人生意义所在。在对待他人方面，他不愿陷入依附关系，既拒绝迎合他人也不想他人奉承自己，他处世的原则是，每个人应保持独立的思考、判断与选择，但也不应将自己的价值观强加给他人。

　　由自尊可以发展出这样一种理想的人格特征：关心社会但不随波逐流；尊重他人但不趋炎附势；热爱自己但不傲慢自恣。献身事业，胸怀坦荡，独立自主，不卑不亢，这都是所有自尊者敬重的品质，从这里你可以发现一种通过彼此肯定而确立的人际关系：敬重各自的人格独立，因为依附关系有损于双方；恰如其分地对待他人的思想与行为，因为阿谀与贬低都不能实事求是地反映一个人的真实状况；正确地对待他人的批评，因为批评是进步的动力，即使是不公正的批评，也有警示作用，它可以帮助人自觉地调整自己的思考方式与行为方式；合理地处理自己与他人的利益之争，因为固执己见或一味退让都无法从根本上消除彼此的分歧和争执，只有从公正出发并致力于维护公正，个案的处理才具有普遍价值。假如你买10公斤东西别人只给你9.5公斤，你据理争回你的应有所得，你所做的就不只是多得合理的利益本身，也不只是维护一种自尊.而是在维护一种买卖公平的道德准则，这种准则恰恰是确保社会公正的基本条件。所谓"富贵不能淫，贫贱不能移，威武不能屈"，不仅显示了一种人格力量，而且维护了一种自尊自爱的社会普遍价值。维护这种普遍价值,也在间接地实现着自我的价值,甚至可以说,它就是自我实现的重要方面,因为每个人都是这种普遍价值的分享者、受益者。比如说,如果我承认偷盗、抢劫的合理性,就意味着当我成为下一次抢劫目标时,我也不应当有反对的表示。由此可见,为我的价值的实现并不是孤立的事件,而是与普遍价值有着本质的关系。

自尊的实际体现是自强。自强则是对自我完善性的追求。如果说自尊体现了人对待自我价值时的收心内敛,自强则表明了人为实践自己的价值理想而进行的放心外骛。人并不生活在单纯的幻想之中,也不停留于单纯的内心之中,人的自我价值感成乎其内,发乎其外。就自强与自尊的关系而言,我是内得的映现,也是内得的开展与绽放。自强克服了自尊的内守状态,超越了意识的软弱,并反过来巩固了自尊。正如马斯洛所说,"所心人都向往自我实现,或者说,都有自我实现的倾向"①。自强就是在自我实现中不断对自身的信念、意志、毅力、尊严、智慧和能力的不断强化和发展,是对自我价值的实际确认,其基本内容是靠自己的能力来实现自己的追求,不为生活的困难所吓倒,而是知难而进,临危不惧,他的一生真可谓生命不息,奋斗不止。人生不如意的事十之八九,就看我们采取什么心态。自强者如大雪中的苍松,寒风中的腊梅,环境愈劣,意志愈坚。

"沧海横流,方显出英雄本色。"如果生活平静无波,事业一帆风顺,那当然好。但生活中的人们,有几个能永远被幸运之神眷顾?人如果缺乏面对困难、面对失败的勇气,不能适时调整自己的心态,他一旦遭受意外的打击,就会从此一蹶不振,甚至走到意志崩溃的地步。从错误中学习,从失败中奋起,每每是强者的特点。困难磨炼人的意志,挫折考验人的毅力。丰富的知识,出众的智慧,精湛的技艺和非凡的才能,只有在解决困难的时候才能彰显它们的效用或价值。人生有如征途,那里有千里平川,也有长河大漠,有崇山峻岭,也有急流险滩。行走在平川之上,强者弱者,难以分别,一上崎岖之途,意志强弱立即

---

① 马斯洛:《存在心理学探索》,李文湉译,昆明:云南人民出版社,1987年,第142页。

显现出来,自强者未必有过人的体力,也未必有出众的才智,但他们不因失败而气馁,不因成功而停步。从乞丐到诗人的裴多菲,从小职员到大总统的林肯,从奴隶到将军的罗炳辉,从小学徒到数学家的华罗庚,他们的人生无不是一部自强不息的历史。"宝剑锋从磨砺出,梅花香自苦寒来。"历练人生,方知生命的可贵;久经磨难,方知自强的重要。黑格尔之所以说,一句格言从儿童嘴里说出来与从老人嘴里说出来有着截然不同的意义,那是因为老人嘴里说出来的格言,包含着生活的丰富性,包含着老人对生活的甜酸苦辣的体验与回味。在一些外人眼里,自强者也许活得很苦很累,但自强者本人往往没有这种感觉,相反,觉得自强中包含生命的充实感,即使是一个小小的成功与收获也让他体会到努力的意义,成功之于自强者有如格言之于老人,自强者常能用心专一,很少受不良情绪的干扰。由于心灵较少不安、焦虑、恐惧这类内心冲突,他们更易于保持内心的平和,防止心力的过分内耗。哪怕他们的努力因各种条件或能力所限而无法达到预期的成果,他们也较能接受失败的现实并及时总结经验教训,将失败作为走向成功的起点。他们有理想,但不空谈理想,有抱负,但不停留于抱负,有自我超越、自我完善的要求与能力。在他们面前似乎永远有一种"新我"等着他去塑造。成功永远属于昨天,强者瞩目的是将来。

  人的自我价值通过人根据时代的要求以及自己的理想而进行的自我设计和自我建构实现出来。大多数人所做的是一会儿根据某个人的想法行事,继而又根据另一个人的想法行事,一切取决于谁在他当时的视野里显得高大,有着最深层的愿望,最强壮的外表,最大的权威。功成名就的人士通常得到我们暂时的拥戴,我们试图根据他来确立我们的理想。……每个人都以为他具有克服生命局限的妙方,并且真切地了解成为人意味着什么,他通常试图为他的特殊素质赢得追随者[1]。与此相反,自强不息的人不会人云亦云地以他人的理想为理想,也不会盲目地追随某个人,更不会狂热地崇拜某个偶像,因为他们懂得狂热的崇拜会使人丧失理性的自主判断力,甚至会使人成为邪恶势

---

[1] 参 Ernest Becker, *The Denial of Death*, New York: The Free Press, 1972, p. 255。

力的工具。但不崇拜别人并不等于不尊重别人,更不等于不向别人学习,而是把自己与别人摆在同等的地位上。崇拜中是不可能有平等的,即使主观上认为有平等,客观上也不可能造成平等,因为崇拜意味着矮化自己,抽象地、绝对地抬高对象,并且将对象本身作为绝对尺度,缺点和错误在这里似乎也成了可以原谅的点缀,甚至成了让人产生神秘联想的熠熠生辉的东西,崇拜导致对人的神化,也导致把自己的价值放在无量的价值上加以度量,度量的结果是个人不自觉地被他心目中的崇高对象所俘虏,为被崇拜的对象的生存而生存仿佛成了个人存在的宿命,这个对象充实着某些人的生活,成了某些人的情感之源,有时简直就是不死的象征。这与其说是人生历程中意识发展的一个阶段,还不如说这是人的自我形象的幻化与投射。从理智的观点看,它不是一种成熟而健全的感觉,这种感觉像柏拉图在洞穴隐喻里形容的稚气的感觉,它虽有成人的深度与力量,但它使个人显得单纯、质朴、顺从和卑微。所以,人要真正体认自己的价值,必须从崇拜中超拔出来。

人不但过物的生活,还有心的生活。我们常说世上最幽深的是海洋,比海洋还要幽深的是人心。心的世界是决定人高于物的人性的园地,人的价值在此生根、发芽、抽枝、竞长,它外承阳光内接灵源。于是,心成意义之渊。古人说"心之官则思",实际上,人因思而成人。现实中,我们常称儿女为心肝宝贝,或称无情无义之人没有心肝,就足以证明我们看重心对人的本质的决定性作用。不但设计外物,还设计自己的生活。动物只有一种活法,人则各有各的活法,是心决定了人的这些可能性。人高于物不因肉体而因人心,这在今天成了尽人皆知的常识,但人类达到这样的常识经过了漫长的历程。希腊人问"什么是人?",有人说人是能笑的动物,好事者引出发笑的猩猩加以嘲弄;有人说"人是两脚扁平的没有羽毛的动物",别人拿来一只拔去羽毛的鸡作为反驳。后来,既有人说"人是理性的动物",也有人说"人是会说话的动物",还有人说"人是制造工具进行劳动的动物",凡此种种都是对人的价值的不完全的规定。相对物的惰性和被动性来说,源于人的主动性体现了人有高于物的价值;相对于物的服从严格的必然性来说,源自人心的自由自决的能力使人享有高于兽性的尊严。在人心中显示的各种价值中,道德价值是人的最高价值。只因为有礼义、廉耻,人方得为人。人独立不倚、傲视万物的优势尽在人的精神品格中,尤其是道德品格中。朗朗乾坤,悠悠心灵,似有相应的结构与秩序,人能发涵天盖地之慨,如没有道德的底气,人就不能使天地万物服务于高尚的目的。因此,康德至死都念念不忘两个相互对待的世界:头顶上繁星灿烂的天空,心灵中不变的道德准则。

然而,人为何要造一个灵的世界呢?在何种意义上,灵的世界也显示着人的价值呢?人虽贵为万物之灵,但天灾人祸,疾病死亡又随时显示人的渺小。最关键的甚至不在人的渺小,而是人不安于自己的渺小。人知自己的有限,而不安于有限;人知自己的相对,但不安于这种相对。于是,人于短陋中企慕高华,于有限中渴望无限,于浅显中追寻神秘,于残缺中向往圆满。观察宗教生活,可以让人发现似乎只有一种超绝的东西才能让人心找到依恃与归属,让人心得以安息。由于人在现实里并未真正建立起信心,他不得不到灵的世界去寻找补偿,在对灵的世界的构想中,人开阔了胸襟,培养了一种不滞于事、不碍于物的情怀,执着于这样的世界虽使人丧失对外在事物的敏感,但在人与人之间建立了一种超越时空的精神联系,人心在对灵界的默念和冥想中变得深邃并由松散归于定一。由此我们可以解释,犹太人无论散居何处,只要集在一起就能心意相通,众心合一。所以灵界虽为臆造,但提升着人的精神,它是愚昧与聪明的混合。梁漱溟先生对于宗教迷信的精当解释,在此仍能适用:

> 人生所不同于动物者,独在其怀念过去,企想未来,总在抱着前途希望中过活。时而因希望的满足而快慰,时而因希望的接近而鼓舞,更多的是因希望之不断而忍耐勉励。失望与绝望于他是太难堪,然而所需求者不得满足乃是常事,得满足者却很少。这样狭小迫促,一览而望尽的世界谁能受得?于是人们自然就要超

越现前知识界限,打破理智冷酷,辟出一超绝神秘的世界,使其希望要求范围更拓广,内容更丰富,意味更深长,尤其是结果更渺茫不定,一般的宗教迷信就从这里产生。①

但痴迷神灵的世界,有使人否定人生、自蔽其明的危险,把人心放在神性面前度量,人心何其卑琐,人不事人,专于事神,人的价值由何体现?希腊人早就断言,人只能爱智而非有智。中世纪神学更是利用人的这种自谦自抑取消人的生气。人智不开,其心可昧,人的自限自贬臻于极致,必然把人降为草芥。人心的张狂常因神性的存在而有所收敛,但如不开启心智,人仍难以超脱狭隘。因此,人最终不得不将兴趣由灵界引向人间。

从用神的眼光去看人转向用人的眼光去看人,意味着给人去蔽,还人以真实。人的切问自返,人的绝圣近智,把人从迷失和萎靡状态中拯救出来。人不度己,何以度人?人有通神的智慧,未必会骄慢自恣。人在发展心智经营世界中鄙弃蒙昧与懦弱,重新找到了人的自信。他营营于生活的谋划,汲汲于大地的耕耘。他把未知变已知,化隔膜为豪情。从广泛的意义上,他重新把劳动即物质和精神财富的创造,视为人生的根本。以这样的眼光去看人的价值,就无需我们来证明,人的繁衍生息,辛勤劳作,人的情感,意志与思索以及建立在此基础上的一切科学、文化与艺术活动,广而言之,人的一切创造性努力,都是人的价值的展现与发挥。然而,人即人的生活。生活是人的价值的自我开展。在此生活中,人与人"共在",他们分享自然的馈赠,从事并分享共同的创造,从这一层面看,人既是价值的消费者、享受者,又是价值的发现者、创造者。就此而论,人本身就是最高的价值。

由此我们不难明了,人的价值有着自我规定的特性。人的价值与物的价值虽然都是人赋予的,但物的价值有赖人对物的有用性的运用,人的价值则是人在自身活动中创造的,人既是创造价值的价值,又具有超越自身属性的价值。但人的价值体现的首先不是人与物的关

---

① 梁漱溟:《人心与人生》,上海:学林出版社,1984年,第190—191页。

系,而是人与人的关系。一个人在与他人的共在中展示着人对人的意义,也折射出人类整体对人自身的意义。从整体方面看,人的价值表现在他能将世界纳入自己的需要体系,他不但以理论的方式与世界打交道,而且以实践的方式让世界自己打开自己。他不但干预自然的进程,如让高山消失,让江河改道,让自然的能量释放出来,而且以理论方式去对待世界,如在开发世界权利时懂得如何保护世界,在行使自己的权利时甚至考虑动物的权利,他还以审美的态度去观照世界并按美的规律去改造世界。但是,所有这些最终都落实到人的整体利益上来,落实到人的一切活动以人为最高目的上来。"爱护自然,就是爱护人自身",一语道破了人类的自我中心主义立场。如果从积极的方面去考虑这一立场,我们就应当说,人依然在将自己作为价值体系的中心。人考虑人与物的关系最终是为了人与人的关系,是为了现实的人与"应然"的人的关系。"应然的人"代表着人的理想与目标。从柏拉图的理想国到老子的小国寡民,从尼采的"超人"到马克思的"全面发展的人"都体现了人类设计师们对现实人的不满,也体现了人类为实现自我完善所做的努力,人在改造世界时的自我改造正是人的整体价值之所在。不仅如此,人还作为整体超出自我保护的范围而承担起保护所有生命的责任,他们不但设计物种、改造物种,而且要设计自身、改进自身。从器官移植到基因治疗,从优生优育到人的克隆(尽管眼下对克隆人有各种限制,对人的部分克隆将难以阻挡),无不反映出人类厌恶缺陷,追求完整的本性。人还是唯一仿造自己企慕同类的存在。他眺望茫茫宇宙,四处搜寻地外生命的迹象,探测外星人存在的信息,他不忍独守宇宙的奥秘,企望有智慧的同类共享宇宙的美妙;他期待天外来客的造访,有如久居深山的老人向所有客人敞开欢迎的大门。不过,根据现有的认识,即便地球之外有智慧生物的存在,他也只能存在于离地球几百万光年的地方,即使我们得到了他们的信息,它也只能是几百万年前的信息,即便人类发明了达到光速的载人工具,人也只有让自己在运载工具中繁衍几百万年的后代去遭遇几百万年后的外星人。这是同时性的非同时性,是不可能性的可能性,因为它达到了人类想象力的极限。尽管如此,人类还是不愿放弃自己的好奇心,而是以徒怀不可能实现的理想为乐事。它的价值并不取决于人能否实现自己的梦想,而在于它证明了人类具有关心不可能性的能力,显示了人类对宇宙万物的关怀,表明了人类具有优于所有生物的自我超越性。

从个体方面看,人的价值在于他对自身、对他人和社会的意义。如果说整体的人的价值涉及人的共性,它是人相对于外部世界而言,那么个体的人的价值则涉及人的个性,它表现了人与人之间的差异性。就个人对自身的意义而言,人的存在本身就是生命力的自由而自觉的展现,一个身心健全的人首先要通过创造物质和精神财富来养活自己,他虽不能离开他人而遗世独立,但他应学会自立、自强的本领,因为一个人只有具备了自我负责的能力才有余力向他人负责。因此,个人对自身的意义首先是个人必须担当起自己生活的责任,尊重自己的生命及其尊严是确立人的基本价值感而迈出的第一步。古人云:"天行健,君子自强不息。"做生活的强者,就是在开拓自我的价值,这个价值并不是先验地决定的,而是由人自身创造出来的,人的一生就是价值全体。如果说人从生到死是一首乐曲,那么人的每一种活动就是跳动的音符。黑格尔之所以讲,人是一连串的行为,无非是说人通过不断的劳作为人自身的价值做出丰富的注解。我们在生活里阐释生活。我们每每听一些老者慨叹:"人老了,不中用了。"这种对人的自我价值的感伤本身就印证了人的自我反思能力,它隐含着对自己已有价值的无言的回顾,代表了个人对自己应有价值的清晰认识和高尚要求,因而它也渗透了人生在世的积极情调。即使是身心不健全的人也并非没有价值。起码他们体现了生命的尊严,隐然承载着人之为人的关爱。更何况,身残志坚之人无处不在,他(她)们以自己独特的方式树立了道德价值的丰碑。一个健康人可能才情万斗,一个残疾人只有小技在身,但后者对他人精神的激励未必下于前者。一个久病临终的老人决定把她的角膜献给他人,一个盲人通过按摩促进他人的康复,你能说他们不在实现人生的价值?大家不要忘记毕加索是个精神分裂症患者,大画家高更一直受到麻风病的煎熬,大名鼎鼎的科学泰斗霍金是个腿脚不便的残疾人,还有我们中国人熟知的张海迪,他们以常人难以想象的毅力为人生的意义注入了常人难以想象的因素,也为"人人都有价值"提供了有力的佐证。

(三)为他的价值

就个人对他人的意义而言,每个人不但向对象化的自然开放,而且向自己的同类开放。自己并非他人的敌人,他人并非我的地狱。相反,每个人都有能力成为他人的朋友,与他人默默交流,与他人款款对话,与他人互问互答。你的每一个眼神,每一句言语,每一个举动都显示着你的存在,你也能以这种方式肯定他人的存在。对一个身陷荒漠的人来说,你的出现就是对他人存在的激励,即使你无力给人援手。对一个绝望的人来说,你的安慰、你的关心可能减轻他人的痛苦,平添他的信心,甚至救他的性命于万一。对一个满心孤苦、与世隔绝的老人来说,你的造访可能就像寒冬的阳光、盛夏的清泉,你只需做耐心的倾听者,就能舒解他(她)心头的郁结,给他(她)一段开心的时光。对一个误入歧途的少年来说,你的点拨、你的规劝、你的教导,乃至你的训斥都能成为他(她)迷途知返的动力并进而成为人生的财富。对一个已经犯罪并有可能继续犯罪的人来说,你的制止就可以防止他(她)滑入更深的深渊,也阻止他(她)给另一个或另一些他人带来危害。以上,我还只是从多面的立场看待个人在他人面临消极的境况时如何减轻负面价值。就像减少损失意味着增加收益一样,减少他人的负面价值,在一定程度上意味着增加了他自身的正面价值,每人都是一个他人,人自然需要物,但人更需要人。人的奇特性在于人需要自我和他人的相互尊重与双重认可,人的价值就在这种认可中。正是在这种意义上,彼得拉克说,"人的价值就在人自身"。

个人对他人的意义不仅表现在给他人以同情、帮助与关怀,而且表现在通过劳动和工作为自己创造生活的同时,也为他人创造生活。

一切伟大的思想家、科学家、政治家、文学家、艺术家、教育家自不待言,因为他们通过各种创造性活动为他人作出了巨大的贡献,即使你是凡夫俗子、市井小民,你也与他人相互需要。你与他人一道维系着社会系统的运作,你代表着一种职业、一种角色、一种生存的向度。你在与他人的相互交流和相互肯定中维持着思想与行为的活力。你履行好自己的职责,你就在确认你对他人的价值。你造桥,过桥的人就从你的劳动中受益;你盖房,居住的人就不致沐风浴雨;你筑路,过路人才有通行的便利。社会通过不同的分工为每个人提供一个生活的支点,也为人们相互省去不必要的辛劳。从这种意义上说,人与人相互替补互为凭依,其根据在于人无法单独满足自己的一切需要,也无力单独发展自己的需要。你通过劳动展示了你对他人的意义,因为他人也许要以你的需要为需要。从根本上说,你的劳动既满足他人的需要,也是你自己本质力量的真实展现。当人陷入无所事事的无聊状态时,人的失落感、无方向感、无意义感便油然而生,由此可以表明为什么对于一个没有较多内心生活的罪犯来说,从牢房中出去劳动不啻是另一种解放。对一个既缺乏物质保障,又缺乏精神生活的人来说,长期的空闲无异于人生的灾难。

更为重要的是,人是道德价值的唯一体现者和创造者。当我们骂某个人"简直不是人"时,显然不是指他过着牛马一样的生活,而是指他行为恶劣、品德低下。一个人对他人的意义,不仅表现在他能创造物质财富与文化财富,而且表现在他通过无形的精神气质和道德品格对他人发生积极影响。爱因斯坦在《悼念玛丽·居里》时指出:

> 在像居里夫人这样一位崇高人物结束她一生的时候,我们不要仅仅满足于回忆她的工作成果对人类已经作出的贡献。第一流人物对于历史进程的意义,在其道德品质方面,也许比单纯的才智成就方面还要大。即使是后者,它们取决于品格的程度,也远远超过通常认为的那样。[1]

---

[1] 赵中立、许良英编:《纪念爱因斯坦译文集》,上海:上海科技出版社,1979年,第37页。

个人秉德而行,虽无惊天动地之举,却可体现做人的尊严;个人奋发向善,虽为他人的对手,他人仍可由此汲取进取的力量。人人争做善事,自然离不开人格的相互感召,但如果人人期待于人,而不是像孟子所说的"反求诸己",善事如何能有? 因而,个人先出乎本心,尽职尽责,不但做到"己所不欲,勿施于人",而且以他人之善为善,善便在其中。我们以为仅仅做到"己所不欲,勿施于人"仍是一种消极的道德,因为它基于"己之所欲"与"人之所欲"相互统一的抽象假设。将心比心、推己及人在大部分时候固然合适,但不能由此走入以己度人、自我中心的困境。在崇尚个人自立的社会,己之所欲,未必是他人所欲,己之不欲,未必他人不欲。想当然地以为自己所欲也为他人所欲,并出于好心为他人代劳,将有冒犯他人尊严的危险。正因如此,先问他人之欲后替他人做事,后他人之欲而欲,按自我与他人之共善时成善,方为当今社会的明智做法。通俗地讲,在一个人人需要帮助的社会里,即使无条件地帮助别人,别人也乐于接受并予以赞赏,而在一个很少有人需要帮助的社会里,如果别人无需你的帮助,并以自助为荣,你在未征得别人同意的情况下提供的帮助反而会引起别人的不快。鉴于此,我们除了提倡"己所不欲,勿施于人",还要提倡"人所不欲,勿施于人"。古人云:"义者,宜也。"(《中庸》)强调善事的适宜性也是一个人对他人的一种道德关怀,此种关怀出自对他人的心思和好恶透彻的了解与尊重。它应验了孟子的主张"由仁义行",而不是"行仁义",只有这样,为善才能圆融通达,而不是僵死滞碍,这也表明,与人为善不能基于愚鲁,而要依靠智慧。古人所说的仁智,只是抽象有别,实则融合为一。

个人对他人的意义不但表现在自己与他人的和谐共存上,而且表现在自己能为他人提供交流和交往的"节点",他人也是一个自我,你可以把他称为"他我"。就像我自己有各种需要一样,他人也有各种需要,有些需要是基本的生理需要,有些需要是精神的需要。对多数人来说,精神需要或多或少与生理的需要相联系,但在人的生理需要基本满足之后,精神的需要能否得到满足通常决定了一个人是否快乐。这一点可以解释,为什么许多儿童仅有安全感,仅仅吃饱喝足还不快乐,他还需要感情的温暖,需要交流和关爱,需要向别人证明和表现自己的能力,也需要模仿和学习。一句话,从儿童时代起,人就有了交往的需要,交流的需要。交流不仅仅是为了得到某个具体的信息,也不仅仅是为了相互学习,它本身就是人有活力的确证。一个人不管多么封闭,不管如何独往独来,都需要在一定程度上向他人打开心扉,释放心理能量,甚至袒露心迹,否则,他就会因过于抑郁而走向疯狂。所以,我们经常可以发现一个缺乏交流的老人总要自言自语,或对着墙壁大喊大叫。自言自语和独自大叫是渴望交流的一种表示,也是一种没有办法的替代办法。一个喜欢滔滔不绝讲话的人如果两个星期找不到倾听者,内心的难受不下于别人对他的侮辱。一个人越是注重情感生活,越是拥有精神空间,越是需要交流。问题不在于要不要交流,而在于怎样交流,以什么方式进行交流。即使是那些深居简出、性情淡泊的隐士和皓首穷经的学者,也并非不需要交流,而是把交流的对象转向历史,转向古人或转向自然的对象。我们可以说,他们生活在一种想象的交流中。

　　家庭是交流的最早场所。我们首先在与父母的交流中学会了语言,掌握了处理问题的基本技巧,并在这一过程中确立了密切的情感交流,交流的手段可以是眼神,也可以是面孔,还可以是动作,当然,最常用的是语言和文字。对于家庭成员来说,哪怕是哭泣和欢笑都具有交流的意义。不仅夫妻之间需要不断语言交流,兄弟姐妹之间、父母与子女之间都需要这种交流。远在异乡的游子给父母的片言只语或电话中的简短问候,都是对父母莫大的安慰。老人对子女的唠叨则一半是对缺乏交流的抗议,一半是因记忆力的衰退而不断重复自己对子女的关爱。因此,即使是对一些青年难以忍受的唠叨,我们也不要忘记从积极的方面去看待。这里不单单蕴涵着对交流的渴望,它包含着对往日亲情的怀念。

　　今天,人类最尖端的科技无不与交流联系在一起。从鸿雁传书到卫星通信,从可视电话到互联网络,都反映出人类对交流的重视,也反映了交流的需要如何推动了社会的进步。近些年来,世界上对人的交流方式影响最为深远的无疑是互联网的普遍运用。它使每个人都成为潜在的交流者,它打破了交流在时间和空间上的限制。一方面,它使知识与意见越来越难以区分;另一方面,它使每个人能同时与许多人交流。它使遥远的人接近,使接近的人遥远,——那个在网上与他闲聊的人很可能远在地球的另一边,那个在网上与他谈情说爱的人很可能就是他的邻居。它使孤独的人不再孤独,使本不孤独的人反倒孤独。当不少人成为真正的网虫,沉迷于虚拟的世界时,他们也许会失去对现实事物的兴趣,当然也意味着失去对身边的人交流的兴趣。除了生理需求,身边的事物往往成了毫无意义的空壳。于是精神病医生的手册上将新增一个病名:网络综合征。"其实,这并非我的假设,而是活生生的现实。君不见,一些网虫深更半夜还带着充满血丝的眼睛与网上来客娓娓交谈——他们像自语着的蚂蚁奔走于通向蚁穴的路途,他们忘身于字符与图画的变奏,听不见伴侣的甜甜私语,看不见婴儿的灿烂笑靥,他们不理会父母那近乎哀求的关爱,而只求在电子世界中等候雄鸡报晓的啼鸣。"①

不管通信手段如何发达,远程的交流都无法代替面对面的交流。当一个社会没有什么宗教活动或各式各样集体娱乐时,它就不能不通过没完没了的会议来证明集体的存在并为人们提供交流的机会。因为只有这种直接的照面才能消除一个人与他人的心理距离,只有自我与他人相遇时的目光交接、表情的体认,才能使大家真实地表达彼此的喜怒哀乐,表达自己的内心感受。一个人不管如何掩饰自己的内心世界,当他进入无意识状态时都不能不露出他的"真情实意",实际上他的眼神、表情和动作均是内心秘密的自然流露,即使一个人用心进行伪装也可以露出蛛丝马迹。更何况,大多数人都愿意向他人敞开自己,展示自己的内心世界,至少对亲人朋友是如此,因为哀伤者可以由此获得他人的同情,狂狷者可以得到他人的欣赏,柔弱者可以得到他

---

① 汪堂家:《把大脑联网?》,载《书城》2000年第2期。

人的激励,莽撞者可以得到他人的警醒,傲慢者可以借此睥睨世事,竞争者可以借此先声夺人。与此相反,远程的交谈多半是掩盖了自然情感的交流,是被理智改了装的沟通,它有"口惠而实不至"之嫌,更谈不上真正意义上的心灵交流。通过语言和图像而进行的交流仍然是苍白无力的。它们只是人的思想、情感的间接表达。是被语言中介筛选了的东西,因而是不能全面反映真实情况的东西。我们甚至可以说,远程的交流无法剥去人的伪装。所以,虽然今天有了国际互联网和可视电话这样的交流工具并为人际交流开辟了无限广阔的前景,但我们在积极地运用新技术的同时,不要以为它们可以完全替代面对面的交流。"眼见为实,耳听为虚"仍是交流的要诀。每个人都需要前瞻性地把握时代的潮流,而不是仅仅被动地适应这种潮流。不要让人成为交流工具的奴隶,而是让工具服务于人的交流需要。在这里,自我不仅充当交流对象,它还是交流的出发点,交流的设计师,我不仅通过交流丰富了自己的生活,而且让他人感到群体生活的意义。交流是自我与他人的情感和思想的相互让渡。当人们不再把交流停留于言语和文字,而是扩展到行为时,交流便发展为交往。

交往是人的需要。从幼童时期开始,人就表现出这种需要。无论是一起吃喝,一块学习,一块玩耍,还是一块劳动,儿童都能找到无需大人干预的解决问题的办法。儿童交往的非功利性为日后的功利交往制造了一种浪漫性气氛,也为交往能力的培养和发挥预留了空间。在向往中形成的伙伴意识,为自我与他人的彼此尊重和平等相处创造了条件。交往的理由当然多种多样,但它的最初根苗可能要在人的不愿寂寞的天性中去寻找。撇开交往的社会动机,我们甚至可以发现,待客的那种忙乱不但能转移我们扰攘不定的情绪,而且能显示自我对他人的存在的价值:我为他人舒解一下劳顿,我通过与他人的共鸣平添他人对某件事情的信心,他人也从我这里知道,他不是茕茕孑立、独对困难的存在。如果交往发展为友谊,自我与他人发展为朋友,如果这种朋友不是通常所说的酒肉朋友,那么,他人就能从我这里找到惺惺相惜的感觉。友谊使交往超脱了一般"打交道"的范围,因为"打交道"通常带有功利色彩,总是为某事而打交道,因而带有明确的目的性,而友谊不只是相互欣赏,它也是心心相印,是心灵的相互需要,是相互的砥砺和忠告。"良药苦口利于病,忠言逆耳利于行。"朋友的劝诫,善意的提醒和批评,可以让人少犯错误,少走弯路。通常的交往也许能使你增长见识,甚至于增长智慧,但你绝不能由此得到情感的慰藉。友谊不仅是治疗孤独的良方,而且是培养平等意识的沃土,因为友谊本身就是人格平等的产物,它超出地域、年龄和尊卑的界限。正如培根所说,"友谊的一大奇特作用是:如果你把快乐告诉一个朋友,你将得到两个快乐,而如果你把忧愁向一个朋友倾吐,你就被分掉一半忧愁。所以友谊对于人生,真像炼金术士所要寻找的那种'点金石'。它能使黄金加倍,又能使黑铁成金"[1]。如果交往能以友谊为目标,人间将多些信任,少些猜忌;多些舒朗,少些郁闷;多些温馨,少些隔膜;多些欢乐,少些忧愁。如果我们每个人能从自身出发,以朋友之心善待他人,世上就不至于有这么多的敌意、罪恶与战争。人类之间就会少些内耗,而将精力用于能增进人类共同利益的物质财富与精神财富的创造上,放在有益于身心健康的娱乐和精神陶冶上。当然,自古以来,就一直打有人抱着这样的美好愿望。今天我们在这个日益强调竞争的时代重提人与人的友爱和友情,既是要接续常被芜然庞杂的利害关系所掩盖的精神传统,也是要重新树立曾经只有少数人能够实现的,但应为社会成员普遍接受的人际理想。

不过,在交往中以及在作为交往的充分发展的友谊中展现出来的为他的价值,仅限于个人对个人的关系,并且多少带有推己及人的性质。要触及群体关系中个人的为他价值,就必须谈谈人与人的合作。

合作是一个再普通不过的概念,哪怕是缺乏合作精神的人也不能回避这一问题,因为一个人不可能一辈子一切都靠自己去完成,即使是娱乐,如果没有任何人合作,你也不能顺利进行,就算你找到了自娱自乐的方式,也得有人为你的娱乐创造条件。至于家庭生活和社会生

---

[1] 弗兰西斯·培根:《培根论人生》,何新译,上海:上海人民出版社,1983年,第52—53页。

活，几乎所有事情都需要别人不同程度的合作。日常生活中我们常说"与人方便，与己方便"，也是从广义上的合作出发对个人提出的道德要求。所以，许多心理学家都强调，学会合作是走向社会的第一步。也正是出于对合作在工作中的重要性的真切体验，许多企业招聘员工也把合作精神视为录用的基本要素。

实际上，合作是人类得以延续和发展的基本条件。合作比不合作好，是人类脱离动物界时早就得到的重要经验。历史表明，合作代替冲突是自然进化的产物，也是人类理性选择的结果。由于人在自然界的脆弱性，他只有选择合作才能对付自然灾难和其他猛兽的袭击，也只有通过合作才能获取足够的食物并确保种族的繁衍。在进入文明社会之后，人对合作的要求非但没有减弱，反而与日俱增。这是因为人越是理性地对待苦难和问题，越是发现，合作解决问题比单独解决问题要容易得多。分工的细化既是合作的结果，也是合作的要求。当一件事情被分解成不同部分并由不同的人去承担时，大家会发现更省时省力，更何况有许多复杂的事情非一个人所能完成。合作是最符合经济原则的。从婚姻、家庭到各种各样的社会工作莫不如此。在德国南部的一些乡村，至今仍保留这样的风俗：看一对男女是否适合结婚先要让他们合作锯几块木头，所用的锯子往往又长又大，选用的木头往往是一段树干：如果两人不能均匀用力，锯子就会变形，这样木头就无法锯断，如果两人不能围绕同一条墨线默契配合，锯下的木头就长短不均或厚薄不匀。如果多锯几块木头还可看出，合作的方式能否改进。这的确是个很聪明的测试，因为通过这种方式可以看出两人合作愿望的强烈程度，是否具备真正的合作精神和合作能力，以及在合作不成功后两人是否愿意再尝试进行新的合作。

基于对合作的深刻认识的个体心理学，把检验合作能力的高低作为了解心理差异的最好办法。但我们也常一味凭生活经验而不假反思地判断一个人的合作能力，因为大家都看重合作的成果，而不看重合作的过程，殊不知，合作本身需要不断学习和尝试，合作方式也需要不断探索。尽管我们能凭日常经验，从一个人的生活方式、交往方式和其他细节可以了解他是否适宜与人的合作,但我们每每忽视培养一个人的合作兴趣,发掘其合作的潜能。从儿童时代开始,一个人就被合作的需要所驱使,教育的失当,性格的缺陷或生活中的各种挫折都有可能影响一个人的合作的兴趣和能力的正常发展。因此,重要的是,不歧视每一个表面上显得没有合作能力的人,以合作的精神去看待合作本身,从自己出发向他人张开双臂比向别人挥舞拳头要好得多。阿德勒曾就合作写下这样的文字:

> 在生命最初的四五年间,儿童会统一起其心灵奋斗的方向,而在心灵和肉体之间,建立起最根本的关系,他会采取一种固定的生活样式及对应的情绪和行为习惯。它的发展包括了或多或少,程度不同的合作。从其合作的程度能判断并了解一个人。在所有的失败者之间,最常见的共同之点是其合作能力非常之低。现在,我们可以给心理学一个更进一步的定义:它是对合作之缺陷的了解。①

阿德勒对心理学的定义显然过于褊狭,但是,他对人格健全与合作精神之间的关系所做的令人比较信服的阐释,的确为我们描述了这样一幅画面:个人对他人的意义,通过合作来体现并在合作中发展。合作非但不降低自己的重要性,相反可以促进自我价值的实现。从儿童的游戏到浩大的社会工程,人们既通过合作来密切群体联系,增强解决困难的信心,又通过合作各展其长,实现优势互补,促进共同利益,也通过合作克服个人的软弱、胆怯和自卑的心理。民间流行的"三个臭皮匠顶一个诸葛亮""一个好汉三个帮"的俗语,以形象的语言素朴地表达了合作的意义。一个人的能力无论多强,都不足以控制他的整个生活环境,也不足以实现全部生活目标。假如他只知道一味地自我冲撞,他遇到的一个又一个挫折或失败会使他灰心丧气。单枪匹马的奋斗大大增加了受挫的可能性,也把自己置于一种无所凭依的境

---

① 阿德勒:《自卑与超越》,黄光国译,北京:作家出版社,1986年,第43页。

地。我们自然不否认人人都有许多能够独立完成并且应当独自完成的事情,但这并不等于说我们不需要合作。每个人都有不同的性格特点、生活目标、思维方式和行为方式,但这些差异不但不应成为合作的障碍,相反为合作提供了可资利用的条件,并且能促进合作的成功。合作精神与依赖心理是两个不同的心理状态,前者是以自我与他人的平等为前提,以互利、互惠为目标,后者则使自己从属于他人,听凭他人来摆布自己,让他人来代自己思考,代自己做出决定,而自己则坐享其成。因此,抱有依赖心理的人其实是不可能与他人实现平等的,也不可能有真正意义上的自由,因为自由以独立为条件。

我们无须为合作的必要性做太多的解释,生活本身就是解释。要紧的是,我们要了解合作为何能体现自我对他人的价值,以及怎样通过合作来体现这种价值,合作的成功不但取决于客观条件,而且取决于我们的兴趣、恒心和决心。对于一个从小受过良好合作训练的人来说,合作是一件令人愉快的事情;反之,则有可能产生恐惧感。认识到合作对于发展自己能力的重要是人摆脱不成熟状态的关键步骤。个人的成长与个人不断发展与同他人合作的能力紧密联系在一起。只要有人群的地方就有采取合作的必要。由于合作的成功必须摒弃对自我与他人的价值的贬损,我们首先得问一问自己,我能为他人提供哪些有利于增进彼此共同利益的东西?要凝聚共识,化解对立和冲突,我们得自己先走一步,看自己是否对他人表现出了足够的仁慈、友善与宽容,然后得看看哪些方面可以激起我们的合作兴趣,即使对那些不愿与自己合作的人,也应以一种宽容去对待,因为每个人都有不同的兴趣和性格特点,我们还应该看一看,自己是否在创造一种适宜于合作的平等气氛。总之,我们首先要尽自己的努力表现自己对合作的兴趣、诚意,并以合作的方式去解决他人无法独立解决的问题。如果我们自己时时准备为利人而又利己之事奉献自己的聪明才智,我们就有望缔造一个通过合作而不断改进的生活世界。

（四）价值实现与社会向度

就个人对社会的意义而言，人生价值的大小要以他对社会的贡献为尺度。歌德说过："你若要喜爱你自己的价值，你就得给社会创造价值。"社会不是一个空洞的概念，也不是脱离所有个人而存在的独立实体。它是个人存在和发展的基础和空间。相对于外物来说，每个人的存在都有价值，但这不等于说这种价值可以自行确定和实现，它需要社会为它提供环境、条件和舞台。不管人是从这里获得价值还是丧失价值，不管他获得的价值是正面价值还是负面价值，他都需要被社会所认可，或被社会褒扬，或被社会鄙弃，或被社会涵育，或被社会囿闭。社会是个人行为的范导者、检察者、评判者。有人说，社会是个大染缸，近朱者赤，近墨者黑；也有人说，社会是一所大学校，在这里人从无知发展到有知，从幼稚走向成熟；还有人说，社会是个竞技场，每个人在这里争名竞利，优胜劣汰；更有人说，社会是个大熔炉，每个人不管性善性恶都在这里冶炼成形。凡此种种都点出了社会的某些特性，说明了社会的复杂程度，同时也指出了社会对于人生的重要意义。社会是个人安身立命之源，是为人迎生送死之所。在这里，我们品尝人生的百味，感受世态的炎凉，体会人情的冷暖，在这里，我们为自己界划人生的走向与范围，施展自己的才华与抱负，是社会给我们定性，使我们明理，让我们成事。一句话，人因社会而存在，并作为未定之物从社会获得他的本质。一个人想脱离社会，就好比想抓住自己的头发把自己悬置半空。

既然社会对人如此重要，个人应以什么回馈社会呢？人为社会的存在和发展而尽力，就是在丰富人的内涵，作为社会的参与者，我们为社会尽义务、尽责任本是做人的要义；作为社会的观察者、评判者，个人即使有"众人皆醉我独醒，众人皆浊我独清"的孤傲，也不能自弃于社会的进程之外。《礼记·礼运》篇早就说过："人不独亲其亲，不独子其子……货恶其弃于地也，不必藏于己，力恶其不出于身也，不必为己。"这一点说明人并不囿于自我的狭小天地里,人如果不能进入社会就不能算作完整的人,至多只能算作潜在的人,即使他有人的外形。

人是一个流动的概念,不同的时代赋予他不同的特质,不同的人通过他们的言行为它存照,为它释义。但人是"做"出来的。别人可以告诉你如何做人,但别人无法代替你做人,就像别人可以告诉你如何思考,但别人无法代替你思考。我们常说"人难做""做人难",这多半是指难以与人相处。如果停留于此,我们还不能进展到人的"宏观"。人的"宏观"要求我们立身行事有集体的眼光,民族的眼光,国家的眼光,人类的眼光,乃至宇宙的眼光。它突出的是人的共性。每个人发展自己的个性当然有助于丰富人的共性,使共性变得真实而具体,而不致流入空疏和虚假。消灭个性的社会自然会使"人"的概念空洞化,从而使人变成僵死不动的存在,但是,个人的个性如果膨胀到损害共性、损害人的宏观利益的地步,个人价值的根基也就发生动摇,因为个人的竞相仿效就会瓦解人的共性本身并进而瓦解人自己。人的整体利益服务于人的共性,维持着人的共性,它让人分享,也要人操持和关切。在诸多利益中,人类的整体利益是最高利益,它初看很空洞,实则很具体。它不仅存在于共同的自然资源中,而且存在于普遍适用的善恶标准和是非标准中,善恶标准、是非标准是为人的共性,为人的整体利益而存在的,而不是为某个人或某些人而存在的。它关乎人之为人的根本,因此,知善恶、辨是非是做人的第一步。知善才能行善,知恶才能避恶。大智大慧者每每廓然大公,蹈义而行,他有亮节高风,有不滞于私事、不碍于私欲的胸怀,他不但为自己同时代的人工作,而且为人类的子孙后代而工作。与此相反,大罪大恶之人虽然每每精力过人,豪强出众,但他们总是以私欲灭公欲,夺公利为私利,结果他们给社会带来的危害与他们的聪明程度成正比。所以,聪明如不受制于道德,聪明反而会为祸于社会;聪明如果以道德为依归,聪明便能促进社会的福祉。制造电脑病毒者不可谓不聪明,但他们的聪明被用于破坏社会秩序,他们不以获得利益为目的,而专以破坏本身为乐事,人的不道德莫过于此。过去的恶人只能危害一方,现在的恶人则可以危害世界;过去只有暴君才能做到的事,现在的顽童就可以做到。人类似乎越来越聪明,道德未必越来越进步。物质力量越强大,对人的道德要求越需要提高。个人的才智越发展,他的道德意识越需要增强。随着知识和物质力量的全球化,罪恶本身也在全球化,如果我们还不悚然猛醒,以涵养全民道德为急务,人类的文明将毁于一旦。

由此看来,个人的社会行为随着经济和文化的全球化趋势而愈发显示出双重特征:从好的方面看,个人的发明创造运用范围越来越广泛,受益的人越来越多,意味着个人对于社会的价值可以越来越大;从坏的方面看,个人智慧不合理的定向和不道德运用给社会带来的消极影响即负面价值,将随个人交往的扩大和全球一体化而更为广泛和深远。个人的能力只有在促进社会的福祉,符合正义要求的情况下才能成为创造社会价值的积极因素。

个人对于社会的意义是明摆着的事实,社会本身是人的关系的总体,脱离人来谈社会,社会不成其为社会。关于这一点马克思和其他社会理论家已有大量论述,此处不必赘言。我们只想强调的是,既然社会为人奠基,个人贡献于社会就是在固人之本。在古文中,"社"指土地神或祭祀土地神的场所和日子,它已暗含人生根本之意。由于土地乃生活的依靠,以土地为生的人们汇聚起来带着虔敬、感激之情来祭祀土地之神,既是寻求恩典与赐福,也是同心合意领受这份恩典并通过这种活动来加强人的联系,因此,它既体现人与神的关系,也体现人与土地的关系,还包括人与人的关系。随着社会的现实化,后一层关系最终成为压倒其他一切关系的关系。于是"社"渐渐趋同于以村落为中心的人群。英文和法文的"社会"一词源于拉丁文的 societas,其词源是 socius,本指"志同道合者""同伴"。由此可见,古人已经赋予"社会"以"和睦相处的人"或共同体的意义。它有把不同个人联系起来的精神纽带或共同的价值目标。今天,"社会"被赋予了远为复杂的意义,无论是把它作为"经济基础"和"上层建筑"的总体结构(马克思),还是把它视为一台大机器(L. Mumford),抑或是把它视为体现多种功能的系统(孔德、卢曼、帕森斯都持类似观点),个人都不得不服从社会的运转。问题是,个人在社会中是否只是体现整体性能的工具?如果仅仅是工具,个人似乎变成了无望的被动物,他除了听任社会的摆布之外,别无选择。在社会运转中他无法主观任性,他只能寄希望于社会放松对他的约束;社会则不按个人的意志动作,它需要个人都服务于某种共同目标。所以,个人不得不顺应社会的潮流,中国人说的"识时务者为俊杰",多少包含了个人成事要合时宜的意思。社会本身无所谓自在的目的,如果说它有某种目的,那也是通过少数站在时代前头的精英的设计,由每个人的合力促成的发展目标。这一目标在今天的社会具体化为各种指数和计划。而计划如果不能基于最大多数人的最大利益,它能激发的社会合力,就会被个人朝不同方向的活动所抵消。这就好比拔河,如果不同的人朝不同方向用力,这些力量将归于无用。社会计划或发展目标基于"明天会更好"这一素朴的信念,它旨在最大限度地产生合力,减少个人力量的浪费。从精神的层面讲,它仿佛是高悬的导引,起着凝聚共识,调动热情,减少内斗的作用;从行为的层面讲,它将减少个人活动的盲目性,将群体和自发活动变成自觉活动。至于计划与目标是否切实可行,既取决于实现这些目标的具体条件,也取决于合理的组织和个人的共同努力。

但个人往往不甘于成为实现整体功能的一种因素,也不愿充当一种惰性材料,他还希望在社会体系中不断变换自己的位置,保留自己的空间,保留某种属于自己的生活并为此而抗争。这样,个人就不得不在社会的整体要求与个人生活目标之间确定一种平衡。个人对社会法则的自觉使他意识到自己的有限性。唯其有限,他力图做出各种努力来进行新的尝试,他渴望以新的生活来打破他的有限性。甚至为此而进行生存的冒险。当他发现社会能丰富和拓展自己的生活时,他常常情不自禁地为之欢呼,为之喝彩,并常常成为黑格尔所说的"理性的机巧"的俘虏(指不自觉地被历史规律从背后所操纵)。一个好的社会、合理的社会意味着满足个人对更高生活阶段的渴望,同时,最大限度地通过促进整体利益来促进个人利益,而个人也意识到他开创的事业于平凡中显示出伟大,于流俗中透露出崇高。他在对时代精神的领会和践履中，发展并实现自己的潜能，实现自己对社会的承诺和"反哺"。他不是把个人的成功建立在损害公众利益的基础上，而是以自己的成功去推动社会的进步。尽管"进步"是否是社会事实，抑或只是局部的事实，引起了越来越多的疑问，因为到目前为止，人们不难看到这样的情形：人类的某些方面的进步往往以另一些方面的退步为代价，但是，如果我们放弃"进步"这个当今社会唯一对人心尚有吸引力的东西，我们所放弃的就不只是"进步"的理念本身，而是新生活的可能性，是不同个人借以焕发创造热情的引擎，是动员不同个人合力为之工作，为之自制的希望。

  在今天，这个天堂已成为空虚渺远的妄想的时代，任何以社会名义来表达的要求都不得不在尊重个人意愿与寻找社会共识之间取得某种协调，以便发挥个人的主动性、积极性，去开创至少大部分人能从中受益的进步事业，如果说过去的时代，个人对社会的依赖性非常强烈，个人生活与社会生活之间容易达到一致，那么在现代社会中大部分人都意识到个人生活和社会生活的明显分际，个人不大容易认同他人接受的信念，每个人不仅试图在社会中表达自身的意志、要求与期望，而且总是设法使一些公共事务的规则向个人的方向倾斜。正如利奥塔(Jeam Fransois Lyotard)所说，在现代社会中，"生活目标由每个人自己决定。每人都返回自我，每人都知道这个'自我'是微不足道的"[①]。在上述情况下，一个健全的社会总是把个人生活和社会生活分别归于不同的领域，两者的划界是相对明确的。如社会用不着去规定和命令个人如何穿戴，如何感受，如何饮食起居，如何栽花种草，如何布置房间，一句话，社会用不着规定个人的生活方式。因为，在同样的道德情境中社会越是给人提供生活的空间，社会场所因个人利益而起的冲突便越少；反之，人的生活空间越小，就越是把公共生活的空间视为个人随意处置的空间。事实表明，社会多了一份和平，个人也便多了一份安全。

[①] 利奥塔尔：《后现代状态》，车槿山译，北京：生活·读书·新知三联书店，1997年，第32页。

在传统社会中,"男人属于社会,女人属于家庭"似乎成了一种定式,它以男女性别来进行家庭工作与社会工作的分工。它事先假定了男女没有直接参与社会事业的平等权利,也假定女人无须参与社会价值的直接创造,如果说有什么创造,那也是采取间接的方式。这种基于人的自然性——性别——而进行的生活角色的分配改变了人的生存结构,也使婚姻生活、家庭生活达到了相对稳定的程度。但是,这种生存结构是以抑制女性的社会作用而实现的,它实质上是一种不对称的结构。由于妇女社会意识的苏醒,受教育程度的增强,自立能力的增强,原有的男女社会角色的不对称的结构开始被打破,一种相对对称的结构正在形成,这种正慢慢形成的结构既是女权运动的结果,也是它的新动力。它影响了社会管理、教育环境、家庭生活、政治架构,甚至影响生育水平。在一个男女相对平权的国度里,女性地位的提升倒不仅仅表现在法律规定的各种人生权利上,而是表现在她对社会价值的确认和创造上。今天,德国人将家庭女性戏称为3K夫人,就反映了人们对女性的传统社会角色的自我反省,也反映了人们对人的社会意义的新追求。就像其他西方国家一样,在德国,当一个家庭妇女就意味着只有三个中心,即围绕"孩子""厨房""教堂"运转,这三个词在德文中刚好都以"K"开头。而新女性绝不满足于此,她们把参与工作看作是体现人的社会价值的重要方面。在日本、韩国、意大利这样一些强调妇女家庭角色的国家,根据性别而进行分工的传统也在发生根本性改变,传统家庭结构将逐步瓦解。然而,如果社会不能使男人从繁重的社会工作中解救出来,如果家庭不能成为男人劳累之后的港湾,男人有将不再成为男人的危险。而当男人不再成为男人时,女人也不再成为女人。日本男人疲劳而死的人数日益增加,反映了这个社会的创价体系的深刻危机。无论在东方还是在西方,社会生活的悠久传统的确都是一种男性中心主义的传统,以致生活的语言也成了男人为男人创造的男性语言。但我们今天的社会有以追求表面的男女平等代替实质性的不平等的可怕倾向。真正的男女平等是以经济的自立和由法律保障的人格尊严为基础的,同时也是以尊重男女自然差异为基础的。忽视男女差别而抽象地谈论人对社会的意义本身就没有多大意义。

中国的"文化大革命"曾把抽象的男女平等强调到了无以复加的地步,以致到了无视男女体能的差别要求女人去干男人干的重活、脏活的程度。在同工同酬的漂亮口号下,一些下乡女青年被要求干她力不能及的繁重工作。类似的试图抹杀男女生理、心理的差异而实现抽象的平等,对女人非但不是一种解放,反而是一种不堪的重负,是有形或无形的枷锁。因为在未来,科学(此处指克隆人)与伦理都不允许女人放弃人类自身再生产的职能,女人在生育和教育孩子方面所起的作用是任何男人也无法替代的,对一个人口急剧减少的发达社会来说,生育很可能不仅仅是个人的事情,而且是个人无法回避的首要社会责任。在这种时候,我们不禁要问,还有什么比创造生命价值更有价值呢?如果考虑到女人为人类的繁衍而付出的辛劳,那么补偿这种辛劳的方式就只能是相应减轻她们的其他社会职责。这也需要我们以新的眼光去看待个人对社会的贡献。随着家务劳动的社会化和社会劳动的家务化,原有的生活空间被重新分割,家庭与社会的阻隔越来越小,在某些行业的分工甚至被打破了。此处所说的家务劳动的社会化是指家庭成员不必为传统的买、汰、烧、看孩子这类家庭琐事操心,而是把这些工作交由专门的服务机构去完成,这等于说现在的家庭只需以自己喜欢或擅长的劳动去交换别人的劳动。此处所说的社会劳动家务化,是指人们不必每天浪费时间、精力和能源赶到工作岗位上班,而是足不出户在家中完成单位的工作,也可以在家中通过电脑履行申报家庭收入、纳税之类的社会义务和其他一些职责。在一些发达国家,在家中上班越来越普遍,一些在家中上班的人也可以比较灵活地安排工作时间。这就意味着传统意义上的家庭与社会的分野必须重新界定,家事、国事、公事不能以空间的不同来区分,而要按时间的先后来区分。譬如,我可能在电脑上花20分钟订菜,花10分钟购买其他社会服务,将其他时间用于工作。在这种情况下,个人的闲暇可能增多,个人的生活目标也容易确定,它能否实现也比较容易预期。在生产领域,由两性差别造成的自然分工和社会分工不像以往那样明显。女人能做的事男人也可以做,男人能办到的事女人也可以办到。因此,无论是男人还是女人,都可以不太受性别的限制去自由选择创造社会价值的方式。于是,家庭既成了工作的场所也成了家庭成员交流思想和感情的地方,男女摆脱外在事务的羁绊而有更多的时间享受生活的闲暇时,只有情感世界才要求男人怎样做一个男人,女人怎样做一个女人,也恰恰是在这时,男人将表现得更加沉入情感中的男人,女人也将表现得比工作中的女人还要女人。此时,人们没有必要把私人空间延伸到家庭之外(比如,家庭成员没有必要像过去那样向工作单位打电话向家人报告家中的情况,也不必在单位里不断向家中了解情况),也没有必要把公共场所视为私人空间的延伸,更没有必要把空间截然地分割为生活的空间和工作的空间。此时,个人的生活目标与社会生活的目标容易达成一致。

  人们也许会说,我们的看法不免理想化。我们的辩护是,我们的看法一半是理想,一半是现实,因而是可以看到希望的现实。个人生活的目标从来就不是固定不变的,它带着个人的回忆和梦想,牵连着过去与将来,它就像一面心中的旗帜插在现实的土地上,但它有可能因个人找到目标而被弃置一旁,也可能因社会给个人提供的是岩石而不是黏土,从而使生活的目标不能牢牢扎根。所以,个人总根据社会条件和社会对个人的客观要求修正自己的目标。个人怀抱理想在社会中成长,他(她)的认识有深有浅,意志有强有弱,他还会碰到各种各样的偶然性。有时,某个偶然的机会突然改变了一个人的生活道路,社会越是剧变,这样的可能性越大,为此,不少人常常发出人生难测的感叹,也有人天天立志却抱恨终身。天天立志的人固然无志可言,但根本不立志的人则如无根浮萍,他能发出的唯一呼声是:把命运交给长河逝水。每个人都有与人交往、被人关注的需要,儿童不仅用啼哭显示自己的存在,而且用啼哭来引起别人的注意。从儿童这里透露出成人的秘密:让社会熟悉我们自己,让世界进入我们的生活中来。我们以怎样的方式去设想社会,社会便以怎样的方式显示它对我们的意义。我们常常探问：是为工作而生活还是为生活而工作？如果我们把工作与生活截然分开,把它们归于两个完全不同的领域,我们自然不能把它们理解为目的与手段的关系；如果我们把工作与生活理解成同一过程的两个方面,我们就不应以上述的方式提出问题。但是,如果我们将工作与生活理解为人的社会性存在的重要因素,我们就应把个人对于社会的意义放在社会对个人的总体要求中加以审视。个人的人生价值,特别是他(她)对社会的创造性贡献,常常通过社会对个人生活的引导来开拓。每个人的潜能都是巨大的,一些自己也不能发现的潜能常为他人所发现,有些人不由自主地被推到了历史的前台,也有人在他人的不断激励中取得了辉煌的成就。一名苏联教师曾经做过一个试验,他在发现学生潜能的基础上跟他的一个学生说"你将来肯定能成为数学家",对另一个学生说"你将来肯定能成为物理学家"。20年后,这两个学生果真像他所说的那样成了数学家和理学家。这一事实不仅说明了心理暗示在一个人成长中的作用,而且说明了潜能需要人去发现,也需要自己去实现和发掘。个人潜能的发挥程度直接决定了他(她)为社会创造的价值的大小。

(五)"人是目的,而不只是手段"

在历史的经验中,我们每每看到这样的情形：有些统治者把民众视为草芥,视为牲畜,视为工具,他可以为一己之私发动一场战争,也可以为个人的虚荣草菅人命,甚至因一时性起而鱼肉他人。在现实生活里,骨肉相残、种族清洗时有所闻,以邻为壑、算计他人的事屡见不鲜。从伦理的角度看,这是把人贬为物,将人性降低到兽性观念的恶果。在日常的人际关系里,那种过河拆桥把他人当跳板,把他人当枪使,把他人当钱袋的做法之所以为广大国民所不齿,是因为我们的道德体系一向要求在处理人与人的关系时,将他人不要仅仅当作工具价值的体现者。功利主义者穆勒之所以遭人诟病,不是因为他提出的功利主义原则,而是因为他提出了迫害和屠杀野蛮人是合乎道德的可怕观念;尼采遭人唾骂,不是因为他的哲学对人生采取诗意的审美态度,而是因为他宣称,庸众只有工具价值,贵族是庸众的目的;庸众是做人的材料,贵族是庸众的役使者。

人是价值的中心本身决定了不能把人贬为物,不能以看物的眼光去看人,以待物的方式去待人,以管理物的方式去管理人。以物的眼光去看人,人甚至不如物,人的眼睛不如鹰的眼睛,人奔跑不过狮虎,人攀缘不及猿猴,人游泳不如水獭,尽管人有所有动物难以企及的双手。以待物的方式去待人,人才就被贬为"人材",人路就被修成兽路,人居就被筑成巢穴,人食就会变成猪食;以管理物的方式去管理人,人就会成为机器,成为无情的破坏者,甚至成为冷面杀手,成为管理者不复成为管理者的障碍。当人以非人的方式去管理人时,他(她)自身也将非人化,因而将自身降格为物。基于这样的认识,我就不能不赞同康德在《道德形而上学基础》中提出的第二条道德律令:

> 不论是谁,在任何时候都不应把自己和他人仅仅当作工具,而应永远看作自身就是目的。①

把人当作目的,就是要把人当作人看待。这就意味着不能无视人的情感,人的意志,人的理性,即人的喜怒哀乐,人的思维方式和生活方式。相反,要关注人的生存状况,了解人的内心生活,尊重人之为人的尊严。此处的人既指人类总体,也指作为个体的人:作为总体,人所做的一切最终都是为了人自身。人不是为动物,为自然而生活,那种试图把人摆在与动物同等地位并进而质疑人类中心主义的人,实际上并没有承认让人独特的价值。同样,那种认为人只能为神而活着的人,并没有证明人可以通过分有神性而变得尊贵,或者证明"人一半是动物,一半是天使",也没有揭示人能成为人的主要因素,相反,他只能置人于奴仆和工具的地位。结果是欧洲中世纪所经历的那种对人性的全面压抑和摧残,宗教裁判所用上帝的名义取消了许多人的自由,

---

① 康德:《道德形而上学原理》,苗力田译,上海:上海人民出版社,1986年,第86页。

甚至以极其残忍的手段剥夺了大量异教徒的生命。他们反对自杀,但不是出于对生命的敬畏和热爱,更不是出于生命具有神圣性的观念,而是出于人是贯彻神的意志的手段的观念。他们之所以惩罚自杀未遂者,是因为自杀者自作主张从上帝那里夺取了对自己生命的支配权。张扬人的自由、进步和解放,是自文艺复兴以来的现代性的最高成果,尽管一些后现代理论家对此成果多抱怀疑态度,但它们在促进人的价值的提升方面所做的工作却是近代社会和现代文化建设的基本依据。以虚无主义态度去看待这段历史,并进而取消启蒙运动为我们树立的人的高尚目标,无异于自弃人的尊严。从个体角度来看人,人同样应该成为人的目的而不只是手段。因为人的存在价值是不能用其他工具代替的,如果人不能成为目的本身,世上就没有具备绝对价值的事物;其他东西都可用价格来衡量,唯独人不能。任何价值连城的珍宝都无法与人的存在相比拟。因此,倡导人为了挽救财产而不惜生命,为了金钱而牺牲健康,实在是颠倒了目的与手段的关系。财产毁了可以再造,人死了却不可复生,一件器物没了可以找到替代品,唯独人的生命不可以替代。一个人也可以成为别人的替死鬼,但他不能代替别人而活着。他的生活与别人的生活永远是两种不同的生活。鼓励小孩子不顾生命去救火,鼓励别人为了保财产而献身,如果不能算作病态的道德,也不能不说是将人的价值降到不如物的价值的地步。无视人的生命去发展物质生产,即便有各种冠冕堂皇的借口,即使表现出为全民谋利的动机,也不能洗刷采用不正当手段来达到目的的污点。康德甚至认为,自杀,说谎,不帮助别人,不发展自己的才智,都违反了"人是目的"这一普遍有效的准则,都犯了将人仅仅作为工具的错误。

由此看来,无视生产安全、交通安全和其他公共安全的行为,都属不智之举和缺德之举。它们对人的生命和存在尊严的戕害虽不同于主动杀人,但它们造成的现实后果却没有什么两样,甚至有过之而无不及,因为它们对价值的侵蚀带有隐蔽性,不易让人保持警觉,并让人主动地、自觉地承担起对自身安全的责任。当我们遇到火灾,遇到各种事故和紧急情况时,我们心中是否以人的价值为最高价值,是否将人作为一切工作的出发点和归宿,直接决定我们以何种方式应对眼前的局面,也决定我们将人还是物作为优先抢救的对象。对于视财物为生命的人来说,"救人要紧"未必会成为无声的命令;对于以"人命关天"为念的人来说,人命财物孰轻孰重一目了然。正因如此,有些国家在制定紧急事件的相关法律时明确规定:面临人命与财产不能两保时,宁可抛弃财产而决不允许置人的生命于不顾。

至此,有人可能会提出这样的问题:如果每个人都以自身为目的,岂不意味着必须以他人为手段?如果我们认为他人是自己达到某目的的手段,世界岂不陷入霍布斯所说的"人对人像狼一样的状态"?事实是,以人为目的既包括以自身为目的,也包括以他人为目的,而且,只有将"以他人为目的"作为社会的道德要求时,以自己为目的才可能实现。自我与他人实质上处于互为目的和手段的关系。马克思对这种关系做了辩证的阐释:

①每个人只有作为另一个人的手段才能达到自己的目的;②每个人只有作为自我目的(自为的存在)才能成为另一个人的手段(为他的存在);③每个人是手段的同时又是目的,而且只有成为手段才能达到自己的目的,只有把自己当作自我目的才能成为手段。①

这段话似乎显得很深奥,实际上道出了人与人之间互为目的和手段的真实关系。这种关系不同于每个人都从自身出发的相互利用关系,因为利用关系仅仅是把他人视为手段;也不同于毫不为己、专门为人的关系,因为后一种关系虽然高尚纯洁,因而值得讴歌,但并不是一种容易实现的现实关系。马克思提到的三个方面是相互关联的整体,其出发点是每个人对他人之为他人的尊重,是自己主动把自己设定为手段,或者说,自己首先成为手段是实现自己的目的的必要条件。通俗地说,为了得到必须首先付出,但现实生活里,许多人每每先要求别人对自

---

① 《马克思恩格斯全集》第46卷(上),人民出版社,1979年,第196页。

己如何如何,自己却不肯首先付出,即把"人人为我"作为"我为人人"的前提。如果每个人都这样想问题,"我为人人"实质上就无从谈起。

马克思的说法无疑表达了一种人伦理想和从这种理想发出而提出的道德要求。正因为现实中许多人只是把他人作为工具,把自己的快乐和荣耀建在他人的痛苦、屈辱乃至生命的基础上,我们才需要回应这种要求,服从这种要求,这种要求才真正地显示出激励人心、敦风化俗的力量。如果每个人像需要饮食男女那样把他人作为目的,提出上述要求反而没有多少现实意义。但熟知并非真知。我们生活在我们熟识习见的处境中,却不一定能洞悉周遭的机杼,为此,我们要明晰人的分际,领悟人际的真理。将自己作为自我目的离不开以他人为目的,这何尝不是人际的真理呢?我们常常赞美那种自比小草的精神,赞美甘当红烛送光明的精神,赞美甘为人梯、甘为铺路石的精神,赞美逢山开路、遇水架桥的先锋品格,无非是赞美一种以他人为目的以自身为手段的道德风尚。这种风尚虽被一些世人贬为缺乏进取精神的消极道德,但它所昭示的是一种朴素和谐的社会价值观,它并不意味着舍弃人是目的这一基本原则,也不意味着抑制社会进步的活力,而是防止以他人为地狱、贬他人为器具的唯我主义的价值观支配社会生活,从而使社会变成从相互倾轧的战场。自愿变成手段与被他人贬为手段是两种截然不同的出发点。前者的合理运用可以体现人之为人的尊严,因为他体现了人的自我规定和自由自决的能力;后者则是所有残暴不仁的暴君和压迫他人的恶棍造成的结局,黑社会的老大与邪教组织的教主都力图把他人作为手段,因此,他们把别人的性命视为草芥,凡不合自己的目的就必除之而后快。就自愿变成手段而言,我们之所以要加上"合理"两字,是因为在现实中我们总能发现一些人力图通过愚弄他人,使他人自愿地成为实现自己目的的手段。走狗每每自愿充当走狗,喽啰常常快意于充当喽啰,邪教信徒总乐于服膺邪教教主,原因何在?他们与甘当人梯的奉献者有何不同?要回答这样的回答,我们首先要了解一个人充当手段是否出于高尚的目的;其次,要了解他们愿充当手段是否出于在知情基础上的理性判断。邪教教众服膺邪教教主,是在邪教教主对邪教教众的精神控制前提下实现的,是在非理性状态,是在理性的光明遭到遮蔽的情况下实现的,是在邪教教主把别人作为非自主的材料,作为不断对虚无威胁的有限手段的情况下实现的。无论是走狗、喽啰,还是邪教信徒,在自愿充当手段时往往不自觉自身行为的工具性,也不自觉个人在天底下的尊严,他们带着隐隐的敬畏,把自身幻化为"主人"的影子,甚至在"主人"缺席的情况下俨然成为"主人"的化身。"狗仗人势"多半是奴仆的写照。

与此形成鲜明对照的是,一些人出于公众的福祉,理性地自愿地成为实现他人目的的手段。他们在对同类的关怀与热爱中通过充当手段而体会到一种出于本愿的充实。因为他们把自己视为他人的同根者,在对"根"的保有和保全中隐含着对自己的价值得以绵延的期待。一些父母为子女的生存、健康和前途而自愿充当阶梯和材料,就是很能说明问题的例证。至于那些像医学家李时珍那样为他人的健康而甘当药物实验对象的人,他们在知情的前提下实践着理性的自主。因为他们不是在蒙蔽中,而是在对实验的可能后果的清醒认识中,换言之,不是在无知的无畏中而是在有知的无畏中主动充当试验手段。从这种意义上讲,他作为手段的同时也作为自为的存在(自己是自己的主人)履行着人之为人的庄严使命。然而,如果一个人在别人毫无知情的情况下,甚至在有意隐瞒的情况下,让人成为试验对象,他就是将他人作为纯粹的手段而不是目的,因为把他人作为目的本身就包含着尊重他人的自主意愿和知情的权利。历史上和现实中的许多医学试验和社会试验就是在把人作为单纯手段的情况下进行的。今天,热爱正义的人们甚至应当提出这样的问题,把人作为实验对象是否是把人贬低为动物从而抹杀了人的尊严?现实的困境是,人类的整体利益又要求部分人自愿地充当手段,一些药物如果脱离临床验证,就无法不断改进。假定有一群人在茫茫沼泽中迷了路,而身边带的饮用水也全部用光,如果没有人自愿试试沼泽中的水是否有毒,这群人也许会脱水而死。但这群人如果强迫某个人去试试水源是否有毒,就会严重践踏人的生存权、自决权和人的尊严。

鉴于此，马克思除了强调"每个人只作为另一个人的手段才能达到自己的目的"，还补充说，每个人只有作为自我目的才能成为另一个人的手段。作为自我目的就是哲学上通常所说的自为的存在，作为另一个人的手段就是通常说的为他的存在。前者突出了人是自己的主宰，突出人的自由自决的能力，也突出了只有自己才有权决定是否成为他人的手段。如果没有最后这层限定，世界就会变成一部分人可以随意役使另一部分人，践踏另一部分人的罪恶渊薮。故尔，人既要成为自己存在的主人，也要成为自己思想的主人，也许，在被迫充当而不是主动充当手段的情境里，他只有首先成为自己思想的主人，才能成为自己存在的主人。通俗地说，人应当首先摆脱蒙昧与无知，防止自己被邪念所操控。一个人吸毒无疑是他自己的愿意，一个人骑摩托车不戴头盔，驾驭汽车不系安全带，也出于自己的决定和选择，但我们不能说这种意愿决定和选择是合理的，因为这些意愿表明的决定和选择并没有成为自己生命的真正主人，换言之，没有成为"自为的存在"，没有为"自我的目的"，因而没有成为他自己。

"每个人是手段同时又是目的"体现了人的价值的完整性。人作为手段的价值是远远高于物作为手段的价值的。当人作为手段而服务于他人时，他是作为创造手段的特殊手段而出现的。这个手段能创造物质价值和精神价值，这些价值成了满足他人需要的手段。人在开发和创造这类价值并返回自身之前仍处于不确定性状态。只有当他创造的东西实实在在被人享用之后，他作为手段的价值才能得到确证和实现。也正因他人享用到他所创造的价值，他的创造活动才有意义。人作为手段与物作为手段的另一不同之处在于，物只在作为人的手段时就能显示出对人的意义，人只有在既作为目的又作为手段时，其存在和活动才具有完整意义和完整的价值。譬如说，一个人站在另一个人的肩上翻过了围墙，后者无疑是前者达到自己目的的手段，但如果他一辈子只能被别人用来翻越围墙，他与梯子或凳子就没什么两样，他作为人的价值就无法显示出来。也许，他唯一比梯子或凳子好的地方是，他是一个自动移动的东西，是一个无需别人携带的东西。

由此可见,强调人是手段和目的的统一的确可以还人以真实。如果仅仅把人作为目的,无异于否定了人类活动的必要性。人是目的,但这个目的必须借助手段来实现。天上不会落下馅饼。即使自然给我们提供丰厚的馈赠,这些馈赠也需要人去发现和取得。懒汉的共同特征是把自己仅仅当作目的,而不想成为手段。事实上,人必须以自身为手段,才能满足人的多种需要,实现"人是目的"这一人的最高规定。但是,如果仅仅把人当作手段,那么这种手段的价值就只能到人之外去寻找。这在理论上自我矛盾,在实践上极其有害,其后果必然是人对人的奴役,是不把人当人看待,是人世间的无边苦难与灾难。当世界变成物欲横流、兽性当道的世界,遑论人的独立、自由与解放?

七、道德自我、道德情境与道德判断
——试析杜威道德哲学的一个侧面[①]

杜威的伦理学是其哲学最有创见、最具活力的部分之一。从1871年到1953年,他对伦理问题一直保持着浓厚的兴趣,并写了一些论著来阐述一般的道德问题、源于特殊生活经验的特殊道德问题以及道德问题与其他问题的相关性。但杜威并没有建立严格意义上的伦理学体系(比如,像康德和罗尔斯那样的体系)。他曾自诩在哲学上进行了另一次"哥白尼革命",而伦理学是实现这场革命的关键,因为他的伦理学不仅抛弃了传统的二元论的假设,而且真正把道德作为一种生活经验来对待。1922年的《人性与行为》,1930年的《道德中的三种因素》以及1932年的《伦理学》都体现了他的成熟的伦理思想。下面,我将主要根据这三部论著对他的伦理思想做一些分析。

(一)道德自我与选择

杜威不愿用"主体"与"客体"这类二元对立的方式去思考伦理问题。他把道德作为一种经验,而经验始终离不开活生生的情境。因此,杜威比许多其他伦理学家更关注情境对于道德判断和道德行为的重要性。也正因为这一点,他在许多方面开辟了当代情境伦理学的先河。杜威在考察道德情境时发现,我们无法回避自我与情境的相互影

[①] 本文原载于《江苏社会科学》2005年第5期。——编者注

响。自我对行为目标的选择以及这种选择的后果均与情境相关。在不少情况下,人的行为选择常常能产生一种新情境。从这种意义上说,情境也可以是选择的某种结果。在人类的生活中,只要我们面对不同的可能性,我们就需要选择,即使我们面对那些可能性不做选择,我们也是在做出选择。所以,杜威总是把选择作为自我的最典型特征。正如 Gregory F. Pappas 在《杜威的伦理学:作为经验的道德》一文中所说:"在杜威的伦理学中,道德自我是在道德上重构令人困惑的情境的过程的一个组成部分。因此,当某个特殊情境中发生交易(transaction)时,这个自我既影响发生的事情又受发生的事情的影响。这一点在我们所做的事情的性质与我们给情境所赋予的特征的性质之间确立了一种重要的有机的关系。"①

由于道德自我与情境的这种互动关系,道德自我常常受到各种内在和外在因素的制约。因此,在指望完全满足急切的单一目的并因此宰制这种满足时,自我应该明智和审慎;在承认自己在与他人的关系中提出的那些要求时,自我要忠实可靠;在赞扬和指责时应慎用认可或不认可。此外,道德自我要积极地发现新的价值观念,并修改旧的观念。在对待传统的价值观和道德理论时,杜威一直主张采取继承与变革并重的态度,那些极端的道德理论虽然荒谬,但对促进价值观的变革可能有促进作用。最关键的事情是有效地运用其积极的方面。本着这种精神,杜威在考察康德的义务论伦理学、美德伦理学以及各式各样的功利主义理论时,总是采取建设性的批评态度。这种态度使他一方面看到了上述道德理论的局限,另一方面不断从中汲取智慧与灵感。

按杜威的分析,康德的伦理学确立了道德自我的至高无上性,"原则先行"体现了它的基本旨趣。在社会实践中,这种理论虽然无法彻底贯彻,但塑造了一种尊重理性的传统,这种传统为道德知识发挥积极作用留下了空间。在康德那里,自我即是最高的独一无二的道德目

---

① "Dewey's Ethics: Morality as Experience", in *Reading Dewey*, ed. by Larry Hickman, Bloomington and Indianapolis: Indiana University Press, 1998, pp. 100 – 123.

的。除行为后果之外,善良意志乃是唯一的道德之善。美德伦理学与康德的义务伦理学不乏相通之处,比如,它将道德的善与美德统一起来,这样,做一个好人的最终目的就是保持自己的美德。如果将自我作为唯一的目的,那么,行为及其后果自然要被作为单纯的手段,作为保持善良自我的外在工具。早期功利主义者们就持这种立场,因为他们把某种结果,即快乐作为唯一的目的,自我则成了实现快乐的手段。

杜威宣称其伦理学要改变自我与后果的这种僵硬对立,因为他认为自我与后果是必不可少的两面。一方面,人并不是停留于内心生活中,一个人的愿望再好,如果不借行为及其后果来表现,将显得毫无意义;另一方面,行为的后果并非自然而然地产生的,它在很大程度上是人选择的,受制于自我并体现了自我。自我并非产生结果的纯粹手段。后果进入了自我的结构中,自我也进入了道德后果中。杜威还用砖与房子的关系来解释道德自我与道德后果的关系。砖是建房的手段,但又不仅仅是手段,因为它们最终成了房子本身的一部分。同样,行为及其后果是与自我不可分的,它们既显示自我,也形成和检验自我。

由于受米德的影响,杜威对自我的分析常常借用行为主义的术语并遵循了米德的某些思路,把行为选择作为自我的重要特征就是其中之一。杜威把选择分为两种:即自发选择(偏好)和故意选择。自发选择先于故意选择。前者受欲望、刺激、偏好的重要影响。比如,无论欲望如何盲目,它都会促使人选择一个而放弃另一个,自我在同时注意某些对象时,也总是把其中的某个东西的价值看得更高,尽管其他东西对他并非不重要。在影响自发选择的各种因素中,习惯是最持久、影响最大的一种因素。它时时刻刻左右着人的行为,使人不必每遇事情就来一番比较,也不必就此仔细思考一番。从某种意义上讲,它是自然与社会的共同产物,也是人应对万事万物变化的一种非常经济的方式。因为它使人不必对各种事物进行比较后再做决定,从而节省了大量的时间和精力。所以,好的习惯是增进人的利益的很经济的手段。道德上的自发行为,虽然有赖于培养,但一旦养成,就会使人在面对变化的情境时不假思考地做出选择。道德教育如果有利于好的自发行为的产生,有利于好的习惯的形成,就算达到了成功。杜威对习惯的分析使人不禁想起将习惯作为"人生的伟大指南"的休谟,但杜威在分析时引进了现代的道德心理学的成果,而没有像休谟那样停留于单纯的狭隘的经验主义框架中。

与自发选择相反,故意选择体现了道德自我的主动性。由于它是人的有意识的活动,所以,它比自发活动更能表现人的高贵性,也更能表现人的复杂性。人有很多意愿,有充分的想象力,这使得人不像其他动物那样容易满足,人的精神世界均与人的故意选择相关。在故意选择中,人一开始表现出某种犹豫,但随后又摆脱犹豫。这个过程也是人的比较过程,因为人在面对不同对象、不同可能性时,总是有意对那些对象和可能性进行比较。在这里,人表现出对对象的价值的意识。尽管不同的人可能对同一对象有不同的价值意识,但他们并不完全从个人的喜好出发进行选择,他们会融合已有的个人经验以及直接和间接的知识进行判断。值得特别关注的是,人的选择中始终包含着对自我的意识,特别是人对自身能力的意识。人们之所以很少选择做自己完全办不到的事情,就是因为人会对自身的能力与实现目标的可能性进行比较,然后做出适当的选择。杜威与其他实用主义者都特别重视这一点。基于这一点,实用主义有时被解释为实效主义。杜威指出,每一种故意选择"都维持着与自我的双重关系。它显示现存的自我,也形成未来的自我。被选择的东西就是被发现适合于自我的欲望与习惯的东西。思想在这一过程中起着重要的作用,因为每种不同可能性在呈现给想象时诉诸自我构造中的不同因素,从而为品格的各个方面提供了在最终选择中发挥作用的机会。最终的选择也形成自我,在某种程度上使之成为新的自我"[1]。

上述论断表明,杜威是从两个方面去思考自我:一是从现在出发去思考自我,一是从未来着眼思考自我。选择与这两个方面都有关

---

[1] *The Later Works of John Dewey*, Vol. 7, edited by Jo Ann Boydston, Carbondale and Edwardsville: Southern Illinios University Press, p. 286.

系，因为选择往往涉及习惯与欲望。习惯与过去相关，欲望与未来相关。人在选择对象时也在选择成为什么样的自我。杜威有时将自我称为人格，并认为人格并非达到某种目的的手段或工具，而是实现结果的能动力量。自我或人格也不仅仅是外在的动力因，它本身就是内在目的。亚里士多德和黑格尔都曾提出过人格是由一系列行为表现出来的观点。杜威对此做了进一步的发挥。他认为，人格其实是由人的不断选择造成的，好人选择成为好人，坏人选择成为坏人。从某种意义上讲，道德教育的一个目标就是让人懂得如何选择。明辨是非、懂得善恶最终是为了选择。自我是行为的动因，但不仅仅是动因，因为自我在选择时已经融入行为之中，并且显示了自身的本性。因此，对一种行为做出道德判断也就是对表现这种行为的自我做出道德判断。把自我与行为割裂开来不仅会导致我们仅仅根据一个人的动机去判断一个人的道德品质，而且会导致我们错误地把自我作为手段。杜威是一个强调知行合一的哲学家，尽管不同时期强调的程度有所不同。这一点决定了他会将人的道德行为与认知联系起来考察并突出动机与效果的统一性。所以，杜威说，只有希望并努力争取善的结果的自我才可能是善的。正确的道德理论总是承认自我与行为的统一，而错误的道德理论总是把自我与行为、行为与后果割裂开来。我们之所以没有给其他动物的行为和自然事件赋予道德价值，也不对它们做出道德评价，正是因为它们并无道德自我，没有道德意识。比如，我们并不说一只猫吃掉了邻居家的鱼是不道德的。

在杜威看来，强调自我与行为的统一还有另一层意义。这就是它有于我们理解动机的本性。如果不承认这种统一性，动机就被看作外在的东西，而自我也就成了惰性的被动的东西。实际上，自我始终是能动的，不需要外在的推动，否则就不是自我。因此，一个被迫做好事的人并不是一个真正有道德的人。将动机看作从外面影响自我的诱因实际上混淆了动机与刺激。对伦理学而言，区分这两者是非常重要的，因为动机是道德自我的一部分，它为人的活动确定方向，从而影响人的现实选择。

(二)道德情境与道德判断

杜威特别关注道德情境中的不确定因素问题,并认为过去的道德理论特别是约定论由于忽视了这一问题而陷入了困境,因为这种理论只看到了善恶的冲突并断定这种冲突中不应有任何不确定的方面,从而导致了理论的僵化和解释的无效。杜威列举了不少实例说明,讨论道德问题不能脱离现实的情境。我们有足够的根据说,做一个彻底的实用主义者就意味着做一个情境论者。

孤立地、抽象地谈论善恶在杜威看来没有多大意义,因为人的行为总是与现实的条件和道德情境相关。"一个人越有良知,就越关心其行为的道德性质,就会越意识到发现何为善这一问题的复杂性。"[1]即便是最不道德的人,在某些情况下也可能做出符合道德的事情,甚至那些罪犯也曾在是否履行某些义务之间摇摆不定,因为他并非生来就是罪犯。然而,这并不意味承认道德情境的复杂性会陷入道德相对主义。考虑道德情境的具体性、复杂性只是要求我们考虑行为的具体条件和其中的不确定因素以及道德观念的冲突。杜威认为,道德的进步取决于人们对那些不确定的相互冲突的因素做出细微区分的能力,取决于人们感知未注意到的善恶的各个方面的能力。相反,道德的退化则取决于上述能力的丧失。道德行为就存在于不确定性因素和冲突的可能性中。这一点恰恰决定了我们要在做出道德判断时尊重道德情境。换言之,内在冲突乃是道德情境的本质。

人是在具体经验中做出判断并采取行动的。道德情境至少有三种独立的变项或因素,这些变项或因素都有自身的源泉和基础,起着不同的作用,在道德判断中发挥不同的影响,正因为这些因素性质不同,我们有必要分别考察它们与道德情境的关系。

首先,我们有必要考察冲动与欲望。它们是人类行为中的重要因

---

[1] *The Later Works of John Dewey*, Vol. 5, edited by Jo Ann Boydston, Carbondale and Edwardsville: Southern Illinois University Press, p. 279.

素。正因如此，无视人类冲动与欲望的伦理学将是苍白无力的。因为冲动与欲望在决定人的行为取向方面起着重要作用。活生生的人有各种各样的欲望，做一个好人并不在于消灭这种欲望，而仅仅在于懂得何时克制这种欲望。如果欲望无法预知地起作用，人们就无法评估它的价值。而当欲望获得了满足，情境就发生了变化。但从行为的结果看，欲望和冲动是可以衡量并且可以比较的。一种情境可以激起冲动与欲望，也可以被欲望和冲动所改变。欲望可以引导人对情境做出反应，从而在一定时间内影响甚至彻底改变情境。由于人有预见、反省和理性筹划的能力，他可以有意识地强化或减弱这种欲望。比如，一个人想得到某个东西，也就是说，他对这个东西有某种欲望，但得到的途径可能很多，或者说满足这种欲望的方式可能很多。如果他选择偷盗，他的行为无疑与道德要求相悖。此时，他如果根本不考虑道德要求，他就会选择最省力的方式来满足欲望，不道德和犯罪往往在这时发生。对个人而言，选择不道德和犯罪可能是暂时最经济的方式，但对群体来说恰恰是最不经济的方式，因为它对群体利益非但不会增加，反而会有减损。当一个社会形成了一种合理的机制使得不道德行为和犯罪付出的代价远远大于遵守道德和法律所带来的不便时，有理性和预见能力的人们会选择后者。尽管有些人在被欲望支配时可能根本没有考虑行为的后果，但通过与其他类似情境的比较，他很可能在一闪念间改变自己的行为。在道德教育和预防犯罪的教育中，情境教育之所以比抽象的说教更有效，其秘密就在这里。

在杜威心目中，人的道德判断能力、比较能力和估算能力可以随人的预见和反思能力的提高而提高。而从其他类似的情境中获得的经验和判断可以有助于人们在某一情境中修正自己的当下判断。人的理性能力使人面对具体的道德情境进行预见和比较，对自己的欲望和冲动进行克制或强化。杜威甚至说，人的日常理性能力就是预见和比较的能力，这种能力可以将人提升到拥有尊严的层次。

与冲动和欲望相关，我们需要考察情境的第二个独立因素，即目的。目的在道德经验中的重要性是毋庸置疑的。它不仅给人以方向感,而且使人的行为尽可能少地浪费于无用的东西上。它不仅引导人的行为选择,而且影响行为的性质。在日常情境中,目的有高远主次之分,次要的目的可以上升为主要目的,不同的目的可以形成统一的目的系统。一旦预见能力被用于招致客观的结果,目的观念在行为中就是自明的。结果可以体现行为的目的,是目的的实现,也可以是不经意的东西,未预料到的东西。但这不妨碍人们去按目的行事。道德判断往往是对体现行为目的的结果的综合评估,评估正确的东西后来常常成为道德经验的一部分,或成为后来行动的参照。人类的祖先往往关注健康、财富、战斗中的勇敢、与异性关系的成功这类初步的目的。随着人类社会的进化,人们为自己确立了更高的生活目标,并确立了一个等级的价值系统。最高目的即善的价值渐渐成了价值系统的顶点。所有道德理论的确立都有赖于这一观念的产生。许多宗教的形成也或多或少与这一观念有关,至少对西方来说是如此。杜威甚至断言,善的观念在希腊哲学中一开始就与秩序(宇宙秩序和城邦的秩序)有着密切的关联,法律实际上体现了受善引导的价值体系的要求,其目的在于维护共同体的基本秩序。

最后,杜威谈到了道德情境中的第三种独立因素,这就是个人对他人行为的赞扬与指责,鼓励与谴责,奖励与惩罚。这种因素以个人评价为基础,它们包含个人对他人行为的道德判断,并且出现在他人的行为之后。它们一开始就体现了道德评价的社会性。一方面,赞扬与指责,鼓励与谴责,奖励与惩罚旨在影响他人的后续行为,并且隐含着某种行为的道德标准;另一方面,它们反映了某种程度的社会共识。遭到普遍赞扬的行为往往成为原始的美德,而遭到普遍指责的行为往往成为原始的恶行。

杜威把赞扬和指责视为人性的自发表露,认为它是自然的,或者说是出自本能的,它们既不取决于对对象的考虑,也不取决于向他人提出某种要求。但它们的确折射出对美德与恶行的观念并在相当大的程度上涉及得到社会认可和不认可的行为。虽然个人在运用社会公认的道德标准时可能融入个人的感情和好恶,但其主轴不会从根本上改变。

在具体的道德情境里,各种因素交织在一起。虽然每种因素各有自身的源泉并且正是这一点决定了道德情境的不确定性,但这些因素需要综合地起作用。善恶的对立,对错的对立并不是绝对的,它们有时可以相互转化。从欲望的角度看是好的东西,从社会要求的角度看却是坏的;从欲望的角度看是坏的东西,从社会要求的角度看却恰恰得到舆论的认同。道德生活是极为复杂的,进行道德判断时,不能将道德情境的各种因素简单地还原为几条抽象的原则。这是杜威反复强调的观点。

在1932年问世的《人性与行为》中,杜威指出,"对行为的反思意味着不确定性并最终需要就哪种做法更好做出决定"①。如果想知道哪种东西更好,我们自然得进行比较,这就需要有相应的知识。善恶的区分只有就行为而言才有意义。但有关善恶的知识对我们做出判断却是非常必要的。因此,杜威在1932年的《伦理学》中还专门就道德判断与知识的关系进行过论述。在《人的问题》以及《经验与自然》中我们也偶尔可以看到相关的讨论。

然而,我们首先应当明白的是,杜威所说的知识是广义的知识,人的行为甚至也可以被看作知识。"一切知识都表达了一种选择与整理材料的技巧,以便有助于维护生命的过程和活动。"②道德知识是涉及行为的知识,它是道德判断的前提,而道德判断也可以是一种新知识。当我们对着孩子们说某种行为是好的时,我们也在向孩子们传递一种道德知识;当我们在孩子面前表现出公认的道德行为时,这种行为对孩子们来说也是一种知识。在这方面,杜威的看法与我们中国人所说的"言传身教"的观念是一致的。重要的是,我们要认识到杜威比较关注道德知识的本质、功能与起源以及它与道德判断的关系问题。

杜威认为,传统道德理论在对待上述问题时各执一词,它们代表

---

① *The Middle Works of John Dewey*, Vol. 14, ed. by Jo Ann Boydston, Carbondale: Southern Illinios University Press, 1976, p.193.
② 杜威:《人的问题》,傅统先、邱椿译,上海:上海人民出版社,1986年,第242页。

了理论家对道德生活中的不同倾向的强调。一类道德理论家强调道德中的情感因素,一类道德理论家强调道德生活中的理性因素。杜威则主张综合地对待这些因素。但在这些因素中,理性的作用需要予以足够的重视。当我们考察道德知识与道德判断的关系时,这一点尤其明显。苏格拉底曾说"美德即知识",柏拉图则说"无知是万恶之源"。他们显然把以理性为根源的道德观念引入了伦理学并深刻地影响两千多年的西方道德哲学传统。

但杜威提醒我们,只有在反思性的道德行为中,理性的因素才能明显地表现出来,因为反思性的道德本身就包含思想与知识。道德行为并不是完全脱离日常行为的,我们很难在生活经验中将道德领域与非道德领域截然分开。在家庭、邻里和群体的关系中,我们的行为总是与某种价值观联系在一起,但我们有时并没有明确意识到这一点。按杜威的看法,道德判断是一种价值判断,而价值判断并不限于具有道德意义的事情。只要我们对对象或行为做出评价、比较,我们都在形成一种价值判断。杜威甚至认为我们在对待天气这样的自然事件时也不能满足于单纯的外在陈述,因为所有的判断都意味着给某物赋予价值,即便它有时是隐含着的,它在具体的情境中往往会一一显露出来。因此,我们在认识对象的性质之后通常会将这些性质与我们的需要联系起来考虑,进而言之,它会对对象有重构性的作用。

基于这种认识,杜威断言,道德知识会形成某种框架,从整体上影响我们在特定情境内的道德判断。道德判断可能是直观性的判断,即在看到某种行为后不假思索地得出的判断。这时,原有道德知识仿佛成了一种标准,在瞬间决定了我们如何看待对象。道德判断也可能是经过一番了解分析之后得出的判断,这时,原有的道德知识发挥作用的过程就显得特别复杂。但是,有一点是十分肯定的。道德知识之外的知识也可以促进道德知识的发挥。比如,有些人可以很快洞悉别人的需要与情感,而一个儿童可能在这方面显得迟钝。一个训练有素的行为科学家可以更深刻地理解和预见某种行为所造成的社会影响,如此等等。

从总体上看,道德判断大多是直觉性的判断,大部分人都能根据已有的经验和接受的教育对一种行为很快做出判断和直接的评价,而不必来一番推理。这一点决定了伦理研究与一般科学研究的区别,忽视这种区别会使我们简单地相信一般科学研究方法可以直接搬用到伦理领域中来。然而,这并不表明,我们可以走向极端的直觉主义。杜威认为,极端的直觉主义与极端的保守主义常常会走到一起。它的最终后果是否定人类可以理性地规划自己的未来。

(三) 简短的评论

杜威一生著述宏富,他的思想不断变化、发展和完善。但是,他一辈子总有一些不变的主导观念,道德的性质、目的等一直是他关心的问题,在讨论这些问题时,他总是离不了道德自我与道德情境两个主题,因为前者体现了道德的相对确定方面,后者体现了各种不确定方面与确定方面的复杂关系。杜威的伦理学的一个鲜明特点就是不把道德看作僵死不动的规定,而是强调道德的适时性,用我们今天常用的语言说,就是强调道德要与时俱进。从这种意义上说,杜威的伦理学的确反映了伦理学兴趣的重大转变,同时也带来了伦理学研究方法的变革。

首先,自苏格拉底、柏拉图到康德的西方主流伦理学家一直非常重视对道德概念的厘定和道德原理的探究,换言之,他们的着力点在于道德价值的普遍性和恒常性。即便他们关心道德情感、道德经验这些不确定的方面,他们也主要是为探讨一般道德原理服务。自启蒙运动以来,这一点更为明显。杜威则一直认为,道德是学习和成长的过程,脱离了活生生的生活实践,道德原理和概念就没有多少意义。"社会的情形,天天不同,道德所以适时宜,便应该求新经验新观念的生长来应付时势,不应盲从旧法,所以道德无止境。"[①]杜威的这一基本思想

[①] 袁刚等编:《民治主义与现代社会——杜威在华演讲集》,北京:北京大学出版社,2004年,第155页。

使他合乎逻辑地关注道德情境问题,因为正是道德情境体现了道德行为的多样性和流动性,而对道德情境的关注也意味着生活经验真正进入了伦理学视野。这势必给道德教育提出"从生活出发,从实际经验出发"的要求,"从做中学"这一口号尤其适用于道德教育领域。因此,杜威的伦理学为道德指出了面向生活的可能性。

其次,杜威对道德自我做出了新的阐释。他不再像康德那样坚执于绝对的先天结构,也不像休谟那样一味强调习惯。他看到了道德行为中变与不变的因素。由于刚刚谈到的原因,杜威明确地指出了道德的历史性,并主张化被动的道德为主动的道德,从而比较令人信服地说明了道德的革新与继承的关系。根据杜威的解释,在专制时代,道德自我隐而不显,其原因在于人被压抑着。而在现代社会,影响人的因素更多,人受挫的可能性反而更大,刺激情绪的机会也更多,如果人没有对自身的行为后果有更清楚的预知和判断,人所面对的社会环境就无法得到有效的改善,人所需要的幸福感就不能提高。从这种意义上说,杜威的伦理学为人的道德自我的完善探索了新的道路。最后,杜威在伦理学研究中采用了发生学方法,这一方法的引进自然反映了杜威对达尔文理论的创造性运用。不管这种方法有多大的局限,它被自觉地用于伦理学领域本身就表明了杜威的改革尝试。更为重要的是,在十九世纪末和二十世纪上半叶,发生学方法的广泛运用推动了整个人文社会科学的繁荣。伦理学因为采用了这一方法而比以往的道德理论更能有效地解释个人的道德观念的形成过程以及社会转型时期的道德转换更新过程,从而为个人的道德教育和新社会的道德的塑造提供了理论根据。

总之,杜威的伦理学是不可轻视的。了解他的伦理思想不仅有利于了解他的哲学理论的基本取向,而且有助于我们汲取他的实践智慧为新时代服务,因为他的理论中的确有许多富有现代意义的洞见。

八、代际伦理的两个维度[①]

"代际伦理"并不是一个内涵明确的概念。国际上的一些伦理学家大多从家庭伦理的角度对它进行界定和阐释,以期说明世代之间尤其是亲代与子代之间,乃至老一代与第三代、第四代、第五代之间的伦理关系及其在家庭结构中的内在调节作用。其实,我国的儒家学说早就关注作为家庭伦理的一个部分的"代际伦理"问题。尽管在强调个人自主性的今天,人们很难认可过去的家长制作风,但儒家以"仁"为核心,以"孝"和"爱"为标举的代际伦理观念仍在一定程度上影响中国社会的家庭关系并或多或少影响家庭成员的行为方式。今天,我们要促进家庭的和谐与稳定,需要在尊重个人自主性的同时发扬儒家代际伦理的积极因素并力求在传统道德与现代伦理之间实现动态平衡。我个人以为,儒家学说倡导的代际伦理观念是以"孝"和"慈"以及"尊"与"爱"为基础的。只要对"孝"与"慈"进行一些改造并赋予现代内容,它们就可以在现代社会大放异彩。

"孝"是对晚辈提出的道德要求,"慈"则是对长辈提出的道德要求,因此,从本质上讲,儒家学说所倡导的代际伦理并非基于单向的道德要求,而是基于双向的道德要求。由于历史上人们对"孝"强调较多而对"慈"重视不够,许多人误以为儒家学说只是片面地向某一方面提出道德要求。"孝"的观念在孔子生活的时代已经很完善。综合历史上的不同规定,我们可以发现,"孝"被赋予了仍值得今人重视的内容。"孝"在《说文解字》中指"善事父母"。但怎样才算善事父母呢?它首

[①] 本文原载于《中州学刊》2006年第3期。——编者注

先意味着"善养",按《吕氏春秋》的说法,善养指养体、养耳、养目、养口、养志。在这里善养仍限于满足物质生活和精神生活的初步需要。如果"孝"只停留在这一点上还远远不够,因此,它还必须加上"爱"与"敬"。爱与敬意味着不仅关心父母的物质需要,而且关心父母的精神需要,关心父母的身心健康和情感要求。只有做到了以上各点,才可以说达到了孝的要求。

但是,由于中国素有"推己及人"的道德思维定势以及"亲亲、仁民、爱物"和"修身、齐家、治国、平天下"的道德实践,我们对代际伦理的考虑就不得不超出家庭的范围。古人把尽忠置于尽孝之上就是典型的例证。更为重要的是,即使在家庭伦理学的范围内,代际伦理也不仅涉及活着的几代人之间的伦理关系,而且涉及已经过世的人与活着的人之间以及活着的人与尚未出生的子孙后代之间的伦理关系。这种伦理关系无疑是以活着的人为中心的不对称的伦理关系,因为它体现的道德要求是对活着的人的单方面的道德要求,易言之,活着的人对已过世者和尚未出生者承担单方面的道德责任。

关于活着的人对已过世者的道德责任,我们不难理解。比如,一个老人过世了,其子女会理所当然地承担起安葬老人的责任并且尽力维护老人的名誉与人格尊严。但我们有时会碰到这样的问题:老人给子女留下了一些遗愿,希望子女为其实现这些遗愿,如果子女有能力实现这种遗愿,他们通常会千方百计去做。在这种情况下,活着的人显然把实现老人的遗愿作为自己义不容辞的责任。但是,假如老人并没有立下捐献器官的遗嘱而其子女却出于拯救他人的目的擅自那么做了,子女的行为是否道德呢? 或者,假如父母立下遗嘱愿将自己的器官死后捐献出来,而其子女却为了维持父母尸体的完整性而不愿将它们捐献出来,子女的行为是否合乎道德呢? 传统的伦理学几乎不去思考这类问题,而现代伦理学却无法回避这类问题。这类问题也属于我们所说的代际伦理问题。

关于活着的人对尚未出生的人的道德责任,我们如果不仔细思考,往往会忽略,因为现实生活的忙碌常常使人只关注眼下的东西而不关注不确定的将来。然而,活着的人的行为和决定却可以左右尚未出生的人的命运和生存状况。比如,一个孕妇抽烟或乱服药物会影响后代的身心健康。一个活着的人的疏忽可能会给尚未出生的人造成潜在的伤害,而不顾后代的权益匆忙地做出选择恰恰会使后代失去选择的机会。如果说这类事情在过去很难被人意识到,那么,当科学技术的发展足以改变人的遗传素质时,这个问题就进一步突出起来。比如说,通过基因工程的方法可以改变人的一些基因,而基因的改变可能使一个人获得某些能力而丧失另一些能力。但我们这么做时实际上不也在给后代做出选择吗?我们怎么知道我们的子孙后代愿意接受这样的选择呢?如果我们通过改变基因治好了我们的某种疾病但也让我们的后代失去某些特性或能力,我们是否应当这么做呢?如果我们没有对子孙后代负责的伦理意识,连提出这个问题都是不可能的。无论从逻辑上看还是从技术上看,我们都可以在不久的将来通过改变人的基因来改变人的生理和心理素质,比如体形、面部特征、性格,等等。由于这种改变在客观上是在为子孙后代进行选择,我们实质上是在将自己的好恶和意志强加给后代并且难以预料它的长远后果,因为这样做的长远后果很可能要经过几代人才能显示出来。因此,当我们采用有可能给子孙后代带来不确定的消极影响的高新技术时,必须采取一种不仅对自己而且对子孙后代高度负责的态度,谨慎地做出决断。由于我们的子孙后代无法选择自己的遗传素质,也无法选择自己的出身,我们在今天应当比以往任何时候都更加注意自己对子孙后代承担的单方面的道德责任。这也是我们所说的代际伦理的应有内容。

然而,如果我们进一步将目光从家庭的亲缘关系转向社会,并由社会转向整个民族、国家,再从国家转向全人类,我们所说的代际伦理就会有更为广泛、更为丰富的含义。随着经济和文化的全球化,人类正成为一个相互依存的整体。作为同一个地球村的村民,不同国家和地区的居民不得不共同面对共同的问题,这些问题不仅包括全球粮食安全问题,能源问题、环境问题、人口问题以及使大部分人受益的全球经济增长问题,而且包括全球政治社会稳定问题以及带来这类问题的大规模杀伤性武器的扩散问题,全球性犯罪如毒品泛滥、走私、洗钱、偷渡、互联网犯罪、侵犯知识产权等问题,国际恐怖主义问题,极端民族主义和极端宗教势力的猖獗问题,甚至还有整个地球可能面对的来自外层空间的小星体的碰撞问题。此外,随着大气的环流、鸟类的迁徙以及货物和人员的全球性流动,致病的细菌和病毒在全球的扩散比以往任何时候都更为容易,以致我们可以说当今的疾病也正在全球化。所有这些问题都不是局部的问题,而是影响整个人类的生存和发展的大问题。这就需要整个地球村的村民作为一个整体去共同应对,也需要我们在考虑眼前利益的同时兼顾子孙后代的长远利益。由于我们的生存空间随着人口的增长而变得日益狭小,我们有必要为子孙后代预留生存和发展的空间;由于自然资源,特别是矿产和能源非常有限,我们需要考虑给子孙后代留下生存和发展所需要的资源;由于现在采取的某些政策和举动有可能危及子孙后代的利益,我们在做出决策时有必要进行审慎的规划并尽可能评估和减轻它们对子孙后代的不利影响。正因为我们的子孙后代生下来时无法自主选择环境条件,我们上一代人对尚未出生的后代理应承担起守护者和保养者的责任,这应是一种不求回报也无法获得回报的责任。在人口压力、环境压力、资源压力非常大的中国,这无疑是需要优先对待的伦理问题。超出狭隘的家庭范围,从整个国家、整个民族乃至整个人类的生息繁衍的角度去看待活着的人对未来世代的单方面责任,正是广义的代际伦理的要求。正是出于这种要求,我们在修建水库、铁路、公路、运河、油气管线、电站、码头、垃圾处理场等大型公共工程时要充分考虑子孙后代的需要,充分考虑它们造成的生态效应。也正是出于这种要求,我们有必要把我们的祖辈创造的物质和文化遗产传承下去并加以光大和发展。对大自然的敬畏和保护,对先人的文化遗产的尊重与继承,既是我们这代人生存和发展的需要,又是我们与先辈之间的代际伦理的要求,也是我们对子孙后代所应承担的责任。从这种意义上讲,我们正在实施的退耕还林、退耕还草、退耕还湖的生态工程,是在还前人欠下的环境旧债,又是功在当代、利在子孙的重大举措,它所体现的代际伦理精神值得我们发扬光大。而落实科学发展观就是发扬代际伦理精神的确证,因为它蕴涵着开发和保护并重的智慧,它的着眼点不仅在当代,而且在未来,它将子孙后代的长远利益纳入了当代人的视野。

总之,代际伦理可以从两个维度去理解:一是在家庭关系的范围内把代际伦理理解为几代家庭成员之间的伦理关系,这种关系本质上是一种双向的互动的关系,它体现了对家庭成员的双向的道德要求,比如"父慈子孝"就属于这样的要求;二是超出家庭关系,从国家、民族乃至人类的高度去看待当前活着的人与过世的人和未来的人的伦理关系。由于过世的人已不再是道德主体,而未来的人尚未出生,这种意义上的伦理关系往往体现了活着的人对前人和后人的不求回报的单向道德要求。由于这种伦理关系是一种非功利性的纯义务关系,它也显示了人类的道德尊严,维护了人类的类性和活着的人的崇高感。

九、男女之别与男女之同
——超越男权主义与女权主义之争[①]

"一个民族的女性是文明之花,是表明那个民族的文明程度的花朵。"[②]一种文明怎样对待女性以及女性在这种文明中实际拥有的地位,不仅与其生产方式、生活方式、政治经济状况和家庭结构相关,而且与女性的社会自觉相关,与一种文化的女性观相关,而这种女性观往往规定了一种文明的女性理想,并由此给基于女性的自然性的社会教化提供范导与定向。儒家思想与西方女权主义树立了两种极为不同的女性理想,前者基本上是由男性确立的,后者主要是由女性确立的,尽管其中不乏男性的参与。儒家思想体系所提出的女性观与西方女权主义的女性观代表了两个极端。前者强调的是男女之别,后者强调的是男女之同。前者把等级社会中的男女之别看作天经地义的事情并给予形而上的论证;后者则根植于男女平等的人权观念和自由主义的思想资源。在这里,我们要追问的问题是,上述两种看似对立的女性观能否找到交集点?它们的互惠是否可能?换言之,儒家思想能从西方女权主义中学到什么?西方女权主义能否与儒家的女性观所体现的基本精神兼容?甚至可以从后者那里学到某些东西?进而言

[①] 本文原载于范瑞平主编:《儒家社会与道统复兴——与蒋庆对话》,上海:华东师范大学出版社,2008年。——编者注
本文承蒙徐洪兴、林宏星、吴震诸君提供资料并在过去的交流中赐教,在此深表谢意。——作者注
[②] 辜鸿铭:《中国妇女》,参见汪堂家编译、点校:《乱世奇文——辜鸿铭化外文录》,上海:上海人民出版社,2002年,第336页。

之,我们能否超越男权主义与女权主义之争?

蒋庆在不同场合极力强调儒家的男女之别的思想,并根据贺麟在《文化与人生》中对"三纲"的人伦关系的分析得出的结论是:"单方面的、单向的人伦关系正是'三纲'的最大特色,也是'三纲'最值得肯定的地方。因为正是'三纲'的这种单向性体现了宇宙秩序的立体性,以及乾道的绝对性与主导性,使社会家庭中的伦常关系真正具有了道德的意义。"蒋庆的话是否意味着,只有单向的人伦关系才具有道德的意义而双向的人伦关系反倒没有道德的意义? 如果蒋庆的回答是肯定的,他恐怕首先得澄清"道德的意义"的意义。此外,他恐怕还要回答,为什么单向度的人伦关系有道德的意义而双向的人伦关系反倒没有道德的意义? 实际上,蒋庆已经承认,"古代的三纲忽略了君、父、夫对臣、子、妇的单方面的绝对道德义务,现在应该补上。其实,在儒家的义理结构中已经包含了君、父、夫,只是因为君主制度过分强调上下的等级秩序,才形成传统的'三纲'的偏颇缺失。现在已经不是君主制度了,恢复健全的三纲内容已经成为可能了"。

传统"三纲"的缺失是显而易见的,并且这是自"五四"以来儒家思想屡遭诟病的重要方面,当代的女权主义者更是将"三纲"视为洪水猛兽。蒋庆试图将"纲"解释为"社会伦常关系中道德责任的主要承担者",或者说"社会组织结构中管理责任的主要承担者",这无疑是继贺麟之后对"三纲"所做的一种有新意的现代解释,也是以开放的心态而不是以封闭的心态对儒家思想资源所做的现代开掘。如果古代人也做这种有利于妇女的解释,问题可能会小得多。但"三纲"一词毕竟在被曲解之后名声太糟,而且它本身的确也有缺陷,特别是当其中的"夫为妻纲"被具体地与"三从"联系起来之后问题就更大了,因为"三从"对妇女的歧视已暴露无遗。儒家并非不讲经权达变,我们为何不以新的方式来体现开放的儒家精神呢? 既然儒家思想既强调"诚"也强调"信",还强调"中庸",既然儒家学说不仅是理论的建构而且是实践的智慧,那么,实事求是地对待历史上的儒家思想,包括"三纲"学说就显得十分重要。我们在这里主要讨论儒家的女性观,三纲学说无疑是一个值得关注的方面,但对一个试图在现代条件下弘扬儒家精神的人来说,以发展的眼光,以开放的心态去对待传统的儒家女性观并慎重对待当代女权主义的合理关切是回应极端的女权主义批评的最好方式。也只有这样才能为儒家思想开出新生命。因此,蒋庆的下述观点是值得重视的:"儒家既反对男权主义,也反对女权主义,而是主张乾坤有序阴阳和合下的男女有别。女权主义反对历史上霸道的男权主义有值得同情的理由,但走到了极端,儒家不取。"历史上的儒家并不讲权利,当然也不谈男权与女权,因而也就更谈不上反对男权主义与女权主义,我希望这里讲的儒家是蒋庆代表的儒家,而不是历史上的儒家。

我的观点是,男女之异是同中之异,男女之同是异中之同,以同害异或以异灭同对男女两性都是有害的,这是基于一个朴素的真理:人类的性别是自然分化的产物,性别是自然的安排,男女性别的消失之日也就是人类的灭亡之时,由于人类的繁衍、繁荣与幸福离不开男女两性的共存、互补、合作与相依,为防止男性与女性的隐性战争危及社会的和谐与男女的幸福,我们需要倡导男女的阴阳和合的观念,而不是仅仅以性别为根据去实现个人诉求。作为整体,男性与女性的自然差异是无法抹去的,以这种自然差异为基础的某些社会职能的差异也是无法抹去的。那种试图以抹杀男女性别差异和职能差异的方式去追求的平等并不是真正的平等,而是被表面平等掩盖着的最大的不平等,在某种意义上,它是一种平等的幻觉和假象,这种幻觉和假象恰恰阻碍他们去追求他们作为男人和女人应当各自享有的生命价值、意义与人格尊严。我并不试图为性别歧视作辩护,相反,我认为消除这种歧视恰恰是女权主义的合理诉求,也是文明社会的重要表征。对于开放的儒家来说,我们先要了解女权主义者说了些什么,并对她们反对男权主义的作为表示同情性的理解。但是,将道德上对霸道的男权主义的抗议引向两性之间的战争,甚至上升为新的意识形态,则是不明智的、有害的,它不仅危害我们自身、危害我们的家庭和社会,同时也危害我们的子孙后代。在一个合理的社会中,在一个公正的社会中,在一个不仅口头上讲仁义而且在实际上践行仁义的社会中,我们本不应仅仅因为某个人属于某个性别才去尊重他或她,而要基于人之为人的价值和尊严去尊重他或她。换言之,我们应该超越男权主义与女权主义的二元对立,站在人类的立场,站在两性相生相成、相辅相济的立场,站在每个人都应得到公正对待的立场,去处理一些女权主义者所抱怨的不公平和不正义现象。

(一)儒家女性观的两面性

在传统的中国儒家思想体系中,女性的社会地位似乎不高,但是,儒家思想也在一定程度上建立了以家庭为中心的内部平衡机制,这种机制虽不足以改变以男性为主的等级制性别结构,但在某些方面试图对女性社会地位的缺失进行补偿。我这里所说的内部平衡机制是指儒家思想利用女性角色的多样性和家庭生活中的性别分工对女性的社会职能进行了近乎制度化的安排,这种安排要求不仅从横向关系(如夫妇关系)去看待女性的地位,而且要从纵向关系(如母子关系、母女关系、婆媳关系)去看待女性的地位,不仅要从空间关系去看待女性的地位,而且要从时间关系去看待女性的地位。只有这样,我们才能对中国传统社会中的等级制社会结构和性别结构进行比较符合实情的描述并对儒家女性观的内在逻辑进行有效解释。此外,更为重要的是,我们不仅要看一些儒家思想家如何看待女性,而且要看作为实践智慧的儒家思想如何在社会生活中表达和体现它的女性观,这不仅是因为理论与实践之间常常存在不小的距离,而且是因为儒家思想既存在于书本上,也体现在礼俗中。

蒋庆在《政治儒学》一书中对儒家的婚姻观做了较多的论说并提出了几个对今天具有启发意义的观点,值得一些极端的女权主义者好好思考,但蒋庆对三纲说和三从四德说几乎没有着墨。我不知他当时是出于何种原因不谈这些问题。但在我们讨论儒家的女性观的时候,这个问题肯定无法回避也不应回避。

众所周知,儒家创始人孔子表明过不屑于谈论女性的态度。他倡导有教无类,这已非常难得,但他的弟子中又有多少女性呢?《论语》中只有一个地方直接谈论女性,并且是以轻蔑的方式来谈论的。孔子说:"唯女子与小人为难养也,近之则不孙,远之则怨。"①孔子讲这句话的具体语境并不清楚。虽然现在没有人能为孔子在特定时代发表的这一见解进行理论辩护并且也根本没法辩护,但孔子的见解无疑代表了历史上相当一部分人的态度,并且对形成男尊女卑的社会观念影响深远,以至于我们可以把理学家程颐对女性的态度看作这种观念的合乎逻辑的发展。程颐在回答弟子关于寡妇是否可以改嫁的问题时,以"饿死事小,失节事大"来定调。有弟子问:"有孤孀贫穷无托者,可再嫁否?"程颐回答:"只是后世怕寒饿死,故有是说。然饿死事极小,失节事极大。"②虽然对程颐的这句话要具体分析并且事实确如有的学者所言,"程颐个人的话无论如何有力量,也不能形成以后的风俗礼教。两宋时期寡妇改嫁的事还是随处可见的"③。但是,当程朱理学在明清时期被作为官方哲学时,当程颐的这句话被作为普遍的道德规范时,它所隐含的危险后来的确转化成了现实。我们只要去安徽徽州看看那些至今仍然保留完好的贞节牌坊,听听那些牌坊后面所隐含的一个个血与泪的故事,就会明白同样出身于徽州的著名哲学家戴震所抨击的"以理杀人"现象,也会明白"存天理,灭人欲"的学说被统治者曲意运用于占弱势地位的女性身上会产生怎样的后果。

程朱理学中那种清教式的儒家思想(我这里在蒋庆的意义上用"儒家"作名词而不作形容词)本身并不可怕,可怕的是那种思想被统治者作为政治工具和最高道德标准贯彻到生活的各个领域。妇女缠足现象就是男性控制女性的象征。妇女缠足在宋代就开始了,并且首先在商人的家庭中流行。到明清两代,缠足的风气在有较好的经济实力的人家越来越盛行并且越来越严格。直到现在,我们仍可在中国某些农村地区看到裹小脚的年迈女性。一个较为合理的解释是,有些商

---

① 《论语·阳货》。
② 《二程集》,中华书局,1981年,第301页。
③ 吴震、徐洪兴、赵刚编著:《中国理学》第四卷,上海:东方出版中心,2002年,第102页。

人常年在外,他们也许认为给女性缠足是限制她们到处走动并进而防止她们越轨的一种方式。

从这里我们可以看到,清教式的儒家思想在脱离了中庸精神走到极端并上升为官方意识形态之后,怎样不恰当地作为男性支配女性的工具。

然而,儒家思想本身无法直接为女性的受压迫负责,也没有足够的理由说儒家思想就是男性压迫女性的祸根。理由很简单,那些并不奉行儒家思想的西方社会和阿拉伯社会也长期存在女性受压迫的现象,西方中世纪的贞操带与中国女子缠足现象遵循着同样的逻辑,即女性对男性的人身依附性、从属性以及男性对女性的支配。此外,尽管儒家思想在两千多年的时间里一直占主流地位,但中国女性在不同历史时期的地位是各不相同的,在开放的唐代和北宋早期女子的地位相对地讲甚至比明清两朝都高。同时,我们还应注意一个现象:在中国经历由封建政治向现代政治转变之后,儒家思想已被打得七零八落,妇女的地位虽然有了较大的提高,但毛泽东讲的"妇女能顶半边天"的理念远未实现,相反,由男性占主导地位的两性结构依然比较稳定,在广大农村地区尤其如此。

我们有女性学者提供的当代实证研究为证:

> 在对新社会的农村变迁进行观察的过程中,我们可以发现变迁的某种不对称性:新的组织结构在不断生成,职业分化和阶层变化相对迟缓。特别是乡村的性别结构,在经济结构剧烈变化的同时,尽管在现象层面也发生了许多变化,但其核心部分却是相当稳定的,甚至可以说在经济转型过程中,不管工业化发展到什么程度,男性优势支配等级性别结构因其"可复制性"、"可再生性"和持续性而未有根本性变化。①

---

① 余一虹:《父权的式微——江南农村现代化进程中的性别研究》,成都:四川人民出版社,2000年,第3页。

由上可见，将中国妇女地位低下归咎于儒家思想是没有足够的说服力的，就像将东亚的经济发展归功于儒家文化一样不能令人信服。否则，我们又如何解释没有儒家思想的社会照样存在男性占主导地位的两性结构，甚至存在其妇女地位比中国妇女地位更低的社会呢？况且，一种思想是否能上升为主流意识形态不仅取决于思想本身，更取决于一个社会的政治、经济和其他文化选择。孔子的"有教无类"思想本是一种很超前、很公正的思想，并且是最有可能促进女性自觉因而也最能促进女性解放的思想，但这一思想恰恰没有被吸收进两千多年来的主流意识形态。如此看来，我们还必须到儒家思想之外去寻找中国社会对女性的定位的更深层原因。

在儒家传统中，女性是家庭的守护神。当她们不再成为家庭守护神的时候，中国儒家社会就会岌岌可危。虽然对儒家的女性观的探讨要求我们从不同角度审视儒家对女性的定位，但家庭肯定是审视这种定位的首要场所。

为什么在讨论儒家女性观的时候，我们首先要将它与家庭联系起来呢？众所周知，"修齐治平"是儒家的基本理念。它既体现了推己及人的哲学理路，又反映了家国一体的素朴情怀，也关联着经邦济世的治理策略，还树立了个人生活的奋斗目标，更维系着中国人的爱国意识和胸怀天下的宏远心思。所以事实确如辜鸿铭所言：

> 对我们中国人来说，一个终身不娶、没有家室、没有家产的男人不可能成为爱国者，如果他自称爱国者，我们中国会称他为土匪式的爱国者。要具有真正的国家观念或公共秩序的观念，人们先得有真正的家庭观念；要有真正的家庭观念，家庭生活的观念，人们先得有真正的婚姻观念。[①]

儒家思想家们都清楚地知道，家庭是微缩的国家，国家是放大的

[①] 辜鸿铭：《中国妇女》，参见汪堂家编译、点校：《乱世奇文——辜鸿铭化外文录》，上海：上海人民出版社，2002年，第345页。

家庭,家庭既是最基本的经济单位,也是立身做人的最好学校。所以,儒家五伦(此处指君臣、父子、夫妇、兄弟、朋友)中就有"三伦"与家庭有关。董仲舒的《春秋繁露》和班固整理的《白虎通义》所论述的"三纲"中的"二纲"(父为子纲,夫为妻纲)也与家庭有关,仅此一点就足见"家"在儒家思想体系中的地位。

此外,对普罗大众来说,"家"是他们生活和情感的中心,甚至是生活的目的。以"家"为单位的农耕生活不得不采取男耕女织的两性分工形式。这不仅是因为生产工具的落后和男女体力上的差异需要做这样的安排(这种安排具体地讲就是男主外女主内的形式,"妇"与"男"这两个字形象地说明了这一点),而且是因为女性担任着生儿育女这一人类再生产的重大职能,这种职能在中国农耕社会里决定了妇女的日常活动不得不长期以家为中心,她们即使出趟远门也是极为困难的。加之,中国有早婚早育和多子多孙的观念,妇女就更加难有时间和精力去从事其他与家务无关的活动,更不用说参与其他社会活动了。长期重农抑商的政策也使不同地域和人群的社会联系大大减弱,社会分工的单一性和对土地的依附关系无法为广泛的社会参与提供机会。因此,使妇女囿于家庭生活也就成了农耕社会的必然选择。儒家也正是基于这种社会实际为中国社会树立了这样的女性理想,即女子要做好女儿、好妻子、好母亲。对儒家来说,养育生命是比所有事情都要重要的事情,天地间还有什么比生命更重要的东西呢?女性对"家"所承担的责任在儒家思想体系中是非常神圣的。因为有这种神圣感,家才真正成为精神的依归。妇女在古代被称为"主中馈",它在儒家传统里绝不是一个贬义词。《易经》说:"家人,女正位乎内,男正位乎外"①,也是这个道理。因此儒家将妇女的职能定位于家庭,这在农耕社会是可以理解的。

儒家在强调女性要以家庭为中心之后又如何看待女性在家庭中的角色呢?

首先,儒家没有在道德上给女子独身留下空间,男大当婚、女大当

---

① 《易·家人象辞》。

嫁被视为最符合天理人伦的事情。如果将女子独身或男子独身作为一种价值观,甚至作为一种意识形态在社会上广泛提倡,社会就会无法运转,甚至无法存在下去。所以独身问题不在儒家视野之内是很自然的事情。至于在实际生活中,某个女子选择独身则可以根据儒家经权达变的方式来处理。但儒家不可能主张把女子独身作为一种普遍的价值观,因为那样一来,社会的基本繁衍会有问题,其他一切也就无从谈起。

其次,妇女在家庭内或家族内通过"孝"的观念而获得相应的尊重。《孝经》说:"夫孝,德之本也。"①在通常情况下,过去的中国妇女一辈子会在家庭内相继获得多重身份。在娘家,她要孝敬长辈,但同时也按辈分而获得晚辈的尊敬;出嫁后,她如果受到婆家不公正对待,娘家人会以家族的名义向对方讨公道。直至过世,出嫁的女子一直会获得娘家人的多方关照与保护。如果在婆家无后人照顾,娘家的晚辈通常会尽赡养之责。"姑姑""姨妈""姑奶""姐姐""妹妹"的身份使她得以安立于伦常秩序之中。在婆家,她既是妻,又是媳,还是母,婶或妯娌,年岁大了,她又可能是婆婆或奶奶。作为母亲、婆婆或奶奶,她相应会因儒家倡导的孝道观念而得到尊重并在家族内部享有相当大的权威性。由于代际更替的缘故,每个女子在正常情况下都能有机会享有"孝"所赋予的地位和权威性。"孝"的制度化安排客观上可以用时间机制或代际机制来补偿女子对男子的相对从属地位。由于儒家的家庭观是以"孝"为核心的,上自王公大臣,下至平民百姓都被要求尊重父母的地位,即使是皇帝也得敬母后和太后,这也是中国历史上好几个朝代的实际权力能掌握在妇女手中的缘故。加之,女子寿命在过去远远长于男子,母亲在一些家庭里常常成了最高权威,不孝之子常常被族人责骂和处罚,甚至被赶走。朱熹对孝做了这样的阐释:"夫孝子之有深爱者,必有和气;有和气者,必有愉色;有愉色者,必有婉容;故事亲之际,惟色为难耳,服劳奉养未足为孝也。"②中国历史上的许多

---

① 阮元校刻:《十三经注疏·孝经注疏·丧亲章》。
② 朱熹:《四书章句集注·论语·为政》。

感人故事大都是讲儿子是如何向老母尽孝的。晚清政治家、外务部尚书梁敦彦甚至说,他之所以做大官,仅仅是为了让老母开心。

儒家思想传统在女性观上也有比较健康的因素,可惜有些比较健康的因素没有在中国社会得到发展与培植,更没有成为时代的主流。在儒家思想占统治地位的汉代,著名思想家、韩诗学的奠基者韩婴甚至对被儒家视为道德典范的舜进行尖锐的批评,他说舜娶两个妻子是不道德的,用他自己的话说:"舜兼二女,非达礼也。"①按他的见解,男女并非相争相克、相竞相长的关系,而是共同作育、相携相保的关系。男女要各自履行自己的职能与本分。他所提的道德要求不是单方面的要求,而是双向的要求,这种要求既考虑到了双方的自然差异与职能差异,又考虑到了平衡与互补的两性结构,因而更能切合百姓的实际生活。韩婴写道:"太平之时,民行役不逾时,男女不失时以偶,孝子不失时以养。外无旷夫,内无怨女,上无不慈之父,下无不孝之子,父子相成,夫妇相保。"②

韩婴的上述观点即便在今天也是无可厚非的,即使一些女权主义者大概也无法否认这种观点有相当大的合理性。实际上,它最符合男耕女织的农耕社会的道德理想。从这里,我们看不到"三纲"要求的片面性、机械性或褊狭性,相反,它照顾到了无论是男人还是女人都应得到尊重的道德要求。因此,它更能全面地反映人性的基本需要。在某种意义上讲,上述观点是对《易经》关于"君君,臣臣,父父,子子,夫夫,妇妇"的说法的具体展开,是体现了儒家思想的基本精神的。

然而,体现儒家思想的东西并不都能上升为主流的意识形态。历史表明,早期儒家思想体系的各种因素在后世历经过滤、提升和扩展,有的因素被淡化,有的因素被强化,有的因素被抛弃,有的因素被有意曲解和放大,有的因素则与其他因素结合在一起发挥新的作用。总之,儒家思想经历了被动选择和主动适应的过程。没有人能否认儒家思想影响了两千多年的中国历史。但事实是历史选择了儒家,而不是儒家选

---

① 韩婴:《韩诗外传》卷四,第九章。
② 同上书,卷三,第十九章。

择了历史。其原因何在呢？以我愚见，孔子的"有教无类"思想与韩婴的上述观点的结合在理论上有可能发展出一些当代女权主义者也会接受的观念（如男女享有平等的教育机会），而事实上它们都被压抑着、遮蔽着并且在现实中没有找到发展的动力。众所周知，儒家一开始只是百家中的一家而已，它能在百家中与其他思想体系相激相荡，彼此竞长并最终脱颖而出，在汉代上升为官方意识形态，并不只是偶然的选择，而是时势的需要、政治统治的需要、社会治理的需要，而且是在当时的历史条件下所能找到的最成功、最有效，也最符合人心和"彝伦攸叙"要求的伦常系统，也是保持中国社会长治久安的基本方略。同时，按儒家的方式去做在当时的生产条件下是最节约社会管理成本、最节省社会资源与自然资源的最为经济的方式。后一点往往最易被人忽略。

大家知道，董仲舒因提出"罢黜百家，独尊儒术"的大一统思想而遭到现在许多人的痛批，但他恰恰是最有仁爱之心的儒家政治思想家。他不仅对"任刑而不尚德"的秦朝历15年而亡的教训做了深刻的总结，而且反对官与民争利，既主张"盐铁皆归于民"，也主张"去奴婢，除专杀之威"，"薄赋敛，省徭役，以宽民力"，甚至说"使富者足以示贵，而不至于骄；贫者足以养也，而不至于忧。以此为度而均调之，是财不匮，而上下相安，故易治也"①。现在西方福利国家实质上不就是在采用类似董仲舒这位儒家思想家早就建议的方略吗？现在的中国实际上不也在试图实现他的理想但还远未达到他提出的要求吗？如果真的像他讲的那样"去奴婢"，还富于民并建立基本的社会保障制度，中国妇女的地位与同时期的其他社会的妇女的地位相比又会如何呢？只可惜，历代统治者从来都是有选择地运用儒家思想，在对待女性的态度上也是一样。比如，身为隆庆、万历两代帝师的张居正在给皇帝讲解"四书"时有时就是如此。又如，身为大儒的董仲舒虽然在总体上讲阳尊阴卑，但他也强调"阳兼于阴，阴兼于阳；夫兼于妻，妻兼于夫；父兼于子，子兼于父"②，但为何后世一些人总注意前者而无视后者呢？

---

① 董仲舒：《春秋繁露·制度》。
② 董仲舒：《春秋繁露·基义》。

因此，笼统地说儒家只讲女子对男子的单向的义务而不讲双向的义务是不合实情的。我们的确需要具体问题具体分析。

但是儒家的确过多地强调了男女之别，轻视了男女之同，特别是在将男女之别片面地上升为"夫为妻纲"之后，其两性观的不平衡性就更加突出了。这一点一旦被统治者作为统治工具，妇女受奴役的命运也就难以避免。董仲舒也许不会想到他所提的"三纲"在成为礼教核心并在政教合一的时代被绝对化、制度化之后就不仅仅是抽象的道德原则，而成了压迫的工具。但是，正如贺麟先生所说："这怪不得三纲说本身，因为三纲就是五伦观念的必然发展，尽了其历史使命。"①

（二）女权主义者可以向儒家学些什么

儒家创始人孔子提出的"有教无类"的观念恰恰是女权主义者一直奋斗的目标，女权主义者要求与男子享有同等的受教育权利，这在哲学义理上已被包含在"有教无类"的观念之中，需要的只是实际的贯彻而已。至于贯彻到什么程度则是儒家哲学本身无法直接解决的问题。比一些女权主义者更为高明的是，孔子的话并不是从单一性别的立场，而是从超越性别的立场，从人的立场来看待教育机会的均等。所以，从有教无类的观点可以在逻辑上演绎出这样的结论：只要是人，不管是男是女，都应有受教育的机会。在理论上讲，1790年法国女作家高尔日发表的《妇女权利宣言》和1792年英国女作家沃斯通克拉夫特（M. Wollstonecraft）发表的《为女权辩护》所要求的妇女受教育权已被孔子"有教无类"的思想所涵盖。此其一。

其二，儒家的家庭价值观主张女子要有强烈的家庭观念，主张女子要做好女儿、好妻子、好母亲，这彰显了女子人生价值的重要方面，尽管不是所有的方面。一些女权主义者主张女子走出家庭，通过外出工作并参与社会政治活动来发挥自己的聪明才智，发挥自己的主动性、独立自在性和人生的丰富性，或用她们的术语说，发挥主体性。这

---

① 贺麟：《文化与人生》，北京：商务印书馆，1996年，第60页。

当然是无可厚非的正当要求,并且得到了社会的普遍承认。但这不等于要通过放弃家庭来实现。一些主张通过放弃家庭价值(如不婚不嫁)而去追求外在价值的极端女权主义者,实际上等于放弃了自己的核心价值而去追求表面上具有更高价值而实质上属于次要价值的东西。在某种意义上,她们是在贬低自身的价值。放弃生儿育女不仅意味着放弃女权主义者们常常挂在嘴上的权利,而且意味着放弃了自己对维持人类繁衍所应负的重大责任,这对儒家来说是非常神圣的责任。请问还有什么东西的价值比儿女的价值更高呢?难道人的价值反不如物的价值?

其三,儒家的婚姻观也具有非常值得女权主义者重视的地方。我不否认儒家的婚姻观在被上升为官方意识形态后有太过僵硬的地方,对女子有太过苛严和不够公正的地方,如"三纲"和"三从"都只片面强调女子的从属性而没有充分照顾到女子的自主性、人格尊严和社会价值,甚至为一味迎合男性而要求女子缠足,但是这并不意味着我们可以像把婴儿与洗澡水一起泼掉那样全盘否定儒家的婚姻观。

儒家的婚姻观在以下方面具有重要意义:

儒家把婚姻看作一件非常神圣的事情,从而排除了婚姻的随意性。婚姻不仅要出乎情,而且要合乎理。正因如此,儒家不把婚姻看作基于个人意志和男女爱欲的短暂结合,而是看作"本天继后"的人生大事。在儒家思想体系中,婚姻本乎天,应乎命,全其性,续其嗣。儒家的婚礼要有拜天地、拜祖宗的步骤就是要让新人明白这个道理。"百年好合,五世其昌"常是亲友对新人的祝福。正如蒋庆所言,"儒家认为男女的存在本是天道——乾坤阴阳的表现,故男女结合而成的婚姻,本身就是天道在人道上的体现,亦即本身就是天道的内容。故结合具有形而上的含义,即具有天道上的超越性"[1]。这种观点有儒家经典的原文为证:"君子之道,造端乎夫妇,及其至也,察乎天地。"[2]"大婚

---

[1] 蒋庆:《政治儒学:当代儒学的转向、特质与发展》,北京:生活·读书·新知三联书店,2003年,第215页。

[2]《中庸》第十二章。

者,万世之嗣也……内以治宗庙之礼,足以配天地之神明。"①儒家强调婚姻的神圣性、超越性和长久性可以补救今天社会中一些人对待婚姻问题的轻率任性以及把婚姻视为男女双方讨价还价的工具的浅薄风气。视婚姻为儿戏是目前不少青年男女的写照。在上海,最短的婚姻只有一天。由于极端个人主义盛行,以及在每件事情上只讲权利不讲责任,不少人只想坚持自我而不想适应对方,以至于因一些琐碎小事就闹得劳燕分飞。这是对婚姻自由的滥用。如今,单亲家庭大量增加,有些国家单亲家庭的数量甚至占 1/3,这并不是什么值得夸耀的好事。它不仅大大浪费了社会资源和自然资源,而且给儿童的成长带来极大的困扰,也侵犯了儿童应同时得到父母关爱的权利。

儒家的婚姻观的缺失的确在于不谈婚姻自主,它过分强调"父母之命,媒妁之言",但它比今日名目繁多的骗婚要强上万倍。儒家的婚姻观并不像一些人错误地想象的那样不讲爱,相反,它不仅讲爱而且讲敬。《礼记》甚至说:"古之为政,爱人为大。所以治爱人,礼为大。所以治礼,敬为大。敬之至矣,大婚为大。大婚至矣!爱与敬其政之本与?"②儒家认为婚姻是培养爱与敬的最好形式。儒家强调,爱不但能够同甘,而且能够共苦;爱不是与生俱来的,而要培养和学习。所以,老一代人对新婚儿女的叮咛往往是希望他们"互敬互爱""相敬如宾"。"敬"不仅表明一方以谦卑之心对待对方,而且能体谅对方,包容对方,因而是真正的尊重。保持"敬"的心态不仅有利于向对方学习其优点,而且有利于自己改过迁善并克制自己,以逐步适应对方,从而达到和谐一致。这是儒家社会常见的先结婚后恋爱的模式,这一模式尽管有缺陷,但其着眼点是使夫妻在相爱中学会爱,在相敬中升华爱、强化爱。如果说爱旨在消除距离,敬则旨在保持适当的距离。这也是在儒家传统的家庭里,夫妻之间不重甜言蜜语而重相互扶持、相互体贴的原因。它尽管少了情感的浪漫,但带来了爱的长久。它注重的不是短暂的欢愉,而是平淡中的幸福。恩恩爱爱,相濡以沫,琴瑟和谐,白

---

① 《礼记·哀公问》。
② 同上。

头偕老是儒家向往的美满婚姻。所以《中庸》引《诗》对幸福的婚姻做了这样的描述:"妻子好合,如鼓瑟琴;兄弟既翕,和乐且耽;宜尔室家,乐尔妻帑。"至于父母包办婚姻,尽管无视了儿女的自主因而不可取,但其出发点仍值得思考和重视。儒家讲婚姻要匹配与和美,并且把白头偕老作为基本目标,因此,父母通常会从儿女的终身幸福的角度慎重对待儿女的婚事并且会留心观察什么样的人最适合自己的儿女,与自己的儿女般配。同时,父母也很关心对方的家庭,关心媳妇或女婿是否孝敬老人、体贴别人。总之,父母很看重媳妇或女婿的人品、性格和能力。父母根据自己和他人的婚姻经验而给儿女物色对象可以在相当大的程度上避免儿女的短视和感情用事,从而保证婚姻的稳定与和谐,这种婚姻比现在的网上恋爱或以赢利为目的的婚姻介绍所促成的速配反而更有可取性,如果现代的男女在自由恋爱时不忘认真倾听父母的意见并且认真吸取儒家思想传统经过两千多年考验而总结出来的婚姻智慧,他们至少可以部分掌握婚姻美满的秘密,对婚姻来说,幸福才是目的,自由则只是达到幸福的手段,因此,那些为中国的离婚率大幅度上升而高唱赞歌的人实在是误入了歧途。

儒家的婚姻观强调夫德与妇德,夫道与妇道,即夫要尽夫之责,妇要尽妇之责,这在今天仍然有效。如果夫妻任何一方只是向对方提要求,希望对方如何如何,而自己不首先尽自己的本分,就不可能有真正幸福的婚姻。如果像一些极端女权主义者那样不是首先讲责任而是事事谈权利,礼让精神就难以确立。在一些大的事情上讲讲权利固然重要,但如果一方看到另一方做了某事,自己也一定要做某事并要与对方争个高低,婚姻的长久和谐就难以保持。儒家强调男女双方相互谦让,相互体贴,而不是一味向对方索取,不是处处讨价还价,否则就将婚姻降格为等价交换关系。在一些情况下,儒家甚至强调不仅要自己尽责而且帮助对方尽责。而另一方也以同样的方式去对待对方,彼此都以感恩的心情去善待对方,所谓"一日夫妻百日恩"就是要表达这一点。

正如蒋庆所注意到的,儒家的婚姻观特别强调正夫妇对于正人伦、正政治、正礼法的重要性。因为婚姻被视为社会政治的本源,夫妇不正会导致许多方面的不正。此即所谓"正夫妇之始"的思想。"《易》之'咸'见夫妇,夫妇之道,不可不正也,君臣父子之本也"①,讲的就是这个意思。蒋庆十分正确地指出:"观当今社会,由夫妇之道不正引起治理秩序混乱亦不在少数。治理并非单纯运用权力的领域,其运用权力要受到许多社会因素制约,其中最大的因素之一就是婚姻因素。"②这些均与儒家讲的夫妇之始不正有关。当今世界的一些腐败现象也直接或间接地与夫妇之道不正有关(请想想"包二奶"与"包二男"现象)。因此,儒家正夫妇之始的观点仍然适用。

其四,孔子所说的"己所不欲,勿施于人"以及"己欲立而立人,己欲达而达人",不仅是增进自我与他人的和睦相处和相互尊重的黄金规则,而且是实现男女和谐合作的重要指针。如果补上"己所不欲,勿施于人"的原则,并加以贯彻,人类的道德将更臻完善,男女的和谐将更有保证,世界的和平将更有希望。孔子所说的"欲"与"不欲"已经考虑到了双向平衡,"不欲"的方面是从消极的方面说的,"欲"的方面是从积极的方面说的。前者是推己及人,用现象学的语言说就是"移情"(empathy),用我们中国人通俗的语言讲就是"将心比心",它的前提是假定人之不欲与我之不欲相同或相近,这与人性本近的思想是一致的。后者则是前者的反向运动,即由人及己,立人和达人成了起点,尽管共同的仍在于达己和立已。但如果要真正"立人"和"达人",需要了解人之欲与不欲,并尊重人之不欲而不是以人度人,将己之欲等同于人之欲。在男女关系中,尊重对方的思想和感受,不接受对方的强制,这也恰恰是女权主义所强调的内容。我认为这一内容能为儒家思想所涵盖,我们能在儒家思想的义理中进一步得出"己所不欲,勿施于人"的原则,并把这条原则作为"己所不欲,勿施于人"的重要补充。它对处理一般人际关系和国际关系至关重要,对处理男女关系自然也很

---

① 《荀子·大略》。
② 蒋庆:《政治儒学:当代儒学的转向、特质与发展》,北京:生活·读书·新知三联书店,2003年,第228页。

重要。在这条原则下,女权主义的诉求就不难解决,比如,像"性骚扰""婚内强奸"这类最初由女权主义者提出的问题自然不难解决。更为重要的是,这条原则体现了儒家兼容并包的精神,它的立意远远超越了男权主义或女权主义的诉求,而又能容纳它们的诉求。在全球化时代,遵循这一原则就是将"和而不同"的原则进一步具体化,它不仅可以在微观层面,即人际关系层面防止将自己的好恶强加于人(即使出于善意也不行),而且可以在宏观层面实现宗教宽容和尊重文明多样性的目标。

(三)儒家的传人要认真对待女权主义的基本诉求

儒家思想遭受现代人猛烈批评的原因之一,就是它持男尊女卑的女性观。自二十世纪初直到"文化大革命",歧视妇女、压迫妇女一直被人们视为儒家的一大罪状(有趣的是追求男女形式上的平等恰恰是在"文革"中达到了高潮)。然而,如前所述,儒家思想可以引出不同的后果,它无法直接对妇女受压迫负责。只有在被片面解释、运用并上升为社会意识形态之后,它才会成为压迫妇女的工具。历史表明,这一过程主要是在礼俗层面实现的,意识形态的强制无疑是一个因素并且是关键的因素,但这一因素也是通过妇女的不自觉参与来实现的。不仅妇女缠足是如此,"三从四德"观念的贯彻也是如此。比如,班固的妹妹曹大家专门写了《女诫》来宣扬"三从四德"的观念。无法否认的是,儒家思想作为经世致用之学为中国的社会两性结构的稳固与持久提供了理论上的论证。这种论证的思路在于,男女之别是乾坤之别和阴阳之别的体现,是天道在人道上的体现,是宇宙秩序在人世的体现,乾坤颠倒会导致可怕的后果;在确认男女之别后,儒家并没有强调社会与自然的区别,也没有理由强调这种区别,因为天人合一的宇宙观逻辑上要求我们的先人把社会秩序看作自然秩序的推广或延伸。相反,儒家思想主张乾始坤成,在乾坤、阳阴、男女这几种相对相成的范畴中,一方始终处于主导地位,另一方始终处于从属地位(这一点不禁让人想起德里达对几千年来的西方形而上学的批评，也不禁让人想起有关上帝用亚当的肋骨造夏娃的说法）。《易·系辞上》说："乾道成男，坤道成妇。乾知大始，坤作成物。乾以易物，坤以简能。"所以，在儒家的词典里，只有"男主女从"而不可能有"女主男从"；在现实生活里，则只有"夫唱妇随"，"嫁鸡随鸡，嫁狗随狗"的说法，而没有"妇唱夫随"，"娶鸡随鸡，娶狗随狗"的说法。"嫁"的被动意义与"娶"的主动意义被规定得相当严格。《仪礼·丧服·子夏》提出"未嫁从父，既嫁从夫，夫死从子"的"三从"原则，这一点表明儒家思想的确是以性别为支配对象的。众所周知，古代有"七出"（亦称"七弃"）的规定，它规定男子在七种情况下可以休妻，这七种情况是无子、淫佚、不事舅姑（公婆）、口舌、盗窃、妒忌、恶疾。在唐代以后它成了一种律令。对男子则没有提相应的要求。因此，现代人从每个人都应受到公正对待的普遍伦理原则出发要求改变对妇女的制度化压迫是有无可争辩的正当理由的。中国的妇女解放运动与对儒家女性观的批评相联系也并非没有缘由。但中国妇女解放运动既是世界妇女解放运动的一部分，又是受西方女权主义影响的结果。因此，正视西方女权主义的基本诉求是非常重要的。

　　女权主义既是一种理论思潮，也指一种社会政治运动。早在十八世纪，一些西方启蒙思想家已经在关注妇女的基本权利问题。但他们主要是将妇女权利问题作为人类基本人权的一个部分来看待的。1790年法国女作家高尔日发表的《妇女权利宣言》和1792年英国女作家沃斯通克拉夫特发表的《为女权辩护》都提出妇女应在教育、工作、政治上享有与男子同等权利的主张。"二战"之后，法国存在主义作家波伏瓦（Simone de Beauvoir）和美国女作家弗里丹（Betty Friedan）分别发表《第二性——女人》和《女性之谜》，进一步从理论上论述了妇女受压迫的种种不幸，主张从各方面进一步实现妇女解放，弗里丹甚至认为家庭给妇女造成了极大的痛苦和伤害。现在有各种各样的女权主义理论，如生态女权主义、知识女权主义、宗教女权主义、马克思主义的女权主义，等等。还有一些极端的女权主义者将性产品的享用、性治疗也与女权主义扯在一起,更有甚者将"出租子宫""卖淫""堕胎"也作为女权的一部分。近几十年来,法国和德国还有不少人主张将原来没有阴性名词的职业名称补一个阴性名称,以彰显男女平等。从公共场所的女卫生间的设置到结婚后女方保留自己的姓氏,都打上了女权主义的烙印。女权主义总体上可分两大阶段。早期的女权主义在启蒙思想影响下主张人人都有天赋理性和平等权利参与一切事务。它首先要求妇女享有与男人相同的受教育权、就业权、选举权与被选举权。"二战"之后,出现了各种女权主义思想,沃尔夫(Naomi Wolf)甚至感叹说出现了"性别大地震",她号召妇女停止抱怨,采取行动[①]。其基本诉求是,妇女在一切领域应享有与男性同等的权利,妇女要走出家庭,重塑身心,实现个人自由。其哲学预设是,每个人都有自我,都有自己的主体性,人之为人的普遍理性规定了男女的同一性。有些女权主义者还极力论证,男人和女人,无论就情感取向、心理定势、思维方式还是就行为方式而言,原本没有大的差异。男女的差异主要是后天造成的,是文化造成的。她们的基本策略是,论证男女在生理上的差异被人为地夸大了,并且那种自然差异并不是在社会权利领域确立男女差异的理由和根据。在某些情况下,有些男性与男性的差异甚至超过了男女之间的差异。这也使得同性恋者争取合法的运动与女权主义交织在一起。

按当代法国女权主义之母波伏瓦的看法,女人只是社会造成的"第二性"。父权制的不道德性恰恰在于它剥夺女人之为女人的主体性,它把女人作为被动的容器,或把女人作为按男人的意志和设想而塑造的对象。波伏瓦写道:

> "男性"与"女性"这两个词只是对称地用作形式的东西,就像法律文书上写的那样。实际上,两性的关系并不像两个电极的关系,因为男性既代表阳性又代表中性,表示一般人的"man"这个词的惯常用法就表明了这一点。而女性只代表由限制性标准确

---

① Naomi Wolf, *Fire with Fire*, New York: Random House, 1993, p.11.

定的阴性的东西,它没有交互性。女人有卵巢,有子宫。这些特性在主体性方面对她造成了禁锢,把她限制在她自身本性的范围内。人们常说女人是用她的腺体思考的。男人却十分忽视一个事实:他的解剖结构也包括腺体,如睾丸,它们分泌荷尔蒙。他认为他的身体是与世界的直接的正常的联系,他相信他可以客观地把握这个世界。但他把女人的身体看作一道障碍、一座监狱,它被它所特有的一切所压倒。①

在某种意义上,波伏瓦揭示了部分事实。她把性别问题上升为哲学问题,并认为主体性在我们的文化传统中被性别化了,男权主义要为此承担不可推卸的责任。她崇尚的是双性气质,并声称女人的身份与自我既可结合又可分离,父权制文化造成了它们的分裂。上述引文已在一定程度上表明了波伏瓦的意图:缩小被文化传统拉大了的男女两性差别。她本人的生活也可看作这一理念的实践:她试图以她的双性气质以及同时与萨特保持异性恋和与另一位女性保持同性恋关系来对女权主义的核心概念"女性"进行重新诠释②。

美国女权主义者布朗米勒(Susan Brownmiller)则通过分析女性特质进一步深化了波伏瓦对"女性"概念的诠释。在她看来,男性与女性在生理上当然有差异,但社会通过想象把它放大了上百倍。社会通过两种原则,即男性原则和女性原则去培养男人和女人。前者体现了刚健强劲的精神和占优势地位的信心,后者体现了脆弱、温顺和避免冲突的倾向。她认为,正是女性特质"给了男人们不应该得到的性别差异,给了他们不受挑战的空间,可以让他们自由地呼吸并感到比女人更强壮、聪明和有能力。这都是女性特质的特殊礼物"③。她甚至提

---

① Simone de Beauvoir, *The Second Sex*, trans. by H. M. Parshley, Vintage Edition, 1974, pp. XVII - XVIII.
② 参见弗雷泽:《波伏瓦与双性气质》,崔树义译,北京:中华书局,2004年,第174—175页。
③ 布朗米勒:《女性特质》,徐飚、朱萍译,南京:江苏人民出版社,2006年,第5页。

醒说,妇女在笑纳"美丽""苗条""动人"和"优雅"等词语时也在接受一系列的樊篱。她号召女人摆脱这些樊篱,施展自己的抱负,与男人展开正常竞争。她的这种观点得到了不少妇女的回应,以至一些女权主义者进一步要求开发自己的身体,希望在体能和智能方面像男人那样发展自己。近几十年来的体育发展就受到这种女权主义观念的影响。

奇特的是,市场经济的推动者既不断提醒妇女不同于男人并刻意利用这种差异,又进一步强化妇女之为妇女的观念,化妆品、高跟鞋、时装和整容的盛行莫不与这种观念相关。此外,有的生物学家也试图表明男女差异如何被社会所夸大,以此为女权主义作论证。结果出现了值得我们警惕的另一种倾向:女权主义正在成为一种新的意识形态并影响对性别差异的正常的生理学、心理学、脑科学和行为科学的研究。有的研究甚至因女权主义的压力而被取消。幸运的是,极端的女权主义者毕竟只是少数。相当一部分女权主义者并不希望把妇女变成男人,她们关心的是自己的正当权利有没有受到侵犯。正如奎尔(Marilyn Quayle)所说:"如果妇女解放只是把妇女变成男人的克隆,那种解放是不值得的。"①这种女权主义虽然要求社会切实保障大多数国家的法律所确定的妇女的基本权利,但她们并不希望放弃女性特质并认为这种特质恰恰是世界的丰富性的体现,是人的丰富性和多样性的体现。如果所有妇女都变得像男人,那恰恰是以男人为标准去改造妇女,用蒋庆的话讲,那恰恰是中了男权主义的毒。就要求尊重男女差别而言,这种女权主义与儒家思想是一致的。我把这种女权主义称为温和的女权主义。

儒学思想家可以同意温和的女权主义的一些看法,但肯定不会赞同波伏瓦的见解和做法,不过在一点上他们与波伏瓦是一致的:承认性别不仅是自然造成的,而且是社会造成的。儒家思想极力强调两性差异以及男性在社会结构中的主导地位,并认为两性各尽其职、各

---

① Teresa Brennan, "Essence Against Identity", in *Metaphilosophy*, ed. by Armen T. Marsoobian, January/April 1996, Vol. 27, No. 1&2, Blackwell Publishers, pp. 92 - 103.

尽其责、各守其位、各正其性对社会和谐的重要性。波伏瓦则认为，正是这种差异使女人得不到她本应得到的东西。儒家思想实际上肯定了波伏瓦也会同意的观点：男女不单单是一种自然性别，而且是一种社会性别，这种社会性别是由礼来区分的，在某种程度上也由礼来塑造，其实，无论是男权主义还是女权主义都是从二元对立的观点来看待两性的关系。儒家与温和的女权主义的立场有相契相合的地方，即不图一方取消另一方或消灭两性的差异，相反，他们认为尊重两性差异并让各方发挥自己的特点恰恰对我们生活的世界非常重要。开放的儒家应能接受温和的女权主义的要求，在强调妇女的独特性的同时尊重妇女的基本权利，但其着眼点在于超越两性的对立，以实现两性的和谐与阴阳和合的目标。这一目标是人的幸福之所在。从生命儒学的观点看，男女都是生命的源泉和体现者，男女越是发挥其独特性，生命的内涵就越丰富，人类的整体就越繁荣。相反，两性的战争会导致两败俱伤。因此，我们有必要从更高的境界，从每个人都应得到公正对待的立场，从生命世界的一体性出发，去超越男权主义与女权主义之争。在此引用蒋庆在评述公羊学时的两句话是最恰当不过了："天道人事不一亦不二，生命世界独立而贯通。"[①]

[①] 蒋庆：《公羊学引论》，沈阳：辽宁教育出版社，1995年，第388页。

第二部分　英文论文

1. The Physician-Patient Relationship and Individualization of Treatment from The View of Traditional Chinese Medical Practice①

I. Introductin

Behind every system of medicine hides a set of ethical values that immanently dominate persons' attitudes toward disease and death, and exert a subtle influence upon both the physician-patient relationship and paradigm of medicine in society. With the development of increasingly sophisticated technology, the specialization of modern medicine and the rise of the civil rights movements, we increasingly fall into ethical dilemmas concerning the physician-patient relationship. Now, we should open our eyes to a usually neglected fact that "modern medicine suffers from the loss of the authentic personal relationship crucial in medicine and medicine care" (Hui, 1996, p. 5).

Obviously, the possibilities of rational orientation for a harmonious physician-patient relationship lay neither in a sophisticated technology itself, nor in the specialization of' medicine, but rather in the development of a new paradigm of medicine, and in

---

① 本文原载于 *Philosophy and Medicine*, 74(2002)——编者注

communication, understanding and coordination between physician and patient, and in intercultural, multicultural or transcultural dialogue and cooperation of different systems of medicine.

I believe modern medicine might draw some inspiration and wisdom from traditional Chinese medicine and thereby recover the importance of the relational dimension intrinsic to the clinical encounter between physician and patient. I shall proceed in this paper by first demonstrating the limitations of four models of the physician-patient relationship. Then I shall slate the main problems with the physician-patient relationship in society. Finally I shall clarify the principle of individualization in traditional Chinese medicine and its meaning for the paradigm of modern medicine.

II. The Limitation of the Autonomy Model

Generally speaking, there are four possible models of the physician-patient relationship: beneficence, entrustment, partnership, and autonomy. Despite his generalization, there is not always a very clear demarcation among them in actual clinical practice, and sometimes several models coexist, probably depending on the concrete situation (Wolff, 1994).

Hippocratic medicine has been treated as the beneficence model in which some kind of ethical paternalism is involved. On the beneficence model, a physician should regard it as a "categorical imperative" to maximize the patient's medical benefits regardless of what kind of demand the patient has made on him. At the same time, "the patient should obey the doctor's commands and even must place himself in the physician's hand" (Beauchamp, 1990), since the well-being of the patient takes precedence over everything else. Before the ideas of a right-based ethic gained worldwide dissemination in the 1960s, the beneficence mode played a dominant role in almost every society.

In traditional Chinese medicine, it is the highest principle for a physician to help patients rid themselves completely of their ailments and to help seriously ill patients to take a turn for the better. Until now, "conscientious in medical treatment and miraculously bringing the dying back to life" has been the highest praise for a physician. Confucian ethics of virtue emphasizes that a physician should first have the heart of benevolence and the sense of duly of a noble man. This conception was completely kept even if other ethical values were destroyed during the Cultural Revolution of the 1960s and 1970s.

The entrustment model slates that the physician-patient relationship is something like the relationship between lawyer and client, where the physician autonomously oilers special diagnosis and treatment, such as laboratory tests, local anesthesia, general examinations, etc. , without the special permission of the patient. On this model, the interests of both sides are considered at the same time. From the beginning, the patient transfers his right of decision-making to the physician; the physician by himself decides how to serve the patient. This model, which is usually employed only by those patients who are not severely ill, is characterized by a balance between the right of the patient and the objective of the physician, based on the trust, honesty and autonomy of the patient. The ethics of entrustment may provide the foundation for this model.

The partnership model states that the physician acts as an advisor expert to the patient, who is an active partner, responsible for himself. But generally the model is only applied to cases where the patient hopes to advice from the physician about how to prevent, limit or improve various chronic diseases such as heart disease, hypertension, diabetes, etc. Under this model, the responsibility of the physician is mainly to help the patient to help himself, but the patient's self-orientation, self-determination and self-responsibility always take priority over other considerations in the physician-patient relationship. To make an important contribution, the patient must have some experience with self-observation and self-examination of the main symptoms such as blood pressure, blood sugar, pulse and so on, in order to adopt further effective measures to control the illness. The success of the partnership between physician and patient depends on the intelligence, medical knowledge, life experience and meticulousness of the patient. Discourse ethics in Habermas' sense may provide foundation for this model.

The autonomy model states that mentally competent patients have the right to make the final decision on treatment plan or surgery when there is a conflict between the patient's wishes and the physician's advice about the best possible treatments. On this model, the physician has a duty in present all information and to act on the patient's wishes even when the patient refuses some treatment (for instance, the refusal of blood transfusion by some Jehovah's Witnesses). In this case, the physician can tell the patient all kinds of advantages and disadvantages of treatment and then wait for the patient to make the decision. The physician need not to be morally responsible for any failure of treatment (including the death of the patient) derived from the false or foolish autonomous choice of the patient. Therefore, to follow the dictate of the patient seems to be the ethical imperative for the physician. Here, we could find that the autonomy model deals with the physician-patient relationship only in light of the patient's wishes, so we would call it the subjective model. On the contrary, the beneficence model deals with the physician-patient relationship in light of the best results of treatment, so we would call it the objective model. In comparison with the beneficence model, the autonomy model is mainly concerned with the rights of the patient. This explains why the autonomy model could not play a dominant roll in medical practice before the right-based ethic began to dominate in Western society. As Thomas Murray said, "autonomy sometimes appears to be regarded as a kind of universal moral solvent" (Murray, 1994).

However, the uncritical acceptance of the autonomy model in any case is leading to the crisis of the physician-patient relationship (Hoshino, which is a symptom of the trust crisis in modern society). On the one hand, faded with the crisis, modern medicine needs self-reflection and self-criticism, physicians should ask themselves what destroyed patients' trust in physicians. On the other hand, we should ask if we have lost the ethical value of respect for life, which is, in my opinion, the highest value of human beings and the final reason for the existence of medicine. What kind of choice is rational when respect for the life of a patient and for the right of a patient clash? In a developing society with terrible shortages of medical resources, allowing unlimited autonomy can sometimes harm the common good, because the physician lacks time and energy enough to explain every detail of all treatment alternatives again and again. Suppose that the physician have to treat 100 patients one day; if one patient takes too much of the physician's time, many other patients would not get treatments immediately. Therefore, in a society short of medical resources, the beneficence model is still the only realistic choice, but it should not exclude the possibility of patients participating in the decision-making of treatments. It should be admitted that this model has its problems, especially in a society with increasing emphasis upon the tight to individual self-determination. When a skillful physician does not know what kind of treatment is best for the patient, the patient must know if a possible treatment is worth the expense.

Clearly, it perhaps increases unease and anxiety to set aside the wishes of the patient. Once the patient becomes a passive object without any subjectivity in the beneficence model, we could not rule out the possibility that a few physicians use patients as objects of experiments for the purpose of personal academic achievements. As is now known, some physicians under the Nazi regime even carried out involuntary euthanasia on deformed persons under the pretext of beneficence. For these reasons, the traditional strong beneficence model should be changed into the weak one by introducing the autonomy of the patient into clinical life. That is to say, in the majority of cases the patient's right of self-determination should be respected, but if there is conflict between respect for life and the right of autonomy, we should value the former over the latter. Since society forbid drivers to drink alcohol, forces motorcyclists to wear helmets, and prohibits drug-taking or smoking, why does society not so far as to allow the physicians to save patients who ignore his wishes when it certainly means death for the patient to refuse some kind of treatment?

In fact, we need a kind of autonomy ground in the respect for life, which is the starting point and the highest goal of all systems of medicine. At any rate, we should ask ourselves what kind of autonomy is rational and what kind of autonomy is irrational. If autonomy were rational in any case, drug takers would have good reason to say that ingesting cocaine is rational. In contemporary society, autonomy is often abused. Etymologically, the term autonomy is derived from Greek autos (self) and nomos (rule, law, or governance), which means self-determination as well as self-limitation based on some universal principle. As Confucius said, "Do as you please, hut not beyond limits of rule" (Confucius. 1996. p. 31).

As inheritors of the Greek spirit, Westerners should understand this point. Only acting freely on a universal moral imperative can be classified as real autonomy as opposed to heteronomy in the Kantian sense. Regrettably, some people separate absolutely the two aspects of autonomy. In other words, they try to keep the "self-determination" part of the meaning, but exclude the "self-limitation on the basis of a universal rule" part, so that acting on one's own will becomes an overwhelming value to some people.

However, there can be no harmonious and fruitful physician-patient relationship if the physician and patient act only on their respective wills without commonly recognized ethical principles, among which the respect for life, I think, is the first. The crisis of the contemporary physician-patient relationship is the crisis of both the traditional beneficence model and the autonomy model, whereas total autonomy is radical reaction to strong paternalism. Among a number of factors related to the crisis, the most important are the rise of civil rights movements, the marketization of medicine, the specialization of medicine and the wide use of high-tech equipment.

The rise of the civil rights movement awakens the consciousness of self-determination in people and thus makes patients unsatisfied with simply following the commands of physicians. In this way. "When applied to the practice of medicine the idea of a right based ethic clashed with the Hippocratic model of beneficence. The dawn of the patient autonomy movement changed the paradigm of ethics from a physician-based model of beneficence to a patient-based model of autonomy" (Voth, 1996). For this reason, the feminist movement is a strong challenge to the traditional conception of abortion. Similarly, voluntary euthanasia seems to be a realization of the so-called "right to death" for some people. Because mercy killing is morally unacceptable in Hippocratic medicine as well as traditional Chinese medicine, some physicians who believe in the holiness of life feel themselves trapped in ethical dilemmas which confront the alternatives of respect for life and respect for the wish to die.

The marketization of medicine greatly changed the face of the physician-patient relationship. On the one hand, physicians seem to become a special interest group whose motivation to work is the acquisition of social wealth (although they still keep some nominal professional ideals of the past). In its pursuit of interest, medicine as a profession is approaching other profit-oriented professions. Correspondingly, the physician-patient relationship is becoming an interest relationship. As a result, the beneficent image of the physician is eroded and the patient's trust in the physician is naturally threatened, especially when, for example, the patient has to pay very high expenses caused by unnecessary examinations. On the other hand, with the prevalence of commercialism in the medical field, the patient comes gradually to understand the physician-patient relationship as a relationship between service-giver and customer. Hence, patients always have to protect themselves against any possible infringement of their rights of autonomy.

Specialization in medicine brought the separation of diagnosis from the treatment of disease and thus changed the traditional one-to-one relationship between the physician and the patient into the relationship between a patient and die community of physicians. When a patient must encounter many unfamiliar faces in order to have his serious illness treated, long waits for lest results will reinforce the patient's unease, anxiety and helplessness. It is particularly obvious when the diagnosis anti treatment of some diseases must be done with the coordination and cooperation of several departments of a hospital. In modern medicine, the independence and authority of physicians is limited due to the fiscal and practice surveillance by government, public opinion and law. When the physician takes double responsibilities for the patient and society, he would rather become a functionary and focus his mind not on how to deal with his personal relation to the patient hut on his specialized activities. This is why the patient sometimes finds physicians to have icy manners.

The autonomy model is a result of the wide use of high-tech equipment and various new medicines with side effects. No doubt the patients benefit much from the development of medical technology, but the demand for standardization and conformity of treatment associated with the use of high-tech equipment discourages the physician from developing a personal connection to patients with anxieties, fears, dreams and the desire to be cared for. The various machines and equipment seem to become a barrier between the physician and patient. In a factory-like hospital, patients tend to be treated as if they were products on the line, and the physician becomes, as it were, a white-coated technician or engineer. Patients hope to have a connection with the physician when they anxiously wail for the examination of an X-ray, CT, etc. , when they are objectivized in the examination, or when they are regarded as a diseased object. Today, patients face many more choices in diagnosis and treatment and more uncertain factors (including more or less potential harm to them) than in the previous era. Patients' worries about side-effects increase in proportion to this uncertainty, and may have a negative impact on the credibility of medicine and the physician. Against this background, the patient's autonomy becomes a means of self-protection against potential harms, whether or not any physician actually intends to harm a patient.

III. A Lesson From Traditional Chinese Medical Practice

How can we overcome the crisis of the physician-patient relationship in contemporary society? Maybe nobody can provide a completely satisfactory solution to the problem once and for all, but it is possible for us to develop a mutually edifying relation between the physician and the patient. First, we should recognize the limitations of the above-mentioned models among which the physician-based model and the patient-based model are not reliable enough to form a harmonious relationship because of their imbalance. Second, we need to reestablish the mutual trust of the physician and patient for the sake of a creative solution to the above problem. Third, we should recognize a hierarchy of principles in the face of irreconcilable differences. Finally, we should construct a healthy system of modern medicine conducive to the formation of an authentic personal physician-patient relationship by critical adoption of the principle of individualization maintained by traditional Chinese medicine.

In clinical practice, traditional Chinese medicine (TCM) attaches great importance to treatment individualized to the patient, season and locality. The treatment individualized to patients is characterized by respect for individual differences in many aspects such as age, sex, constitution, mental slate, way of life, etc. Based on the categorical identification of disease, the compatibility of Chinese herbs must always be changed according to the individual situations of patients, even if they suffer from the same disease in Western medicine's opinion. So, strictly speaking, there is no standard prescription in TCM, although one could find the so-called basic prescription for many diseases in some textbooks of medicine. According to Internal Classical, the Bible of TCM, persons should be divided into 25 types and the same prescription is not appropriate different patients with the same disease. It is for the purpose of treatment individualized to patient that even in the 2nd Century B. C. , Chun Ruyi, physician of the Western Han Dynasty, made case histories in the modern sense.

Treatment individualized to the season takes the position that the compatibility of herbs should be adjusted to the features of the changing climates of different seasons. Internal Classical formulated this principle as follows: "the use of cold medicine should be far from cold climate, the use of cool medicine far from cool climate, the use of warm medicine far from warm climate, the use of heal medicine far from heat climate" (*Huang Ti Internal Classics*, 1963, p. 461). (Here, cold, warmth, and heat refer to the character of medicines; they do not mean temperature in an ordinary sense.)

Treatment individualized to locality means that the physician should take account of the features of different localities when he prescribes for the patient. For example, in the cold and dry area, moist herbs are generally given lo the patient, whereas in the rainy area, herbs reducing dampness should be used to treat diseases.

The principle of individualization has its origin in classical Chinese philosophy. According to this philosophy, the human body is an open system communicating with the universe and disease is related to six excessive atmospheric factors, the deficiency of vital energy, and seven emotional factors. As a miniature of the universe, the human body is something like Leibniz's monad-everybody seems to be a micro-universe different form each other, but each commonly reflects the larger universe. In the world, no patients are identical, just as no leaves are identical. Therefore, respect for individual differences is fundamental to the treatment of patients in TCM as opposed to the standardized treatment emphasized by Western medicine.

The principle of individualization demands that an authentic personal physician-patient relationship be formed to promote a harmonious cooperation between physician and patient, which proves to be an important condition of successful treatment. TCM emphasizes the mutuality of the physician-patient relationship which doesn't arise from the convention of both sides, but rather from the ethical requirements of society as whole, because physician and patient, as members of a social community, are subjected to universal ethical values such as honesty, integrity, compassion, benevolence, respect for life, etc. Substantially, the ethical values of TCM are only a concretization of the universal Confucian ethic. The moral requirements of the society to the physician are also the moral requirements to all social members including the patient.

Since the physician-patient relationship is an interaction, only mutual efforts can create a harmonious atmosphere conducive to fruitful cooperation. Therefore, traditional Chinese society proposed ten rules to the physician and the patient respectively, which were admirably summarized by Paul U. Unschuld (1974, S. 352 - 355). The following are the rules for the patient:

1) Choose a skillful physician.

2) Be willing to take medicine.

3) Go to see the physician as early as possible.

4) Do not have sexual intercourse until you are restored to health.

5) Do not be angry.

6) Eat and drink rationally.

7) Do not be troubled with terrible ideas.

8) Do not believe in heresy.

9) Reduce social contact and go to sleep on time.

10) Pay for the physician.

In many respects, Chinese moral requirements to the physician are similar to the ideas that the Hippocratic oath and Geneva Declaration of WMA formulate. For instance, they emphasize that the physician should respect life, act as a benevolent person, give priority to the patient's interests, keep the patient's secrets, and treat all patients indiscriminately.

With regard to the last point. Sun Simiao, a famous Chinese physician of the 7th Century, formulated it most completely: "All patients asking for treatments should be treated equally without discrimination as if they were your intimate persons, whether they are poor or rich, noble or lowly, old or young, beautiful or ugly, hostile or friendly, Chinese or foreigner, intelligent or foolish." (Sun Simiao, 1955, p. 1)

Considering the close connections between emotions and diseases, TCM asks the physician to become a physician of the soul, an understanding interlocutor, a listener who really knows the anxiety, hopes, fears, and wishes of the patient, in order to make the patient experience heartfelt care from the physician. In other words, the physician should not regard the patient as an object or a machine. For this reason, the authentic personal relation between physician and patient is morally encouraged in TCM.

However, the model of the physician-patient relationship in TCM is not simply the beneficence model but a mixture of several models, although the beneficence model plays the main role in most cases. After all, for lack of special medical knowledge, a patient has to place himself on the passive side. The patient has almost no alternatives when he has an acute or serious illness. In this case, it is just best for the patient's interests if we give priority to the beneficence model. On the contrary, the patient's total autonomy here would quickly reduce the effectiveness of the treatment and the physician's enthusiasm to a stalling point, thus pulling the patient in a dangerous situation.

In fact, the autonomy model is not only a product of rights-based ethical trends, it is also the result of a cold impersonal relationship between physician and patient in modern society, as well as the by-product of the patient's worry about possible side effects of the treatments and medicine. If the treatments are safe and reliable, it is unnecessary for the patient to focus his mind on the autonomous decision of treatments. Therefore, developing effective treatments and medicines without side effect promotes harmonious physician/patient relationships.

One of the problems plaguing Western medicine has been side-effects. TCM is regarded as a good way to reduce side effects. Therefore, in almost every large hospital in China, there is a special department of TCM in which not only are many chronic and complicated diseases effectively treated, but also herbal medicine is used to reduce the side effects caused by radiation and chemical treatment. It is said that for several hundred types of medical and surgical problems, the coordination of TCM with Western medicine is better than either one used alone. In this case, the patient's trust in the physician is easily formed due to the herbal medicine's ability to blunt side effects.

In treatment individualized to the patient, face-to-face communication enables the patient to know everything he wished from the physician. At the same time, the patient is more ready to express his idea, anxieties, hopes, fears and wishes, which helps naturally to reduce his mental stress. On the other hand, the physician needs to know the emotion, food, drink and daily life of the patient in order to treat the disease effectively. The patient usually must know what kinds of foods he should avoid. So, while the physician seems to be an advisor-expert, the patient becomes an inquirer. In addition, the patient or his family must prepare medicinal herbs following the physician's instructions, which can reinforce the patient's sense of self-responsibility. That is why we assert that the physician-patient relationship in TCM is a mixture of the partnership model, the beneficence model and the entrustment model, including the autonomy of the patient.

How is individualization of treatment possible under the conditions of modern medical technology? On the one side, modern medicine, characterized by standardization and specialization, should continue to adopt the conception of holistic and dialectical treatment proposed by TCM and focus much more energy, money and technology on prevention of diseases following the principle, "prevention is preferable to treatment," suggested by TCM more than two thousand years ago. On the other side, indeed, we should transform more radically the traditional biomedical paradigm into a bio-psycho-socio-environmental paradigm of medicine, which demands a new way of medical education and professional training suitable to this change. Moreover, we should change the present situation in which people one-sidedly emphasize the effectiveness of medical means, including medicine but neglecting its side effects, in order to bring a sense of security to patients when they face many treatment alternatives. Reducing side effects, in the holistic view of TCM, is a more effective treatment. I believe modern medicine will move to an era of individualized treatment, just as modern industry is changing from mass manufacturing to somewhat more individualized production of goods.

References

Beauchamp, T. L. , 'The promise of the beneficence model for medical ethics', *Journal of Contemporary Healthy, Law & Policy* 6,1990, pp. 145 - 155.

Confucius, *The Anelects of Confucius*, with a Commentary by Lai Kuohong, Shanghai: Fudan University Press, 1996.

Hoshino, K. , 'Bioethics in the light of Japanese sentiments', in K. Hoshino (ed.), *Japanese and Western Bioethics*, Dordrecht: Kluwer Academic Publishers, 1997, pp. 13 - 24.

Huang Ti Internal Classical, Beijing: The Press of People's Health, 1963.

Hui, E. (ed.), 'Introduction of editor', *Christian Character, Virtue & Bioethics*, Vancouver: Regent College, 1996.

Murray, J. J. , 'Individualism and community: The contested terrain of autonomy', *Hastings Center Report* 24,1994, pp. 32 - 33.

Sun Simiao, 'Da Yi Jin Chen', in *Invaluable Prescriptions for Ready Reference*, Beijing: Press of People's Health, 1995.

Unschuld. P. U. , 'Medizin und Ethik. Sozialkonflikte im China der Kaiserzeit', Wiesbaden' Steiner, Cf. *Anhang in Medizin und Ethik*, Hrsg von Hans-Martin Sass, Stuttgart: Phillip Reclam jun, 1994, S. 352 - 355.

Voth, A. , 'Physician beneficence, patient autonomy and Christian values', in E. C. Hui (ed.), *Christian Character, Virtue & Bioethics*, Vancouver: Regent College,1996, pp. 199 - 217.

Wolff. H. P. , 'Arzt und Patient', in H. -M. Sass (ed.), *Medizin und Ethik*, Stuttgart: Philipp Reclam jun, 1994, S. 184 - 212.

2. Excellence through Honor in Management: Towards a Confucian Business Ethics[①②]

Ruiping Fan and Tangjia Wang

I. Introduction: Understanding Confucian Management Ethics/Philosophy

Different Cultures with Different understandings support business management styles. This article explores one of the sources of the contrast between management styles in much of North America and increasingly in Western Europe and those in Chinese Confucian culture. On the one hand, a reconstruction is offered of the subtle differences that mark many East Asian corporate management structures. As such, this study offers an insight into that which already exists. On the other hand, it reconstructs Confucian moral commitments, which are being taken ever more seriously by Chinese scholars, and which are likely to render the implicit commitments of contemporary management styles more

---

① 本文原载于 *Fudan Journal*, 4: 3(August 2007)。——编者注
② The research covered in this paper was funded by the Governance in Asia Research Centre of the City University of Hong Kong. In addition, the authors wish to thank Professor H. Tristram Engelhadt, Jr. for his very helpful comments and suggestions on an earlier version of the paper.

explicitly Confucian.

Other areas of professional moral reflection have witnessed a cultural renewal, an attempt to rearticulate moral concerns within the frameworks of Asian culture in general and Chinese culture in particular. The growing consciousness that the Pacific Rim naivety imported moral assumptions from the United States and Western Europe is expressed in the reaction against the uncritical acceptance of American/European views of bioethics and medical ethics. Over the last decade, a literature has developed contrasting Asian versus Western bioethics (Hoshino, 1997; Fan, 1999; Alora and Lumitao, 2001). A particular target of criticism has been the aspiration to a global bioethics, to a universal set of bioethical norms (Tao, 2002). In general, there has been an attempt to take moral diversity seriously and to recognize its implications for bioethics and medical ethics (Qiu, 2004).

At the very least, this phenomenon suggests that in business ethics it will be important to come to terms with the diversity of moral assumptions underlying management styles. It will also be useful to reconstruct the roots and implications of these differences. Of course, it is not the case that modern Asian businessmen have never been aware of the connection between Confucian values and modern management. As early as in the 1920s, an outstanding Japanese businessman, Eiichi Shibusawa, was delivering a series of lectures around the topic of "the Confucian Analects and Abacus," which were re-appreciated and put in print in Japan in 1985. Historians have attempted to locate the impact of Chinese religious ethics (especially Confucian morality) on the development of the Chinese business in the modem time (e. g., Yu, 1987). In particular, as the rise of industrial East Asia has attracted much public attention and generated a great deal of scholarly inquiry since the 1970s, the role of Confucian moral tradition as a constitutive part of the East Asian economic dynamics as well as its effective management pattern has increasingly gained research and discussion (e. g. Tu, 1996). In the 1990s, scholarly works focusing on the features of Confucian management occurred in both Taiwan (e. g. Zhu, 1994) and mainland China (e. g. , Li, 1997).

However, these researches have failed to offer a robust conceptual framework in which the character of Confucian management can be explicitly demonstrated in contrast with the nature of modern Western management grounded in rights-based considerations. This paper intends to fill out this conceptual gap. In particular, it plans to indicate that many East Asian understandings of appropriate business management can best be set within a Confucian background of honor-based considerations. The paper lays out the geography of implications of this honor-based approach, showing that an honor-based versus a rights-based corporate ethos are quite different. Specifically, section II demonstrates the Confucian virtue-based conception of honor. Section III explores the necessity of a sense of shame in relation to honor manifested in ritual behavior and ritual propriety for the pursuing of excellent governance and management. Section IV compares honor-based and rights-based corporate ethos, examining how honor-based management style can improve and perfect modern management. Section V digresses to explain why rights language is insensitive to particular culture-laden management styles. Final section summarizes the specific moral features of management supported by the Confucian concerns with honor, disgrace and shame.

II. Rights Alone Are Not Enough

Management involves basic relations between employers and employees. The dominant Western moral approach used to guide such relations gives salience to rights claims, often leading to explicit lists of employees' rights. In the context of business ethics, this approach interprets employer-employee contracts and relationships within a web of specific rights and duties within a framework of general civil and political rights. Such accounts lead to defining the duties of employees in terms of a background set of moral and legal rights. It is not just that in East Asian management style such a web of rights and duties is not explicit or in the foreground, but that in general a Confucian approach to business ethics holds such a portrayal of employer/employee relations to be one-sided and incomplete. For Confucians, even if individual rights and duties are inevitably involved in modern management, a set of honor-based considerations, institutions, and skills are significantly required in order to seek excellence in management.

At the outset, a number of distinctions must be developed, for the concept of honor is far from unambiguous. In particular, Chinese understandings of honor embedded in Confucian tradition have a meaning and texture that invite interesting comparisons with what one would find in most Western discourse. The English concept of honor has its roots in the Latin honor, which carries the meaning of "high esteem or respect accorded to superior worth of rank" (Glare, 1982, p. 801). The word honor came to compass not only the internal moral value of a person and of a person's actions, but also the person's reputation and social status. It should also be noted that the bestowal of honors, both in Roman and English culture, is often related to ceremonial performances, ritual conveyances of awards, dignities and honors.

In the Latin, honor also borders on the Roman notion of Gloria (Glare, 1982, p. 767). Honor is tied as well to those offenses and circumstances that generate shame and that would in many traditional European cultures have been grounds requiring one party to request a duel to the death with a second party. The European usages of honor and the possibility of a fronts to honor include issues beyond the direct control of the person dishonored, as when a husband is cuckolded. Thus, in addressing the importance of considerations of honor that should constitute the character of appropriate management relationships binding employers and employees, it is important to lay out with care the complex geography of the concept of honor at stake in this particular instance.

Chinese understanding of honor, though in many areas coincident with those of Western culture, possess subtle and significant distinctions. The Chinese equivalent to the English term honor is rong, a Chinese character that carries the same pictorial image as the character of hua (flower) (Wang, 1993, p. 94). This indicates that the original meaning of rong in the Chinese language is flowers of plants or blossoms of trees, implying that honor is a kind of outcome or accomplishment achieved through a process of effort. It possesses Chinese cognates such as zun and gui. Zun originally stands for a type of precious drinking vessels used by nobles in rituals, and it comes to refer to someone's high status in society, gui originally means the high prices of valuable objects, and it is subsequently used to indicate a high remuneration someone deserves from society (Wang, 1993, p. 891). All these Chinese characters, rong, zun, and gui, hold a meaning that is essentially similar to that of the English word honor. However, ancient Confucians have made further clarifications of these characters and developed a particular Confucian view of honor in terms of the Confucian virtues.

The classical Confucian visions of honor illustrate the moral significance of honor. Both Mencius (372 - 289, B. C.) and Xunzi (c. 298 - 238, B. C.), the two greatest followers of the way of Confucius (551 - 479, B. C.), developed the Confucian accounts of honor in accordance with Confucius' view of virtue. Mencius might be the first philosopher to take "honor" and "disgrace" as a pair of important ethical categories. For him, in the governance of a state, the cardinal Confucian virtues of ren (benevolence literally) and yi (righteousness literally) could bring a governor honor and glory, whereas the contraries of ren and yi, that is, non-ren and non-yi, bring a governor disgrace. In particular, he points out three things that are commonly esteemed (zun) in the world: rank, age and virtue. As he sees it, "at court, rank is supreme; in the village, age; but for assisting the world and ruling over the people, it is virtue" (Mencius 2B2; translation by D. C. Lau, p. 87). Virtue is most significant to the governance of a state because, for Mencius, virtue can be universally attractive to the people and bring a governor the highest honor.

Xunzi offers systematic discussions of honor and disgrace (ru) in several chapters of his book (e. g. , *Xunzi* 4, 18). He considers the difference between honor and disgrace as being important for peace and safety. For him, considering morality before benefit is most important for honor. "Those who put first what is righteous (yi) and later matters of benefit are honorable; those who put first what is beneficial and later what is righteous are disgraceful (*Xunzi* 5;

translation adapted from Knoblock, 1999, volume I, p. 77). From his view, a conception of honor vs. disgrace (ru) one of the highest standards that the Confucian sages and kings had set up (so that we can make valid deliberation and argument), those standards that "establish the boundary between truth and falsity and that give rise to social class distinctions, to the offices of government and to their names and symbols" (*Xunzi* 5; translation adapted from Knoblock, 1999, volume II, p. 591). Following this view, he distinguishes between the honor of virtue (yi rong) and the honor of circumstances (shi rong):

There is the honor that derives from the force of the virtues and that which derives from the force of circumstances... When a person is developed in will and purpose, substantial in conduct springing from inner power and lucid in wisdom and thought, then there arises from within the cause of honor, and this is what is meant by honor that derives from the force of the virtues.

Holding exalted rank and distinction, receiving substantial tribute or emolument, holding a position of overwhelming power and influence, being at the highest Son of Heaven or a feudal lord or at the lowest a minister or prime minister, knight or grand officer—these are honors that arrive from without, and precisely these are what is meant by honors that derive from a person's circumstances.

Thus, ... although it is possible that the petty man should possess honors deriving from personal circumstances, it is not possible that he should possess honors deriving from the virtues. ... As for the honor that derives from circumstance, only the gentleman may possess both at the same time (*Xunzi* 18, translation adapted from Knoblock, 1999, volume II, pp. 591 – 595).

Xunzi can be read as making the distinction between

conventional honor and moral honor. Conventional honor is from outside (such as social status, rank, and award), while moral honor is from inside (such as one's will, wisdom, and virtue). It is important to notice that he does not simply emphasize moral honor, ignoring conventional honor. The highest honor for him is the unity of the virtues and circumstances as embodied in the gentleman. If one is not virtuous, he would not deserve any award assigned to him. On the other hand, if one is virtuous but does not receive honor, it would be an unfair and unfortunate circumstance, damaging appropriate expectations in good governance or management as a result.

These Confucian reflections support important distinctions regarding the nature of honor. First, honor is not simply the opposite of disgrace. Honor is a concept morally much more profound than the absence of disgrace. Historically, in opposition to disgrace, honor is an ancient concept connected with "good", "achievement", "fairness", "rite", etc. Honor has been regarded as the basic condition of individual worth and excellent governance. When a person or a group is appropriately judged to be honorable, this serves as a justification or warrant for praising the personal or collective action. Even in a rightly-ordered appreciation of honor, praise for personal or collective action will be in proportion to the moral or social value of the action.

Second, honor has two reference points: external and internal. The external reference point is concerned with honor from without, and the latter with a person's experience of his own glory or self-value. The honor of public opinion reflects an external value of an action. This is the case with the sense of honor when an athlete wins a championship. On the other hand, a person's sense of honor when grounded in his consciousness of the moral value of his own action has an internal locus. Of course, these two groundings of honor reflect the circumstance that actions have both external as well as internal value (moral value). That is why Xunzi emphasizes the unity of virtue and circumstance in governance and management through honor.

Finally, the concept of honor reflects unequal individual performance and motivates excellent conduct. This circumstance constitutes an interesting contrast with the concept of rights. While the contemporary discourse of rights tends to equalize individuals in terms of their equal moral dignity (i. e. , everyone is entitled to equal basic rights), the concept of honor tends to distinguish individuals according to their actual performance (i. e. , some individuals are honored because they perform excellently). Appropriate honor is in proportion to the social and moral value of the action.

Taken together, the classical meaning of honor reflects a cultural value, as when public opinion or public authority bestows a moral and social distinction on the actions of a particular person or a group. Honor in this sense reflects an award, reward, prize, title, or medal, as well as the praise of public opinion. There is an accent on both moral worth and social standing, embedded in certain ritual or ceremonial practices. Whatever the forms of honor, their social function consists in encouraging people to work better and in promoting cohesion in a society. When honor is given to praise a person's virtue, it carries essential moral meaning.

III. Honor, Shame, and Motivation

It is important as well to distinguish the moral considerations or grounds for a concern regarding honor from feelings of honor that can serve to motivate appropriate employer/employee relationships. That is, one must distinguish honor as defining the moral character of appropriate employer/employee relationships (which can be defined by honorable relationships) from motivating concerns to maintain honor and avoid shame. Cultures that understand shame to be a major negative social and cultural condition give grounds for their members to exert themselves to maintain honor and avoid shame. Moral concerns with honor are tied to powerful, socially motivating forces to avoid shame. Indeed, Confucians see that a sense of shame is indispensable to moral development as it is presupposed in one's having some ideal conception of one's own character. For instance, Mencius stipulates that everyone has a sprout of the virtue of righteousness (yi). To demonstrate that this is the case, he illustrates that for every human there are some things that he avoids doing because he believes they are shameful (chi) (Van Norden, 2004, p. 151).

Moreover, Confucians hold that attending a sense of shame is crucial for conducting an appropriate type of governance.

Guide them by laws, keep them in line with punishments, and the common people will try to avoid the punishment but will have no sense of shame.

Guide them by virtue, keep them in line with the rites, and they will have a sense of shame and also reform themselves (*Analects* 2, 3; translation adapted from Lau, 1979, p. 63).

The cliché that Asian culture is concerned with avoiding shame is acknowledged as an important cultural force often marginalized in contemporary Western contexts (Al Jallad, 2002). Guilt as it has come to be understood in Western cultures presupposes that an agent has willfully committed an improper act. That is, guilt requires an evil intent, a *mens rea*, and is not incurred involuntarily or ignorance (unless the ignorance is culpable in the sense that the agent knew or should have known that a particular circumstance would likely cause the outcome that grounds the shame). Psychologically, shame is a feeling that looks to oneself-i. e., attending to the effect of my action (or what I am subjected to) upon what I am, while guilt looks in another direction-i. e., towards what happens to you because of what I do (Williams, 1993, p. 92). Indeed, guilt, rather shame, is more closely associated with the concept of individual rights: if we violate a person's rights, the focus of our guilty feeling is typically on that person as a victim inflicted by our action.

A sense of guilt is certainly important. But Confucians hold that a sense of shame is also essential. To pursue an excellent management, just as to develop a honorable moral character, not to violate rights is far from being sufficient. This is the case especially when we notice that Confucians would distinguish the moral sense of shame from the conventional sense of shame, just as they distinguish the moral sense of honor from the conventional sense of honor. Even if you don't feel guilty because you have not violated any rights, you may properly feel shameful because you have not made efforts to live up to a moral ideal or perform a good action to the extent that you are capable. For Confucians, ritual behavior and ritual propriety (ie., rites) offer us superb opportunities in which we are no longer in a position of fearing punishments, but in harmonious cooperation with others' attempt to avoid shame due to imperfection and pursue honor for excellence. Although concerns with rites are not central to much of moral life in the West, much less to its moral theory, Confucians understand them not merely as expressing social conventions, but as achieving knowledge, virtue, and moral honor in the light of Confucian concerns.

Rites do not merely create social reality, they are also means of appreciating moral structures and commitments. They bring together a group of people (either a family or a business corporation) in cohesion, care and loyalty, carrying a collective sense of honor and shame. Though in Western culture there are analogues, as for example when one is dishonored and incurs shame through the behavior of a spouse or other family member(s), shame is not as central a moral category in Western moral thought as in Asian reflection. Because honor can be lost involuntarily, Chinese management is at risk of being shamed even when it is not in any legal or moral sense guilty of misconduct. In this sense, the exposure to losing honor and being shamed involves a sort of strict moral liability. This strict moral liability gives grounds for and motivates traditional Chinese management style to attend to any circumstance that leads to the loss of honor and generates shame.

Of course, in recognizing the special role of honor and the threat of shame in Asian cultures in general and Confucian thought in particular, it is important to note that the contrast of Asian cultures with Western cultures has become particularly stark only in the last. Few centuries. Outside of English common law, the dominance of rights discourse is a rather recent phenomenon and represents in many Western cultures a marginalization of concerns with obligations and virtues. Also, one must underscore that, given the circumstance that Anglo-American moral reflections have only recently shifted to a preponderance of interest in claim rights over forbearance rights, rights discourse in and of itself can be misguiding in failing adequately to distinguish claim rights from forbearance rights.

The Confucian moral assumption is that, even after recognizing the importance of distinctions between forbearance rights and claim rights, and even after the introduction of reflection on virtue theory and the integrity of institutions and corporations (Iltis, 2001), Western reflections on business ethics are inadequate in omitting the dimension of honor and shame. At the very least, an adequate portrayal of the ethos of the management of many Chinese business corporations will be inadequate without better appreciating the honor/shame dimension. In addition, this dimension may be necessary for the appropriate function of management in all cultures. Without attention to considerations of honor and shame, rights language (even when supplemented by concerns regarding duties and virtue) will be insufficient to the task of offering an adequate portrayal of the relationship between employers and employees. In this regard Confucian thought provides an important insight otherwise absent in business ethics.

IV. An Honor-Based Versus A Rights-Based Corporate Ethos

Business management involves a basic tension. Corporations tend to acquire a business-and life-style of their own shaped not only by the economic niche in which the corporation functions, but by the cultural commitments of management and the culture within which the corporation finds itself located. Different moral and cultural assumptions define the dialectic between the surrounding society and the corporation, which dialectic establishes a paradigm within which employer/employee relations are understood and interpreted. In the process, a life-world, a set of taken-for-granted, prima facie assumptions, comes into being. Insofar as the corporation frames its moral life-world and standards in contrast to that of the surrounding culture, a tension develops between corporate morality and the morality of the surrounding culture. In such circumstances, outside of the corporation, the corporate culture will be regarded as amoral at best and immoral at worst. Of course, from the perspective of the corporation, the matter may be the reverse. At the very least, the tendency to fashion a corporate moral life-world requires moderating and regulating moral norms.

This tension between corporate and cultural morality and some of its consequences for employer/employee relations are well summarized by Jerry Mander, who observes:

Corporations behave according to their own unique systems of standards, rules, forms and objectives, the most basic rule of corporate operation is that it must produce income and must show a profit over time. All other values are secondary. Human beings within the corporate structure are prevented from operating on their own standards and are seriously constrained in their ability to influence corporate behavior-cooperation and the people within them, are not subject to moral behavior. (Mander, 1992, p. 59)

Such a conflict of moralities obviously constitutes both a problem in business ethics and for effective management.

The Western moral approach has been to address this tension by promoting a discourse of rights and responsibilities so as explicitly to bind employers and employees within a rights discourse in a network of obligations. This elaboration of a web of rights and responsibilities reflects the contemporary cultural inclination to establish an ever-increasing list of human rights, so as to protect employees from exploitation and to avoid the development of an immoral corporate culture. Confucian moral thought holds that this remedy is at best one-sided, incomplete, and insufficient.

Granted, rights are basic entitlements for everyone. Rights-based entitlements can be understood as establishing minimal standards for morality in employer/employee relations that allow corporate life to proceed without fear of violating the legally defined rights. However, these standards are minimal and for the most part require forbearance rather than the provision of a good, a service, or a positive action. In particular, they are not positive in the sense of inspiring employers or employees to act with a spirit of dedication and creativity. They do not evoke a commitment to act beyond the minimal obligations articulated. In short, they do not inspire supererogation: the commitment to excellence that allows a corporation to flourish. Instead, the corporate ethos becomes defined in terms of a moral and corporate minimalism: "basically, showing up, obeying a boss, and conforming to a minimal performance standard will meet the average worker's obligation." (Nirenberg, 1997, p. 243)

In this way, the relation between employees and employer in modem economical organizations is reduced to a simple economical exchange relation between the buyer and the seller of labor—the main concern for both employer and employee is focused on whether contractual obligations have been discharged. It is taken for granted that employees have no responsibilities beyond providing the employer with labor within the minimal rights and duties that the employees have acquired through "bilateral bargaining". In this case, employees would feel it unnecessary to behave with a sense of loyalty to the employer. It may be for this reason that business spying has increased greatly in recent years and has generated significant losses for many enterprises (Wang, 2002).

Indeed, once the relation between employees and employers is transformed into a relationship between buyers and sellers of labor, concerns for loyalty, honor, and excellence are marginalized. When management is oriented simply to maintaining a minimal balance of rights and responsibilities, management concerns become translated into merely imposing sanctions for disturbing this balance. Management's response to misconduct thus becomes negative, rather than focused on evoking a positive response that will lead to better behavior and a better realization of the corporation's goals. The difference is deeply disclosed by Confucius' comparison between management through law and punishments on the one hand and management through virtue and rites on the other, as cited in the last section. Sanctions by themselves can at best force persons reluctantly to follow organizational rules and regulations. The best-case outcome is that employees supply their labor and services within the minimal requirements of the employer/employee contract. The worst-case scenario is that they default on their obligations, requiring management to impose sanctions, which will often be a net cost not only to the employee but to the employer.

V. Why Rights Language Is Blind to the Particularity of Culturally Embedded Management Styles

From a Confucian moral point of view, it is puzzling why Western moral theory, especially Western business ethics, fails to recognize the particularity of corporate cultures and the thick webs of moral concerns that a sense of honor and a concern for avoiding shame discloses. An insight into the difference between the sparse character of rights discourse and the Confucian recognition of the proper regard for honor and the avoidance of shame can be garnered from the Kantian account of moral obligations. Immanuel Kant (1724 - 1804) attempts to ground his entire account of morality in a rationalistic universalism. His three versions of the categorical imperative present moral persons and their obligations in anonymous and fully general terms. He develops his account of morality by reference to anonymous moral laws, a sparse concept of moral personality, and an anonymous moral legislator. As he puts it, one could determine the content of morality in terms of the requirement that one should

Act only according to that maxim by which you can at the time will that it should become a universal law. (Kant, 1969, 421)

Act so that you treat humanity, whether in your own person or in that of another, always as an end and never as a means only. (Kant, 1969, 429)

Act only so that the will through its maxims could regard itself at the same time as universally law giving. (Kant, 1969, 431)

In this way, Kant provides an account of morality for persons as such: an account that does not merely eschew particular commitments to particular cultural understandings, but even to the nature and inclinations of humans as such.
Kant's crucial assumptions in his argument are that
Rational action and moral action are equivalent

Rationality can be explicated in an ahistorical, non-culturally-embedded fashion

Therefore, all persons can be understood in terms of an ahistorical reference point, the kingdom of ends, a moral point of view independent of culture and history.

The difficulty is that, if one attempts to establish such an ahistorical, non-culturally-embedded perspective, it loses all content. Any moral perspective, to have moral content, must affirm a particular ordering of important human goods and right-making conditions. This, however cannot be achieved anonymously and outside of any particular cultural-historical context.

Another way to put the matter is that such a sparse, ahistorical perspective cannot guide business ethics, which must address the morality of management in distinct contexts and different cultures. Reference to the pursuit of honor and the avoidance of shame, in contrast, engages the thick context within which honorable success can be achieved and disgrace avoided. The language of honor, disgrace, and shame notes the thick texture of the moral life and its particular embodiment. It thus offers the possibility of a nuanced appreciation of the concrete character of employer/employee relationships and can evoke a context-located appreciate on of a substantive business ethics. In particular, it can appreciate the ways in which East Asian culture in general and Confucian moral thought in particular can shape and direct corporate activities beyond mere rights and duties to a supererogatory pursuit of excellence.

VI. Conclusion: Beyond Rights and Towards Excellence

Ku Hung Ming, a Chinese scholar in the late Qing Dynasty,

points out correctly, "Without the sense of honor in men, all society and civilization would instantly break down and become impossible" (Ku, 1922, p. 30). Even in such a trivial matter as gambling we can still find the effectiveness of the sense of honor in social life, because without a sense of honor the gambler would not pay to the winner when a certain color of dice turns up; without honor even gambling would be impossible. Similarly, if the policeman, the army officer, and the magistrate do not feel themselves bound by the sense of honor, they will not be satisfied with their relatively low income in comparison with the businessman and be tempted to engage in corrupt activities. Without a sense of honor and with mere reliance on legal sanctions, the transfer of money in business would be at increased risk. "In fact, without the sense of honor in men, society can only be held together for a time by force. But then I think I can show you that force alone cannot hold society permanently together." (Ku, 1922, p. 30)

Confucian moral thought engages concerns with honor and the avoidance of disgrace and shame towards the supererogatory pursuit of virtue and the achievement of excellence. As such, the moral concerns supported by concern for honor, disgrace, and shame are:

Other-regarding-honor, disgrace, and shame are relational moral concepts that aim at the good of persons. Within this Confucian perspective, honor and love are bound together. This is not only because the cardinal Confucian virtue, ren (benevolence), requires loving others (Analects 12:22). Also, in pursuing honor not violating others' rights is by no means sufficient. One must care about others and wholeheartedly contribute to their wellbeing. For example, Seachance LTD, a corporate of environment project in West China regards "love" as the spirit of the corporate, and tries to create a culture of the management in which all employees treat honor of the corporate as their individual honor so that every employee pays much more attention to the quality of products than before and make much effort to forming good image of the corporate (cf. Chang, 2001, p. 153).

Community-directed-honor, disgrace, and shame can only be understood within a cohesive appreciation of communal interaction for example, as David Needle notes in his study of the process of communication within a Japanese organization, it is very much akin to the mating dance of penguins and there is considerable ritual and a great deal of consultation. Much attention has been focused on consensus and collective decision-making although in practice there would seem to be considerable initiatives and decisions taken by top management alone (Needle, 1994, p. 87). In many Japanese economical and social organizations collective li, value is emphasized. Naturally, the collective sense of honor and prize for a collective are very important there. So, award given to the collective is often more effective than the award given to individual in increasing productivity. This is also one of reasons why different systems of award should be taken in American and Japanese enterprises.

Hierarchy-accepting-honor, disgrace, and shame are concepts that both create hierarchies of excellence and reflect hierarchies of virtue and success. In this fashion, a Confucian business ethics can appreciate how a healthy hierarchy can "release energy and creativity, rationalize productivity, and actually improve morale... if we happen to get done as well, we consider that a useful bonus" (Jaques, 1990, p. 130). In comparison with an unhealthy hierarchy, a healthy hierarchy is one in which persons widely share information, have common goals, competence is deployed throughout organization, the persons have hologram form where staff can set goals consistent with organizational goals, the persons closest to the issue make decision, and rewards are based on accomplishment (Ashkenas et al., 1995, pp. 43 - 51; Palmer and Hardy, 2000, p. 23).

Supportive of loyalty—this can be accomplished by discounting the concern for direct sanctions and holding out the prospect of holding thus offering what some scholars have described as soft rules, those that enable employee creativity and productivity (Palmer and Hardy, 2000, p. 22).

Evocative of supererogation—the appeal to honor aids in identifying the employee's identify with the goods and goals that can only be realized corporately. Once a sense of collective honor has been developed, it can help evoke love and dedication on the part of employers and employees to promoting the good of the corporation, so that they can share in the collective success of the corporation.

Productive of excellence-within the discourse of honor, disgrace, and shame, the moral focus has shifted from concerns with satisfying a minimalist web of rights and obligations to the pursuit of creativity, which is the foundation of excellence.

References

Adley, P. S. and Borys, B., "Two types of bureaucracy", *Enabling and Coercive Administrative Science*, Quarterly 41,1996, pp. 61 - 89.

Al Jauad, Nader T., *Shame in English, Arabic, and Japanese: A Comparative Lexical Study*, Ph. D. Thesis, University of Delaware, 2002.

Alora, Angeles tan and Lumitao, Josephine (eds.), *Beyond a Western Bioethics: Voices from the Developing World*, Washington, DC.: Georgetown University Press, 2001.

Ashkenas, R., Ulrich, D., Jick, T. and Kerr, S., *The Boundaryless Organization: Breaking the Chains of Organizational Structure*, San Francisco: Jossey Bass, 1995.

Chang, Desen, *Confucianist Businessman and Modern Society*, Nanjing: Nanjing University Press, 2002,

Fan, Ruiping (ed.), *Confucian Bioethics*, Dordrecht: Kluwer, 1999.

Glare. P. G. W. (ed.), *Oxford Latin Dictionary*, Oxford: Claredon Press, 1982.

Hoshino, Kasumaza (ed.), *Japanese and Western Bioethics*, Dordrecht: Kluwer, 1997.

Iltis, A. S, "Organizational ethics and institutional integrity", *HEC Forum* 13 (4), 2001, pp. 317 – 328.

Jaques, E., "In praise of hierarchy", *Harvard Business Review* 68(1), 1990, pp. 127 – 133.

Kant, Immanuel, *Foundations of Metaphysics of Morals, Text and Critical Essay*, ed. by R. P. Wolff, New York: Bobbs-Merrill, 1969.

Knoblock, John (trans.), *Xunzi*, Vol. I & II, Beijing: Foreign Languages Press, 1999.

Ku, Hungming, *The Spirit of the Chinese People*, Peking: The Commercial Press Work, 1922.

Lau, D. C. (trans.), *Mencius*, New York: Penguin Books, 1970.

Lau, D. C. (trans), *Confucius The Analects*, New York: Penguin Books, 1979.

Li, Honglei, *Confucian Management Philosophy*, Guangzhou: Guangdong Tertiary Education Press, 1997.

Mander, Jerry, "The Myth of the Corporate Conscience", *Business and Society Review* 67 (Spring), 1992, pp. 56 – 63.

Morgan, Gareth, *Creative Organization Theory*, London: Sage Publications, 1995.

Needle, David, *Business in Context*, Chapman & Hall, London, 1994.

Nirenberg, John, *Power Tools*, Singapore: Prentice Hall, 1997.

Palmer, Ian and Hardy, Cynthia, *Thinking about Management*, London: Sage Publications, 2000.

Perry, Jr., Newman, S., *Business, Government, and Society*, New Jersey: Prentice-Hall, Englewood Cliffs, 1995.

Qiu, Ren-Zong (ed.), *Bioethics Asian Perspectives, A Quest for Moral Diversity*, Dordrecht: Kluwer, 2004.

Shibusawa, Eiichi, *Rongo To Soroban (The Analects and Abacus)*, Tokyo: Kokushokankokai Press, 1985.

Tao, Julia (ed.), *Cross-Cultural Perspectives on the (Im) Possibility of Global Bioethics*, Dordrecht: Kluwer, 2002.

Tu, Weiming (ed.), *Confucian Traditions in East Asian Modernity: Moral*

Education and Economic Culture in Japan and the Four Mini-Dragons, Cambridge: Harvard University Press, 1996.

Van Norden, Bryan W, "The virtue of righteousness in *Mencius*", in Kwong-loi Shun and David B. Wong (eds.), *Confucian Ethics: A Comparative Study of Self*, New York: Autonomy and Community Cambridge University Press, 2004, pp. 148 – 182.

Wang, Fengyang, *Discrimination of Ancient Characters (Gu Ci Bian)*, Changchun: Jilin Wenshi Press, 1993.

Wang, Tangjia, "Business Secret and Ethical Issues in Competition", in *Collected Papers of Business Ethics in Mainland and Hong Kong*, ed. by King-Tak Ip, Shanghai: Fudan University Press, 2002, pp. 154 – 158.

Williams, Bernard, *Shame and Necessity*, Berkeley: University of California press, 1993.

Yu, Yinshi, *Modern Chinese Religious Ethics and the Spirit of Businessmen*, Taibei: Lianjing Chuban Shiye Gongsi, 1981.

Zhu, Jianmin, *Confucian Management Philosophy*, Taibei: Hanyi Sheyan Wenhua Youxian Gongsi, 1994.

3. Ritual: Meaning and Recognition[①]

I. General Meanings of Ritual

What is ritual? There can be many answers to this question reflecting the different perspectives of different scholars (this can be demonstrated if one regards the perspectives of different scholars, such as V. Turner, M. Mead, E. Freud, E. B. Tylor, J. G. Frazer, Levy-Bruhl, Malinowski and the so-called Cambridge School of Criticism including J. Harrison, G. Murray, A. B. Cook and F. M. Cornford). While it is difficult to determine a unified and comprehensive definition of ritual, a close examination of its general meanings enables one to grasp its essence and begin to answer the question,"what is ritual?"

From the perspective of Chinese Confucianism, the concept, "Li"(礼), is similar to "ritual", however, traditionally, Li was often explained as a principle and its practice, which was true at least in Zhou Dynasty (黄仁宇, 1992, p. 13). In most cases, Li was also

---

① 本文原载于 *Ritual and Moral Life*, ed. by David Solomon, Dordrecht: Springer, 2012, pp. 89 – 104。——编者注

translated as polite, courteous, protocol, gift, ceremony or rite in Latin. However, Confucianism treats Li as the fundamental means of both governing the state and cultivating a moral sense. For example, the important Confucian classic entitled, *Book of Filial Piety*, points out "Nothing is better than music at changing prevailing habits and customs, nothing is better than Li at keeping the State in order and governing the people"(《孝经·广要道章》). As far as its function is concerned, Li keeps the political and social order in place by putting into practice a system of behavioral norms. In the process of exercising Li, individuals keep a tight rein on their feelings, emotions, and desires as a means to restraining their behavior to meet the standards of communal life. For example, in the Chinese ceremony of jubilation, the participants usually avoid expressing their unhappy emotions and do not speak unfortunate words. For this reason, Confucius insists that self-restraint is a precondition for returning to rites. As rite (Li) and music are only two of the basic tools or means of realization of Ren (humanity). Confucius also thinks we should not see, hear, talk or do anything that is not in accord with rite (《论语·颜渊》). Centered on Ren, Li is not just a sensible, external and prescribed act, but the real bearer and embodiment of the spirit of Ren.

Practically, in a Confucian society, a well-ordered government depends upon the effective exertion of Confucian moral principles ritualized through a set of fixed standards consisting of gestures, language, tools, and other symbolic elements. Philosophically, the Confucian idea of Li is based on its view of the world and a theory of human nature. In accordance with Confucianism, the nature of ritual lies in various orders including the order of mind, the order of community and the order of society. Similar to Spinoza's conclusion that the order of the mind is correspondent to the order of the external world because of their common origin, from the Confucian principle of the unity of Heaven and Earth, one can deduce that Li (ritual) is the embodiment of the cosmos. This conclusion can be observed in *The Book of Rites*, which describes: "Music is the harmony of Heaven and Earth; ritual is the order of Heaven and Earth. Because of harmony various things change; because of order all things differentiate from one another (《礼记·乐记》). It is from this idea that Cheng Yi, a Confucian philosopher of China's Song Dynasty, developed the conception that "complete comprehension of both god and the change of all things derives from the perfect knowledge of ritual and music."(程颢、程颐, 1981, p. 225) According to Yi, rituals exist everywhere. Even robbers and thieves have rituals. If ritual is destroyed, the stale will be on the brink of collapse because ritual brings about order, peace, and regulation by constraining the terrible and destructive power that originates from personal impulses.

It appears that ritual provides us not only with the basic patterns of our ordinary lives, but also with a source of creative inspiration for myth, dance, music, drama and painting. Many Chinese cultural achievements find their origins and motivation for further development in a variety of rituals. Rene Gerard has even made the assertion that "all religious rituals spring from the surrogate victim, and all the great institutions of mankind, both secular and religious, spring from ritual"(Gerard, 1977, p. 306). In ancient China, the ritual of public punishment fulfilled the Confucian principle of Justice under normal social conditions; rituals of oath fulfilled the principle of Loyalty; and the rituals of offering sacrifices to ancestors reinforced and still strengthen the principle of Filial Piety. In others words, Chinese rituals may be understood as the bearers and guardians of the Confucian system of morality.

It is a well-known fact that in the long history of China the Lingqin System lasted for more than 2,000 years. According to this system, once an Emperor died they were to be carried into a huge mausoleum with a vast cemetery, which was built far in advance of the Emperor's death, where special officials from the fixed administrative organ were to offer daily sacrifices in accord with the Confucian principle that "the living generation should respect and serve the dead ancestors as if they were still living". In almost every Chinese dynasty, important political activities were related to this system in some way, including series of rituals that embodied the Confucian ideas, such as those of family, order, state, Humanity, Justice, Loyalty, and Filial Piety.

According to Confucianism, a country is a big family. In fact, the Chinese term "国家", meaning "country" in English, is the combination of the Chinese word "国"(country) and the Chinese word "家"(family). The ancestral memorial tablet and the correspondent ritual of offering sacrifices on festival and other important days, such as a marriage or the birth of a baby, can often be found in the hall of every Chinese family in the vast countryside and serves as a microform of the Lingqin System. Without the ritual of offering sacrifices, that is without off spring, one is in serious violation of filial piety because to be without off spring means to be without the burning of incense or a memorial tablet and one is therefore unable to continue the family lineage. To be unable to continue the family lineage is referred to as being "without burning incense or joss stick" and is consider to be an evil curse in areas of the Chinese countryside. Even today, the continuation of the practice of burning incense is a cultural element that continues to influence the social governance of China. The Chinese ritual of offering sacrifices strengthens the Chinese principle of filial piety and therefore the continuity of family lineage whose symbol is the continuous burning of incense before a tomb or memorial tablet. Only after one is familiar with this ritual and its significance can one understand the cultural reason why many Chinese peasants desire sons, making population control difficult in the Chinese countryside. However, an additional reason why peasants desire sons in the countryside is because they are the primary bearers of physical labor.

It is well recognized that the great majority of rituals are carried out by a collective, group, or community, not by a single individual. Even if some rituals appear to be performed individually, they should still be recognized as an individualization of a collective experience because they are nothing more than the repetition of a common experience or procedure shared by every person. This is certainly the case in China when an individual offers sacrifices to one's ancestors. Therefore, ritual is essentially a collective activity that follows certain fixed patterns and procedures. This is recognized by Durkheim's view of ritual as an expression of the collective conscience and by Hans H. Penner when he states, "Ritual is a certain kind of action which represents, or presents once again, a collective emotion or desire which has been blocked even though the emotion is intense" (Penner, 1996, pp. 334 – 335).

The definition of ritual as formulized gestures or procedures with sacred meanings, which highlights one main dimension of ritual, is fundamentally derived from research pertaining to the religious experiences of primitive societies, as is found in William James, and clearly fails to recognize secular rituals and their differentiations from religious rituals. However, despite these differences, most secular rituals can be traced back to ancient religious rituals because almost all human activities in ancient China were closely related to the gods. This latent connection between secular and religious rituals can be seen by our etymological examination of Chinese term "礼仪" (Liyi), which roughly corresponds to the English word "ritual". Just as the term "ritual" has undergone a slow change of its signification, the Chinese term, "礼仪", has had a continuous renewal of meanings. The expression "礼仪", a combination of two Chinese words "礼" (Li) and "仪" (Yi), appeared very early in the first collection of Chinese poems entitled, *Poems*. Although the words Li and Yi initially had similar meanings, Li stresses the intrinsic aspect of ritual while Yi emphasizes the extrinsic aspect of ritual. However, in most cases, ancient Chinese scholars used the words Li and Yi separately. According to textual research conducted by Wang Guowei, "礼" (Li) was the same as "禮" (Li) in ancient times. Some inscriptions were found on bones and tortoise shells from the Shang Dynasty (c. 16th B. C. – 11th. B. C.) in which the right part of the word "禮" took the shape of "豊" in which "豆" signified the sacrificial vessel (not "bean" in modern sense), "珏" signified "two strings of pearls", and "凵" referred to the sacrificial utensil. Because "示" signified "god", "礼" meant to respect the gods by offering pearls to them (王国维, 1959, pp. 290 – 291). In the Western Zhou Dynasty (c. 1100 B. C. – C. 771 B. C.), "礼" was gradually bestowed with the meaning of "respect for person" and corresponded in meaning to the French word "etiquette" and the English words of "courtesy", "protocol", and "ritual" (顾希佳, 2001, p. 70). As Li Anzhai aptly states, the "Chinese word '礼' seems to include folkways, morals, institutions, ceremonies and government decrees"(李安宅, 2005, p. 3). Furthermore, before the Qin Dynasty (221 B. C. - 206 B. C.) "Li" also included a series of moral norms and standards of right and wrong. Therefore, at that time, "Li" had a more content-full meaning than the English term, "ritual". If one extracts out the general character of multiple rituals, including political, military, educational, medical, diplomatic, even economical rituals, one may find that ritual is not only the expression of individual or collective emotions, but the expression of social relations. In this way, ritual is not only concerned not with the relationship between individuals and groups to which they belong or the relationship between humans and nature, but with one's encounter with ultimate reality. The word, "ritual", embodies within it the quartet of Heaven, Earth, humans, and gods. One might even say that ritual is, to a certain degree, the embodiment of morality and ideology and a response to nature and the rhythms of life (think of the rituals of birth, coming-of-age, marriage, and death).

Due to the enlightenment turn towards rationality and secularization in modern society, the quartet previously mentioned is in a state of disintegration. As a result, many rituals have become external procedures or "empty shells" due to their lack of sacred significance and mythic value. As human beings become the center of all creatures, more people lose reverence for the gods, Heaven, and Earth. It has even become the case that symbols of sacredness, such as oblations and altars, have lost their significance in the eyes of many to the extent that rituals, which should be bestowed with sacred meanings in festivals, have become pure plays. Due to this tendency, some rituals have become increasingly formalized. As ritual continues to be commercialized in modem society it creates a market and, in turn, turns itself into a market. Today, an example of this may be found in Korea and China where the younger generations contract with ritual companies to cry the mourning rituals when their parents pass instead of performing the ritual themselves. These individuals say that they have no time to cry or are unwilling to cry, even though crying was part of the mourning ritual of the Confucian tradition, which was even medically affirmed as therapeutic. Given the subtle changes of the attitudes of modern individuals towards traditional rituals, one must take into consideration the impact of their ways on modern social life and its formation.

As is commonly recognized, there are two diverse approaches to ritual, one taken by extreme romanticists, like J. J. Rousseau, and the other, a pan-moralist attitude taken by the Confucians. According to the • extreme romanticist's approach, ritual is a non-natural performance that suppresses the nature of the person, stifles his individuality, ruins his purity and causes hypocrisy. When the performance of ritual becomes second nature, all individuals must wear their masks to live in a value-community, which is harmful to one's liberty, honesty, and vitality of spirit. Accordingly, in his famous paper, "On Science and Art", J. J. Rousseau wrote: "There is an evil and hypocritical uniformity prevailing in our custom as if the minds of all persons were founded after the same model. We are always forced to act by ritual and continue to live under the orders of custom. We never follow our own nature but follow these kinds of custom." (Rousseau, 1964, pp. XXII - XLI)

Alternatively, according to Confucianism, human beings are beings of ritual. As a symbol of morality and civilization, ritual embodies the value and dignity of human beings. As a tacit normative performance, ritual unites individuals and serves to distinguish human beings from other animals by embodying a universal moral framework and providing social regulation. This is demonstrated in the well-known sayings of Confucius in *The Book of Rites*. He said, "it is by ritual that human beings exist as human beings"(《礼记·冠义》), "a man is unable to be a real person, unless he knows ritual"(《论语·泰伯》), and "a man is unable to be a real person without learning ritual"(《论语·尧曰》). However, it is most important to acknowledge the moral dimension of ritual stressed by Confucianism. For example, Xunzhi considers ritual as the highest point of humanity (《荀子·礼论》). Other Confucian philosophers differ in their perspective of Ren (Humanity) and ritual, but all of them stress the impossibility of morality and Ren without ritual.

The constantly renewed idea of ritual reflects the historically varied motivations, which led to various changes in the social life as well as a reconstruction of its ideology. It is necessary to examine how society could be conceived of without ritual and, consequently, why ritual is needed for social organization in a broad sense.

Confucianism becomes a substantial approach when one recognizes that it encompasses not only a theory, but practice and practical wisdom. In this sense, rituals constitute the structure of Confucianism. Therefore, the decay of ritual is tantamount to the decay of Confucianism. As a result, one can see how the gradual disappearance of those rituals in China associated with the theoretical and practical aspects of the Confucian system has a negative impact. Neo-Confucianism has not been influential in modern society because it neglects the great importance of ritual and limits itself to the realm of abstract theory. As a result, it appears that the renaissance of

Confucianism and the development of Neo-Confucianism depends upon whether their rituals can be carried out in modem society. This observation may be more readily understood if one looks to three classic Confucian books, the *Yili* (《仪礼》, *Rites*), the *Zhouli* (《周礼》, *Rites of Zhou Dynasty*) and the *Liji* (《礼记》, *The Book of Rites*), which provide detailed discussion of almost all rituals. Additionally, other Confucian classics discuss the essence, significance, and function of ritual.

Theorizing about ritual is as old as Confucianism. Malinowski's (1926) remarks on myth are also true of the Confucian view of ritual, "It expresses, enhances and codifies belief it safeguards and enforces morality it vouches for efficiency and contains practical rules for the guidance of man" (Kluckhohn, 1996, pp. 346 - 354). In effect, Confucian rituals (li) "were constituted in imitation of perceptible cosmic rhythms as a means of strengthening the coordination of the human being. And his natural and spiritual environment. They were used to reinforce a sense of human participation and context in the regular process of existence" (Hall and Ames, 1986, p. 86). In the Zhou Dynasty, the focus of ritual shifted from man's relationship with the supernatural to the relationship among social members. However, these rituals never lost their sacred significance. On the one hand, they regulated the interpersonal relations in the courts and on the other they functioned as a coordinator among members on all levels of society. Within the scope of this chapter, it is not possible to discuss the various aspects of Confucian theories of ritual, but it is possible to say that for Confucianism, generally, ritual not only has pedagogical value, but also a normative significance, it not only serves as a means to displaying and developing communication among social members, but also serves as a means for self-cultivation and individual expression of emotion. Additionally, ritual is a vehicle for establishing political authority, realizing social control, and changing or defending tradition. In other words, ritual is a structured pattern of actions for dealing with the relationships among human beings, gods and nature.

However strange it is, ritual is a part of human life. There is good reason to believe that wherever a human community exists, ritual also exists. Ritual will remain indispensable to humans so long as they live a religious life, encounter ultimate reality, require coordination and cooperation among group members, are in need of a collective identity, seek the realization of self-esteem and a sense of value from their community, require security, and anticipate social order, stableness and foresightedness for their future.

Naturally, everyone has a different image, experience, and understanding of ritual. As a structured social practice, ritual indicates different meanings for different groups. For instance, kneeling down has different meanings at different times in China. Sometimes, it means high respect, sometimes supplication, sometimes humiliation, and sometimes loyalty. Consequently, ritual is a formalized perspective of the world and a programmed representation of life ideas embodied in a well-organized series of behaviors. Due to ritual's formal character, changes in ritual occur very slowly in comparison to social life. An example of this is the fact that there has been no significant change to the rituals of marriage or mourning in the Chinese countryside for thousands of years.

A great deal of anthropological evidence suggests that almost every important human activity was ritualized in primitive societies.

In primitive tribes, ritual was seen as providing refuge for the spirit as well as providing the power with which they could face risks and survive the challenges of their environment. Even today one can observe the influence of ritual on human production and life. Consequently, one may accept the following explanation of ritual: "Ritual is a human phenomenon. It makes human mutuality possible through dealing with basic issues of existence. It leads to assurance and order, as well as death. It enables the world to become simpler and more manipulable, and thus makes decision-making easier" (my translation from German, Cf. Http://de.wikipedia.org/wiki/Ritual).

Since ritual belongs to a group, organization or community, there is no private ritual in a real sense. Even though some rituals appear to be performed by the individual, they should still be regarded as a kind of individualization of the collective because they are constituted by nothing more than the repetition of common experiences or procedures. For instance, one may observe an individual offering sacrifices to an ancestor in front of a tomb, which you often see in China, but the ritual should still be regarded as public because the individual performance of the ritual is completed in a fixed way, familiar and common to the community to which he belongs.

Ritual is a symbol of the rhythm of human life and production. As is well known, there are many festivals in almost every country, which usually have corresponding rituals of celebration. In the past, these rituals have been connected to the change of seasons and agricultural production, the birth and/or death of religious figures, or significant historical events. At present, some rituals are celebrated at the beginning and end of big projects, however these rituals appear to be more and more for public entertainment. The strongest case for demonstrating how ritual works as a symbol of the rhythm of life is the "rite of passage". Undoubtedly, the rituals for birth, coming-of age, marriage, and death not only signify the different stages of life, but also demonstrate how these stages are not simply natural events, but social events signifying one's entrance into new social relationships with others. In this case, ritual has the double role of transforming individual affairs into public affairs and natural events into social events.

As a language of behavior, ritual is not only a dialogue of bodies, but a dialogue of minds. According to *The Book of Rites*, ritual originated from human eating activities. However, ritual is also the coordinator among minds, which can bring one pleasure, warmth, kindness, and affinity, while also bringing one a sense of distance, mystery, sublimity and even sacredness. The goal here is not to work out a psychology of ritual, but to explain how ritual overcomes the naturalness or wildness of human beings by helping to constrain natural desire and overly strong passions. Ritual helps to decrease the psychological pressures of persons by reducing psychological distance, eliminating the strangeness or otherness many feel, and promoting confidence and friendliness among them. In this sense, one can conclude that ritual is a means to social cohesion, to use Durkheim's terminology, because it promotes the unity and harmony of a group. In addition, one can see that ritual functions as a kind of ideology, making social control possible. we can conclude that ritual is a "social cohesive means" in the terminology of Durkheim because it promotes the unity and harmony of a group. In addition, ritual functions as a kind of ideology that makes social control possible.

II. Ritual and Symbol

Although there is agreement among some scholars who regard ritual as similar to non-cognitive myths for different reasons, this chapter will take a different approach by considering ritual to be a system of symbols conveying limited cognitive meanings with reference to actual and historical human conditions. In a sense, ritual can be considered a symbol of our life, regardless of whether the original meanings of some rituals are forgotten or misunderstood. Even simple ritual acts, such as an oath, a handshake or a farewell, show their symbolic meanings. Some anthropologists like Victor Turner, including Margaret Mead, find the symbol to be the smallest unit of ritual. According to Mead's definition, ritual is "the repetition of those symbols which evoke the feeling of that primordial event which initially called the community into being with such power that effects our presence at that event-in other words, represents the primordial event" (Mead, 1972, p. 127). In an overwhelming majority of rituals, especially those that are religious, symbols are used to create or evoke deep emotions or to purify the minds of the participants. The role of catharsis is played by such symbols as mask, gesture, and incantatory language by drawing the participants away from their ordinary lives and developing their capacities for reflecting upon and understanding the experienced event even if they do not know the exact symbolic meanings of the ritual. This explains the old maxim, "symbols give rise to thought".

In ritual, the various objects, images and gestures are well organized into an overarching symbolic system. Just as a word may have no meaning apart from a sentence or context, an isolated act may be meaningless when taken apart from the symbolic system of ritual. This perspective is in agreement with Israel Scheffler's statement that "Rites are multiple rather than singular symbolic entities. That is, rites are identified by practice not with single performances, but rather with groups of performances satisfying certain specifications" (Scheffler, 1982, p. 151). As a matter of fact, the symbolic system itself may be reinforced by every performance of ritual. It is through such a symbolic system that ritual is capable of providing institutionalized gratification for the various emotional, political, and social needs of a particular society. In the absence of codified law and a perfect moral system, ritual helps to preserve Kluckhohn with his statement that, "Ritual is an obsessive repetitive activity, often a symbolic dramatization of the fundamental 'needs' of the society, whether 'economic', 'biological', 'social' or 'sexual'" (Kluckhohn, 1996, pp. 243 - 278).

Historically speaking, the symbolic meanings of ritual are determined by a particular culture. For this reason, the same object used in different rituals has different symbolic meanings under different cultural conditions. For example, "white" is a symbol of pureness for Western weddings, while it is often avoided in Chinese weddings because it symbolizes sadness for many Chinese. Similarly, the color red is used in many Chinese celebratory rituals because it symbolizes good luck, along with the numbers four, seven, eight, and nine.

Because ritual is a living framework of culture, the change of the ritual roughly implies cultural change. Even the decay of a ritual can lead to the disappearance of its symbolic system, as is seen with young couples from big Chinese cities accepting Western wedding practices. However, changes in ritual is slow in comparison to other cultural components because, as a series of prescribed acts, ritual provides one with a pattern of action, a vision of the world and a kind of mutual enlivenment through the different symbols that constitute a relatively stable structure rooted in one's ordinary life, ideas and customs. Usually, the more important a ritual is, the more magnificent its occurrence is, and the more complex its procedures are, the more power it generates from its symbolic gestures and objects. The Chinese mourning ritual for the death of male elders, which tends to last many days in the Chinese countryside, demonstrates this. To explore this, take an example from the author's experience.

In 2005, my family, properly speaking, my clan composed of hundreds of members, held a burial ritual for my father who had passed away in 2003. This ritual lasted two days, although a longer mourning ritual with very complex procedures had already been held previously in 2003. Due to limited space, I cannot give a detailed description of the first mourning ritual for my father and expound on its enigmatic symbolic meanings. But, I will explain the symbolic process that proceeded in the second ritual for my father by offering a picture of my experience.

In May of 2005, I was informed of the date of the ritual, which was determined by a famous local specialist who was believed to be able to choose the location of the tomb after a complicated assessment of the omens. In November of 2005, a burial ground for my father was meticulously chosen.

The morning the burial ritual was held, the coffin for my father was carried on stout poles by four people from its temporary resting place to the eternal burial ground, followed by my brother, my sisters and me as well as other relatives, friends, and members of my clan. First the coffin for my father was opened after the president declared the beginning of the burial ritual, and when we saw the white bone of my father we were very sad, but we were not allowed to cry. This was quite different from what had happened during the first ritual in 2003 because this burial ritual was meant to signify that we had found the eternal place for the peaceful sleep of the dead, which we were supposed to feel happy bout, even though we still wore white clothes symbolizing mourning on our heads. In this case, the seemingly contradictory acts of the ritual symbolized the complex emotions in our hearts. However, our sadness was much more substantial than our happiness at that time.

To my astonishment, after the president very carefully washed the skull of my father with alcohol, I was asked to take a little blood from my finger and to put it on the nose bone of my father while an umbrella shaded the sunlight, which is said to be bad for the dead in either world. Immediately after the coffin was closed again the second procedure, called "heating the grave", was undertaken with the noise of a firecracker, meant to imply that the dwelling place for the dead was warm and comfortable enough to live in. Next the coffin was slowly removed into the grave. We were asked to go down on our knees, repeating "Father, please accept this place!" over and over again while kowtowing towards the grave.

During the third procedure, many meaningful gestures were made as the president sang a mournful song, spoke incantatory words and threw us a lot of rice and bean meant to symbolize fortune and riches.

Lastly, the participants in the ritual were provided with noodles and meatballs, which were said to symbolize long life and happiness respectively. The grave was filled with much staked lime and soil after the president expressed good wishes to us. Once the tombstone with the epitaph was set up, the burial ritual ended. It was suggested that all of us should return with a few tree branches to symbolize the riches, as riches and timber have the same pronunciation in Chinese.

In the above ritual, there appear to be two worlds one is the intuitable world composed of those prescribed acts and objects and the other is the ideal world the actor and participants share through the performance of ritual as a symbolic process. The intuitable world hints at inherent, durative and latent meanings that are not naturally manifest to every participant. Those latent meanings may be looked upon as transcendent meanings, which may need to be explained to some people. Consequently, the intuitable world becomes the index that leads people to think about their own past and future, which can be interpreted as a case of ritual uniting the past with an uncertain future with symbolic language. In this case, the ritual symbols are both the mimesis of the past and the bearer of anticipation. Here, the present, visible objects and acts open up to the absent, invisible world. And thus, it is through the ritual symbols that presence and absence and past and future are united. Gauvin writes:

It is quite evident that a rite is composed of both the prescribed gesture and of its theological significance, which goes far beyond that. In Catholic liturgy the gesture has a deep symbolic and mystic value it actualizes in the present time of the ceremony. A past or future event that is thus mysteriously recreated or anticipated. The Catholic rite par excellence is the Mass, which can be said to reconstitute systematically the mystery of the Redemption by the death and Resurrection of Christ. (Gauvin, 1977, pp. 128 - 140)

It is worth noting that Gauvin points out the relevance of symbolic meanings for mystic value in terms of ritual, although his discussion is confined to Catholicism. When a common belief in the transcendent meanings of ritual is established, its gestures and acts are generally bestowed with mystic value. In this way, a thing is not only itself, but also something more than itself. For example, a Kasaya is not just a piece of clothing. It uncovers a sacred and mystic world, just as the rice and beans are not just meant to be eaten in the burial ritual.

According to Paul Ricoeur's explanation, a symbol is a sign, but all signs are not symbols. He states, "The symbol is a sign in that like all signs it goes beyond something and signifies something (Ricoeur, 1969, p. 285). Among the various signs, technical signs and symbolic signs occupy two opposite poles. The former is apparent and univocal in representing only what it signifies, whereas the latter is opaque and equivocal in what it refers to because the signified varies from culture to culture. As seen in the burial ritual described above, some natural objects can become symbolic signs only when taken in the context of certain rituals. In some cases, a symbol can be a double sign, like a dream within a dream, which I call the sign of signs. For example, "Hitler" is both the name of a historical person and a symbol of evil. "Round Moon" is a sign referring to a celestial body and is also the symbol of perfection and reunion in Chinese culture. A hand gesture in the shape of a "V", which is often called Churchill's gesture, is a symbol for victory. It is obvious that in these cases there are two meanings one that is the literal, patent, and primary meaning, and another that is the symbolic, latent and secondary meaning. The primary meaning is not parallel to the secondary meaning, which will be referred to a "parasitic" because "the symbolic meaning is constituted in and by the literal meaning, which operates the analogy in giving the analogue" (Ricoeur, 1969, p. 286).

The life of symbols consists in its continuous exercise and explanation. Ritual can provide us with extensive possibilities for the institutionalized exercise of symbols. Whether participants in a ritual can understand the meanings of the symbolic acts and objects depends upon whether they can realize the passage from the primary to the secondary meanings of the symbols. Therefore, this realization also depends upon whether one has assimilated to the symbolized.

Symbol is a kind of concretized abstraction. It is through the process of abstraction that symbolic acts and objects become not only themselves, but references to something beyond themselves too. In terms of semiotics, the symbol is both significant and signified. It is significant because it is a sign to be bestowed with certain meanings however, in some cases this sign takes on a double structure of intentionality, which connects the original human experience to current emotions and ideas. For instance, the King's cane usually highest authority (陈荣富, 2004, p. 40). Therefore, the same symbolic object has different referents or signifiers and thus develops different intentional relations simultaneously.

Ritual calls for and depends upon repetition. Ritual's persistence is attributable to the repetitiveness of its symbolized gestures and objects, as well as its fixed procedures in the social community, which reminds us of the world of experience and the world of the transcendent, the familiar and unfamiliar. Familiarity means accessibility, while unfamiliarity results in mystique. In a strict sense, this kind of familiarity is requisite for ritual. The certainty and validity of a ritual is determined by the repletion of its symbolic acts, whereas the procedure and fixed pattern are the determinate aspect of ritual. For this reason, any great change or innovation to a ritual naturally causes controversy among many people, especially when such a change effects the symbolic social status and authority of participants in the ritual.

III. Ritual and Recognition

Performing a ritual is a process of recognition and, therefore, the history of ritual is also the history of recognition. The identical role that ritual plays in our social life has something to do with recognition (Anerkennung, in Hegel's sense). One might even say that ritual is an elementary form of social recognition and the collective identity of individuals with a value-community.

Ritual serves to demarcate between recognition and rejection. That is, when one is allowed or invited to participate in a ritual, it indicates that one has been accepted as a member or west of the community. This is true at least in religious and cultural groups, military and political organizations. And certain professions, such as doctors and police officers. In a hierarchical society, ritual provide participants with the opportunity to demonstrate their social position or role within their community so that it may be recognized by more and more people. This enables participants to engender self-respect, self-confidence, and a sense of value for themselves. Due to these benefits, this is why honor is typically bestowed upon a member of the social community through the practice of ritual. In these types of ritual, the order of time and space is meaningful because the order of seats, speeches, and movements serve to recognize the social position of persons among the many other attendees. Additionally, age and seniority should be considered in those rituals related to the affairs of a family or clan in traditional Chinese society. A failure to take these details into account, may result in an individual being puzzled, unhappy, or angry.

In ancient times, rituals were the primary or even unique form of social recognition, which served as unwritten law. In ancient China, ritual was a necessary condition for the legal recognition of a couple as husband and wife, however, in modern times, a couple can be recognized as husband and wife before the law without carrying out the associated ritual. *The Book of Rites* states "without temple presentation the woman is not a legal wife" (Cf. Ku Hungming, 1915, pp. 83 – 85). The "temple presentation" referenced here is one of six traditional rituals or marriage ceremonies in China. In traditional Chinese society, the six legal marriage ceremonies included first, the Formal Proposal for Marriage (问名, literally, asking for the name); second, Betrothal (纳彩, literally, receiving silk presents); third, Fixing the Day for Marriage (定期); fourth, Fetching the Bride (亲迎); fifth, Plighting Troth (奠雁), namely, pouring libations before the wild goose as a symbol of faithful love; sixth, Temple Presentation (庙见). Most of these ceremonies have been kept with the Chinese countryside areas, although some are simplified in order to save time, energy and money. These six ceremonies are a combination of the practices of secular and religious marriage, but the last two ceremonies remain the most important. According to Confucianism, marriage is not only about the couple, but the family as a whole. The act of marriage consists of the couple entering into a family in addition to a social relationship with others and, therefore, they must take responsibility for the family and gain formal recognition from others. At the same time, marriage also means practicing the anticipation of ancestors and thus requires the bride and groom to have a spiritual tie to their ancestors. The fifth ceremony involves the bride and groom vowing to love each other like faithful geese while going to their knees towards Heaven and Earth in hopes of their recognizing and bearing witness of them. The next step is for the bride and groom to go to their knees towards their parents and each other to recognize and promise mutual respect to each other in front of all those in attendance of the ceremony. The final ceremony, that of the temple presentation, involved the father or closest senior to get to one's knees before the ancestral memorial tablet in the hall or the ancestral temple and to announce to his ancestors the coming of a new member to the family in hopes of gaining recognition from them. In this sense, marriage and its recognition are bestowed with sacred meanings.

Some young people today seem to be bored by the trifling traditional ritualistic services. Due to the development of other forms of social recognition, they find it unnecessary to be recognized within a value-community through religious ritual. This phenomenon appears to originate from the secularization of rituals in modern times, reducing their sacredness, mystery, and control over people's minds. Similarly, in the past, the "rite of passage" of an individual required one to undergo a series of rituals related to birth, maturation, marriage, disease, and death, representing the different life stages. The individual was publicly recognized only through these rituals. Here, it is important to ask why some rituals have been omitted or simplified today. It appears that the simplification of these rituals is not only due to the secularization of rituals, but also with the change in forms of recognition. In order to give a rational explanation for this, it is necessary to analyze the different forms of recognition and its relationship to ritual.

In accordance with different orientations, there are two primary classes of recognition individual recognition and mutual recognition. Individual recognition involves a person or group taking action to accept other individuals or groups. For example, a father recognizes his natural son and a country recognizes the independence of a new state. Mutual recognition involves a proper reciprocal recognition of the feelings, dignity, value, and status of other social agents. For example, persons exchange gifts as a means of interpersonal communication, members of the armed forces salute each other, and countries exchange ambassadors.

A meaningful and helpful contribution to the analysis of the relationship between rituals and recognition is that of the distinction between three modes of recognition given by Axel Honneth, a German philosopher. According to Honneth, love, law, and solidarity are the three main modes of recognition, the opposites of which are rape, deprivation of rights, and shame. Honneth succeeded in finding the key to understand the secret of recognition when he developed the young Hegel's concept of Anerkennug and treated "love" broadly construed, as the primary form of recognition based on the positive studies of Donald W. Winnicott and Jessica Benjamin. In his book, *Kampf um Anerkennung* (*Struggle for Recognition*), he describes the complex structure of recognition-relation, which has three dimensions, including "support in feeling", " respect in knowledge " and " high valuation in social communication". Without even discussing the relation between ritual and recognition, his description of the structure of recognition is also true of the characteristics of ritual. In other words, ritual not only shows the support of one person given to another through feeling, but also demonstrates one's respect for others and one's appreciation of the social value of others. Mutual recognition expresses the symmetrical valuation between independent subjects, while mutual and symmetrical valuation encompasses the reciprocal observation and appreciation of independent subjects in light of value, enabling the abilities and nature of the other to be meaningful for common practice (Honneth, 2003, pp. 209 – 210).

Whether it is unilateral or bilateral, ritual is closely related to action, feeling, value, status, and the moral ideas of a person or group. From this, it can be concluded that there is a deep connection between ritual and recognition. For instance, a rite of passage reflects the change of a social role for one person through one's different life stages and requires the recognition of each social role by one's community members. Alternatively, the ritual of marriage is the public recognition of the different social roles of one person, such as a husband or a wife, a son-in-law or a daughter-in-law, etc. This is why a marriage held without ritual has had difficulty in being recognized by the social community, especially in China ("不庙见,不成妇", means "unable to become a wife without the ritual of Temple Presentation"). Due to the power of law in modern society, the wedding ritual as a mode of recognition has lost its original effect. However, like love, solidarity, handshakes, and the exchange of gifts, it includes the logic of mutual recognition, indicating social identity and respect (Ricoeur, 2004, p. 294).

Generally speaking, all individuals strive for the recognition of others because it is an affirmation of one's social role, abilities, status, value, and dignity as a person. In a hierarchical society, ritual expresses respect for authority and reflects the demand for unequal status through its ordering of space and time. On the contrary, in a free society, ritual embodies the demand for equality. Sometimes ritual can serve as a symbol of acceptance and elimination. For example, an individual who is excluded from an organization or institution will not be allowed to participate in those rituals unique to the instituti6n or organization. The Buddhist ritual of head-shaving acknowledges that a person has been admitted into the rank of monks, just as the Christian ritual of bathing recognizes one's place in the church.

As a face-to-face action, the marriage ritual implies that the couple formally receives public respect, appreciation and recognition by one another. Meanwhile, the performance of the ritual provides the couple with the opportunity to be witnessed by others to strengthen the publicity, openness, and community of recognition and thus demonstrates that the couple accepts an immaterial and invisible bond from the ritual. Despite its non-coercive character, this ritualized public action can be internalized as an effective experience for the person, which will influence one's intentions and decisions and will embody a meaning similar to a promise or tacit convention. It is in this sense that ritual provides us with so-called "tacit knowledge" in terms of Polanyi. There is good reason to believe that the exchange of keepsakes between the bride and bridegroom, in addition to their performance of the ritual of kowtowing towards each other, plays the role of mutual recognition for the new couple in the Chinese marriage ceremony. In fact, Marcel Henaff regards the exchange of all gifts as a symbol of the mutual recognition of people. Similarly, handshakes, greetings, and farewells in ordinary life are the primary signs of mutual recognition from which one can recognize the sprouts of recognition at the moral, legislative, and political levels.

Acknowledgements This chapter is the product of two conferences on ritual, which were held respectively at Hong Kong Baptist University (2005) and the University of Notre Dame (2007). I would like to thank the conference organizers, Professor Ping Cheung Lo, Professor David Solomon, and Professor Ruiping Fan. In addition to the sponsor of the Ritual Book Project, Professor H. Tristram Engelhardt, Jr., for creating a wonderful and unified spiritual space for participants from different cultural backgrounds. In addition, I would especially like to thank Mrs. Corinna Delkeskamp-Hayes, Professor Ivanhoe, and other conference participants for their critical and constructive comments on this chapter.

Reference

陈荣富:《文化的进化》,哈尔滨:黑龙江人民出版社,2004 年。
程颢、程颐:《二程集》,北京:中华书局,1981 年。
Gauvin, C., "Rite et jeu dans le theatre anglais du Moyen Age", *Revue L'Histoire du Theatre* 29,1977, pp. 128 – 140.
Gerard, Rene, *Violence and the Sacred*, trans. Patrick Gregory, Baltimore, MD John Hopkins University Press, 1977.
顾希佳:《礼仪与中国文化》,北京:人民出版社,2001 年。
Hall, D. and Ames, T., *Thinking Through Confucius*, Albany, NY State University of New York Press, 1986.
Honneth, A., *Kampf un Anerkennung*, Frankfurt am Main: Suhrkamp Verlag, 2003.
黄仁宇:《赫逊河畔谈中国历史》,北京:生活·读书·新知三联书店,1992 年。
Kluckhohn C., "Myth and Ritual: A General Theory", in *Ritual and Myth*, ed. Robert Ku, Hungming, *The Spirit of the Chinese People*, Beijing: Commercial LTD, 1996.
李安宅:《〈仪礼〉与〈礼记〉之社会学的研究》,上海:上海人民出版社,2005 年,《礼记》。

Malinowski, B. , "Myth in Primitive Psychology", cited from Lord Raglan, ed. Robert A. Segal, *Ritual and Myth*, New York & London Garland Publishing, 1996, pp. 346 - 354.

Mead, M. , *Twentieth Century Faith: Hope and Survival*, New York: Harper, 1972.

Penner, H. , "Myth and Ritual: A Wasteland or A Forest of Symbols", in *Myth and Ritual*, ed. Robert A. Segal, New York & London Garland Publishing, 1996, pp. 334 - 345.

Ricoeur, P. , *Le Conflict des interpretations*, Paris: Seuil, 1969.

Ricoeur, P. , *Parcours de la reconnaissance*, Paris: Stock, 2004.

Rousseau, J. J. , "Discours sur les sciences et les arts", in *Oeuvres completes* III, Paris: Gallimard, 1964, pp. XXII - XLI.

Scheffler, I. , *Symbolic Worlds*, New York: Cambridge University, 1982.

王国维:《观堂集林》第1册,北京:中华书局,1959年,第290—291页。

http://de. wikipedia. org/wiki/Ritual, *Ritual*, accessed 29 April 2006.

《孝经》。

《荀子》。

编后记

摆在读者面前的这本书,原是汪堂家先生计划完成,但最终由于英年早逝而未能完成的三本书之一。

先生 2013 年患病前,曾有意将自己此前的生命伦理学研究成果系统化为一本著作,书名就叫《生命的关怀》。先生去世之后,我们在先生的电脑中找到了《生命的关怀》一书的写作提纲,但并未找到该书的书稿。提纲的写作时间,恰在患病之前,显然,先生还未进入写作过程,就令人遗憾地因病搁笔了。

先生对于伦理学问题的关注,是从二十世纪八十年代开始的。由于幼年丧母,加上身体孱弱,先生很早就对生命问题非常敏感,在读硕士和博士研究生期间,先生即撰写了以死亡哲学为主题的《死与思》。在此后的学术生涯中,尽管先生主要是以西方哲学学者,特别是法国哲学研究专家的身份进行工作,但他对于伦理学的兴趣和关注未曾稍减,并进而将生命问题纳入"正人心、济世事"的广阔视野,从而不断拓展自己的研究领域。先生在理论伦理学和生命-医学伦理学等领域均有建树,先后参与了《人生哲学》《心灵的秩序》和《生命伦理学》等论著的编写,并撰写了多篇伦理学方面的论文。除了学术研究之外,先生还十分关注现实生活中的医学伦理问题,他担任了上海肺科医院的医学伦理委员会委员,并撰写咨询报告和社会评论,直接参与相关现实伦理问题的讨论。

《生命的关怀》最终没有完成,这不仅是先生之憾,更是学林之憾。先生关于伦理学的研究往往与他的外国哲学研究紧密结合,比如,他在理论伦理学研究中建立的"道德情感现象学"就是先生的现象学研究在伦理学中的运用,而他对诸如"荣辱"等范畴的讨论在某种意义上也可视为与建构主义对话的一部分,等等。我们无法设想,若假以天年,先生会在这本书中以何等生花妙笔将他的外国哲学研究与生命伦理学研究融为一体。

在先生原本的设想中,《生命的关怀》基本包括三部分内容,第一部分探讨生命伦理学的理论基础,第二部分讨论医学-生物学中的伦理学问题,第三部分讨论安乐死和自杀等与死亡问题有关的生命伦理学问题。而这基本覆盖了先生一生的伦理学研究的主要论题。基于此,我们使用《生命的关怀》作为先生的伦理学作品集的书名。鉴于《死与思》在本文集中作为一部独立著作出版,因此本书实际上就是先生除《死与思》之外的全部伦理学著作的汇集。

本书按照写作语言分为中文论文和英文论文两部分。第一部分是中文论文,从最初发表形式来说包含两种情况:一是先生从二十世纪九十年代末到二十一世纪初参加编著的《心灵哲学》《生命伦理学》和《人生哲学》的相关内容,共计五篇;二是先生患病前十年内在伦理学领域撰写的四篇论文。本书的第二部分是英文论文,包括三篇论文(其中一篇为第二作者)。每一部分的文章都按照发表时间排序。书中的注释,除特别注明外,皆为先生本人所加。

衷心感谢复旦大学出版社的支持,特别是陈军老师所给予的大力帮助和所付出的辛劳!黄韬学长、王卓娅师妹和我的同学罗亚玲对文本内容提出了宝贵建议,孙宁师弟校对了英文论文部分,张润坤、袁珠、毛成玥和牛小雪等同学帮忙输入了文字,在此一并致谢!

吴 猛

2019 年 1 月 17 日

图书在版编目(CIP)数据

生命的关怀:汪堂家伦理学文集/汪堂家著. —上海:复旦大学出版社,2019.6
(汪堂家文集.著述卷)
ISBN 978-7-309-13966-2

Ⅰ.①生… Ⅱ.①汪… Ⅲ.①伦理学-文集 Ⅳ.①B82-53

中国版本图书馆 CIP 数据核字(2018)第 224735 号

生命的关怀:汪堂家伦理学文集
汪堂家　著
责任编辑/陈　军

复旦大学出版社有限公司出版发行
上海市国权路 579 号　邮编:200433
网址:fupnet@fudanpress.com　http://www.fudanpress.com
门市零售:86-21-65642857　团体订购:86-21-65118853
外埠邮购:86-21-65109143
上海盛通时代印刷有限公司

开本 640×960　1/16　印张 21.25　字数 272 千
2019 年 6 月第 1 版第 1 次印刷
印数 1—1 600

ISBN 978-7-309-13966-2/B·679
定价:65.00 元

如有印装质量问题,请向复旦大学出版社有限公司出版部调换。
版权所有　侵权必究